本书受到国家自然科学基金青年基金项目"数字经济促进产业转型升级的最优劳动要素配置：辐射效应与区域协调对策研究"（项目编号：72203168）和中央高校基本科研业务费项目"基于数字经济复杂网络的产业空间布局：辐射效应与区域协调对策研究"（项目编号：D5000210962）的资助

智能化

对中国产业升级的影响研究

张万里 ◎ 著

中国财经出版传媒集团

经济科学出版社

Economic Science Press

图书在版编目（CIP）数据

智能化对中国产业升级的影响研究／张万里著. ――
北京：经济科学出版社，2024.10
ISBN 978－7－5218－2627－2

Ⅰ.①智…　Ⅱ.①张…　Ⅲ.①产业结构升级―研究―
中国　Ⅳ.①F269.24

中国版本图书馆 CIP 数据核字（2021）第 120577 号

责任编辑：王柳松
责任校对：靳玉环
责任印制：邱　天

智能化对中国产业升级的影响研究

张万里　著

经济科学出版社出版、发行　新华书店经销
社址：北京市海淀区阜成路甲 28 号　邮编：100142
总编部电话：010-88191217　发行部电话：010-88191522
网址：www. esp. com. cn
电子邮箱：esp@ esp. com. cn
天猫网店：经济科学出版社旗舰店
网址：http：//jjkxcbs. tmall. com
固安华明印业有限公司印装
710×1000　16 开　13.5 印张　200000 字
2024 年 10 月第 1 版　2024 年 10 月第 1 次印刷
ISBN 978－7－5218－2627－2　定价：66.00 元
（图书出现印装问题，本社负责调换。电话：010－88191545）
（版权所有　侵权必究　打击盗版　举报热线：010－88191661
QQ：2242791300　营销中心电话：010－88191537
电子邮箱：dbts@ esp. com. cn）

前　言

德国"工业4.0"的概念于2013年正式提出，此后，智能化迅速成为引领第四次工业革命变革的主题。中国在2015年提出了"中国制造2025"，首次将网络化、数字化和智能化纳入产业发展的核心战略。与此同时，中国的服务业增加值在2013年首次超过第二产业，进入了产业结构转型的重要时期。智能化的发展在一定程度上解释了中国在第三次工业革命中经济高速增长、产业结构不断偏向第二产业和第三产业的现实情况，为经济增长和产业升级提供了新契机。智能化最显著的特征是减少劳动时间，提高劳动生产率，但随着"机器替代人"现象的不断深化，大量低技能、重复性劳动力被替代，对高技能、创造性劳动力的需求提升，而劳动力结构和收入分配不均等也会导致劳动力、资本等生产要素在产业间的重新配置。在外部需求环境和内在支撑条件深刻变化、经济增长由高速向中高速转换的转型发展期，智能化不断被应用到产业中。由此产生了一系列问题：智能化能否促进产业升级？劳动力结构和收入分配不均等如何作用于智能化与产业升级之间的关系？中国的某省（区、市）智能化对周边省（区、市）产业升级是否存在空间溢出效应？通过对智能化和产业升级关系的研究，不仅能合理认识中国智能化的发展状况，客观评价智能化引起的效应和作用，而且可以促进产业升级，推动中国智能化科学发展，因此，具有重要的理论意义和实践意义。

本书基于资本—技能互补理论、要素流动理论和产业组织理论，构建智能化与产业升级的整体分析框架，从政府、企业和居民三部门一般均衡模型视角出发验证智能化对产业升级的影响，从劳动力结构和收入分配两个层面探讨智能化对产业升级的调节作用。使用中国省级面板数据，采用静态面板模型、动态面板模型以及空间面板模型等进行实证检验，从企业视角和政府视角提出促进产业升级的具体措施和政策保障体系。相较于既有研究，本书的创新点在于以下三点。

（1）本书构建了智能化与产业升级的理论分析框架。对智能化与产业升级关系研究的文献较少，目前，尚未有文献建立智能化和产业升级的统一分析框架。本书界定智能化和产业升级，基于资本—技能互补理论、要素流动理论和产业组织理论，构建了智能化与产业升级的理论分析框架，从政府、企业和居民三部门一般均衡模型视角出发进行数理推导，分析劳动力结构和收入分配不均等的调节作用。本书发现：①智能化通过中国的地区内要素流动效应、产业前后向关联效应、产业竞争效应与示范效应和产业集聚效应扩散到非智能化企业，影响地区内产业发展，构成宏观层面的产业升级现象；②智能化的宏观效应还会通过中国的地区间知识溢出效应、产业竞争效应和产业转移效应等途径对周边地区产业升级造成空间溢出。相较于既有产业升级研究，本书从智能化角度扩展了产业升级的内容，找到了影响产业升级的新视角。

（2）从宏观视角出发，实证检验智能化对产业升级的影响。鲜有文献系统地分析智能化对产业升级的影响，本书将产业升级定义为产业结构升级，包含产业结构高级化和产业结构合理化，测算中国各省（区、市）智能化水平，采用静态面板模型和动态面板模型检验智能化对产业升级的短期影响和长期影响。本书发现：①智能化对产业结构高级化的影响为正，但对产业结构合理化的影响为负；②智能化对产业升级的影响存在长期作用，智能化对产业结构调整也存在滞后性；③高、低技能劳动力比值加速智能化对高级化的正向作用并缓解对产业结构合理化的阻碍作用，而男女比例降低智能化对高级化的正向作用并加速要素的不合理分配；④城乡收入差距阻碍智能化带来的产业结构高级化并加速合理化的负向影响，资本—劳动收入份额比提高智能化对高级化的正向作用并降低生产要素错配；⑤智能化对东部地区、中部地区产业升级的影响更显著，劳动力结构和收入分配不均等的调节作用不同。与既有研究不同，本书从劳动力结构、收入分配不均等角度分析智能化对产业升级的影响机理。

（3）从空间溢出视角出发，实证检验智能化对产业升级的空间影响。既有研究大多分析产业升级的空间效应，并未研究智能化带来的空间性。本书构造经济地理距离空间权重，采用静态空间面板模型和动态空间面板模型，验证智能化对产业升级的空间溢出效应，分析劳动力结构和收入分配不均等的空间调节作用。本书发现：对于中国来说，①地区间产业结构高级化、合理化存在空间正向关联；②智能化对产业结构高级化的溢出效应为正，对产业结构合理化的溢出效应为负；③高、低技能劳动力比值和男女比例的增大都会推动周边地区智能化带来的产业结构高级化进程，从而加速智能化带来的要素错配现象；④城乡收入差距和资本—劳动收入份额比值会提高智能化对产业结构高级化的正向溢出效应，并减缓其对产业结构合理化的负向溢出效应。

张万里

2024 年 3 月

目　录

第一章 绪论

第一节 研究背景

2008 年金融危机让全球经济遭遇了巨大创伤，虽然经历了十余年的复苏，但经济增长仍然缓慢，经济全球化正在不断改变世界格局，发展中国家面临史无前例的竞争压力。中国虽然已经成为全球第二大经济体，但人均收入水平和发达国家仍然有较大差距，农业生产力水平低下、制造业以劳动密集型和资源密集型为主以及高新技术产业技术创新水平落后等问题都不利于经济结构调整、产业结构调整。国内经济增长的内生动力不足，经济发展的质量、效益都不高，产能过剩、资源浪费正在加速环境污染。面临国内外严峻的新形势、新问题和新挑战，如何让中国向高价值链、技术密集型和资本密集型、可持续性发展转型是保证经济高速稳定发展的重中之重。2017 年，中国共产党第十九次全国代表大会首次提出中国经济已由高速增长阶段转向高质量发展阶段，正处在转变发展方式、优化经济结构、转换增长动力的攻关期。[①] 在微观上，高质量发展要建立在生产要素、生产力和全要素效率的提高之上，而非要素投入量的增加；在中观上，高质量发展要重视产业结构升级、

---

① 习近平：决胜全面建成小康社会 夺取新时代中国特色社会主义伟大胜利——在中国共产党第十九次全国代表大会上的报告，https：//www.gov.cn/zhuanti/2017 – 10/27/content_5234876.htm。

市场结构调整和区域结构优化升级，把宝贵资源配置到最需要的地方；在宏观上，高质量发展要重视经济均衡发展。随着全球技术变革，2016年中国政府工作报告提出落实"互联网＋"行动计划，① 2017年中国政府工作报告提出，推动"互联网＋"深入发展、促进数字经济加快成长。② 2018年中央经济工作会议提出"加快5G商用步伐，加强人工智能、工业互联网、物联网等新型基础设施建设"。③ 2019年中国政府工作报告提出打造工业互联网平台，拓展"智能＋"，为制造业转型升级赋能。④

伴随着德国"工业4.0"的出现，全世界面临着网络化、数字化和智能化的巨大契机，2018年全球机器人市场规模超过298.2亿美元，同比增长28.5%。美国人工智能企业数量超过2028家，同比增长近100%。2019年全球软件和信息服务支出占总支出的33%，美国市场的软件和信息服务支出占50%，智能相关技术和产业的发展正逐渐成为全球经济变革的核心因素。⑤《中国制造2025》提出，以加快新一代信息技术与制造业深度融合为主线，以推进智能制造为主攻方向，以满足经济社会发展和国防建设对重大技术装备的需求为目标，强化工业基础能力，提高综合集成水平，完善多层次多类型人才培养体系，促进产业转型升级。⑥ 经过几年的发展和调整，中国的产业结构经历了翻天覆地的变化，2018年中国机器人市场规模为87.4亿美元，同比增长39.2%，占全球机器人总量的30%，中国机器人的发展已经逐渐成为经济增长中不容忽视的中坚力量。⑦ 中国与全球工业机器人和人工智能产业发展情况，见图1-1。

---

① 2016年政府工作报告，https：//www.gov.cn/guowuyuan/2016-03/05/content_ 5049372.htm。

② 2017年政府工作报告，https：//www.gov.cn/guowuyuan/2017zfgzbg.htm。

③ 聚焦中央经济工作会议，http：//www.xinhuanet.com/fortune/lhzt/5/index.htm。

④ 2016年政府工作报告，https：//www.gov.cn/zhuanti/2019qglh/2019lhzfgzbg/。

⑤ 《2019年中国机器人市场分析报告——行业调查与投资前景预测》《2018年中国人工智能发展报告》和《2019~2020年度信息技术产业形势分析》，见观研报告网，www.chinabaogao.com。

⑥ 国务院关于印发《中国制造2025》的通知，https：//www.gov.cn/zhengce/content/2015-05/19/content_ 9784.htm。

⑦ 《2019年中国机器人市场分析报告——行业调查与投资前景预测》，见观研报告网，www.china baogao.cn。

由图 1-1 可知，2018 年，全球工业机器人产量为 39 万台，同比增长 14.6%；中国工业机器人产量为 14.8 万台，占比 38%，同比增长 14.7%。2018 年中国人工智能市场规模为 238.2 亿元，同比增长 56.6%，人工智能产业融资额超过 1000 亿元。2018 年末，中国信息技术产业的资产总计 26.9 万亿元，较 2013 年增长 98.8%，营业收入为 18.5 万亿元，比 2013 年增长 62.7%。① 中国作为全球第二大经济体，机器人等智能化技术已经走在世界前列，智能相关产业市场规模也在全球占有一席之地。

在智能产业和相关技术迅猛发展的同时，中国国内的产业结构也在发生变革和调整。2000~2018 年中国三次产业结构变动趋势见图 1-2。从图 1-2 中可以看出：（1）2000~2018 年第一产业生产总值大体呈现稳步增长趋势，2001 年生产总值为 15502 亿元，同比增长 5.3%；2018 年生产总值为 64734 亿元，同比增长 4.2%，较 2013 年增长了约 340%，但增长率远小于第二产业、第三产业。2000 年第一产业产值占国内生产总值的 14.6%，而 2018 年为 7.1%，第一产业在经济总量中的占比正在逐渐下降。（2）2000 年第二产业生产总值为 45664.8 亿元，远超第一产业，在经济总量中的占比为 45.5%。2011 年以前，第二产业增长速度约为 20.0%，其在国内生产总值中的占比缓慢提升，最高达到 2006 年的 47.5%。2011 年以后，第二产业的增长速度不超过 10.0%，2017 年最低为 3.2%，增长速度大幅降低，其在经济总量中的占比也下降到 40.0%，呈现先增长、后降低的趋势。（3）2000 年第三产业生产总值为 39897.9 亿元，小于第二产业的 45664.8 亿元，而 2018 年第三产业的生产总值已经达到 469574.6 亿元，远超第二产业的 366000.9 亿元，增长速度稳定在 10.0% 以上，2007 年的增长速度达到 26.1%。2000 年第三产业生产总值占比为 39.7%，低于第二产业，高于第一产业，但逐年递增，2018 年占国内生产总值的比例为 52.2%，超过第二产业。② 总体来看，

---

① 国家统计局和中商产业研究院，http://www.askci.com/news/chanye/20200201/0946011156568.shtml。

② 2000~2018 年《中国统计年鉴》。

以生产总值计算的中国产业结构正在经历由第一产业向第二产业再向第三产业转移的产业升级的演进,高新技术产业已经成为中国经济稳定、高速增长的支柱。

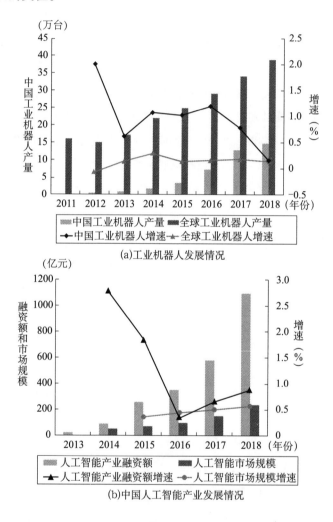

(a)工业机器人发展情况

(b)中国人工智能产业发展情况

图1-1 中国与全球工业机器人和人工智能产业发展情况

注:增速为较上一年的增长速度,2013年人工智能市场规模数据缺失。

资料来源:国家统计局网站;《2020~2026年中国工业机器人行业投资战略分析及发展定位研究报告》和《人工智能行业市场前瞻与投资战略规划分析报告》,见观研报告网,www. chinabaogao. com。

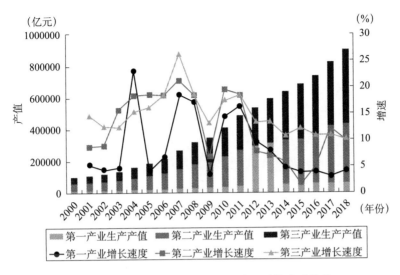

图1-2 2000~2018年中国三次产业结构变动趋势

资料来源: 2001~2019年《中国统计年鉴》。

  智能化在产业内的规模化应用伴随着产业结构向高新技术、资本密集型转化,智能化技术包括人工智能、物联网、互联网+、5G等,促进了产业资本的自动化、智能化,带动企业生产率提升。然而,智能化在提高生产率的同时,对劳动力的替代效应不容小觑,"机器替代人"现象越发频繁(Acemoglu and Restrepo,2017;孙早和侯玉琳,2019)。2017年美国制造业岗位比2007年少140万①,制造业生产率的改善会提高工人工资和福利水平,高技能劳动力汇集在智能化产业,而被替代的低技能劳动力则流向非智能化产业,造成制造业与其他行业收入差距的扩大(Graetz and Michaels,2018)。在中国,智能化带来的非熟练劳动力流动和收入分配的不均等是否会加剧产业间的不均衡发展和生产要素错配现象,阻碍产业优化升级;在不同就业结构和工资收入结构的地区或产业,智能化能否获得提高生产率的最优生产要素组合,通过先发产业的示范效应和知识溢出效应促进产业升级,这些问题都值得探讨。

  资本—技能互补理论认为,智能化技术是一种有偏的资本技术进步,

---

  ① 美国劳工部数据。

对不同技能劳动力会产生替代效应和互补效应，高技能劳动力和智能资本的组合会创造更高的生产效率，技术水平高的企业对熟练劳动力的需求更高（Griliches，1969）。智能化的劳动力替代效应和互补效应通过改变劳动力需求，造成劳动力在区域间、智能产业间和非智能产业间的流动。要素流动理论指出，智能化技术进步会提高企业的生产率和比较优势，劳动时间的缩短和资本深化会提高生产规模，对上下游产业产品质量和产品数量的需求更高，加速企业间、产业间以及地区间劳动力、资本和技术的流动，影响周边地区的产业升级（Duarte et al.，2010）。遗憾的是，在中国，针对智能化影响的实证研究没有得到一致的结论，因此，学者们推测智能化技术对产业升级的实际作用可能与就业结构、收入分配不均等、地区异质性等因素有关。

鉴于以上背景，本书以智能化对中国产业升级的影响机制和作用效果为研究主题，试图解决几个问题：（1）作为有偏型技术进步的智能化，对本地区和其他地区产业升级的影响机制是怎样的？智能化作为微观企业的个体行为，最终会怎样对地区的产业升级产生影响？（2）智能化如何作用于宏观层面？就业结构和收入分配不均等如何影响智能化和产业升级之间的关系？不同区域是否存在显著差异？（3）中国产业升级和智能化的分布存在严重的不平衡，产业升级是否只出现在智能化水平高的地区？区域之间的产业结构和智能化是否存在关联？地区间就业结构和收入分配水平的不同，是否会改变智能化的空间溢出效应？

第二节 研究目的与研究意义

一、研究目的

本书旨在从智能化视角，分析其对产业升级的影响。具体地，从政府、企业和居民三部门一般均衡视角，基于资本—技能互补模型、要素流动理论和产业组织理论构建智能化对产业升级的数理模型，从理论上剖析智能化对产业升级的影响路径。同时，使用2004～2016年的宏观数据，从宏观层面和溢出层面验证智能化对产业升级的影响。

本书主要有三个研究目的。

第一，借鉴既有国内外智能化和产业升级相关研究成果，构建智能化、产业升级、劳动力结构、收入分配的统一分析框架，通过模型推导和理论分析验证智能化对产业升级的影响方向和影响程度，以期从理论层面探讨智能化对产业升级的作用机制。

第二，在宏观层面上，使用2004～2016年中国省级面板数据，从时间维度和空间维度研究智能化对产业升级的作用大小和作用方向，分析劳动力结构和收入分配不均等的调节作用。在空间溢出层面，同样使用2004～2016年的省级面板数据，采用考虑空间自回归、空间误差和空间杜宾的面板模型分析智能化和产业升级的空间溢出效应，探索劳动力结构和收入分配不均等的空间调节作用。本书旨在从实证上验证智能化对产业升级的影响。

第三，基于理论分析和实证结果，从智能化视角提出促进中国产业优化升级的政策建议，包括企业层面、政府层面等，以期为中国促进产业升级、调整劳动力结构和收入分配、合理配置资源提供实践建议。

二、研究意义

（一）理论意义

在智能化与产业升级关系的研究成果中，直接研究两者关系的文献并不多见，多数从智能化相关技术与产业生产率关系的角度间接反映地方智能化与产业升级的关系，或从技术进步视角分析产业升级的原因或影响因素，缺乏探讨智能化对产业升级的作用机制、方向和程度的统一分析框架。本书在既有文献基础上，建立政府、企业和居民三部门的一般均衡模型，从智能资本、生产性物质资本、高技能劳动力和低技能劳动力视角入手，构建智能化对产业升级的理论分析框架，研究劳动力结构和收入分配的影响机制，其主要有以下三点理论意义。

（1）在既有研究尤其是既有智能化和生产率关系研究的基础上，构建了智能化对产业升级影响的统一分析框架，并从政府、企业和居民三部门视角出发，分析智能资本、生产性物质资本、高技能劳动力和低技能劳动力之间的互补效应和替代效应对产业升级的影响，为后续研究提供理论基础。

（2）构建智能化对产业升级的路径，从劳动力结构和收入分配不均等视角，探讨地区内、地区间劳动力结构和收入分配不均等如何影响智能化与产业升级的关系，在研究视角上对既有研究进行了一定扩展。

（3）基于资本—技能互补模型，分别推导了智能化对产业升级产生影响的理论模型、智能化通过劳动力结构和收入分配对产业升级产生影响的理论模型，并将智能资本对生产性物质资本技术的影响内生化，根据相关数据对智能化、劳动力结构、收入分配结构和产业升级的关系进行了实证检验，从研发方法视角进行了扩展。

（二）现实意义

产业升级是产业结构从量变到质变的结果，是从低级形态向高级形态转变的过程或趋势，是中国未来提高国际竞争力的关键因素。尤其是德国"工业4.0"和"中国制造2025"的提出，传统的依靠劳动密集型和普通机械自动化的生产模式已经不能满足经济内生增长的动力，需要大数据、人工智能、工业机器人、物联网等智能技术发挥持久稳定的驱动力作用。中国已经成为全球第二大经济体，经济全球化加速了国家之间的合作和竞争，本书研究如何通过智能化提升产业优化升级，调整劳动力结构和收入分配，保证国家、产业和企业的长久发展。本书有以下三点现实意义。

（1）从智能化视角分析中国智能化在不同产业间的发展状况，科学评价智能化对不同类型企业及地区产业升级的影响。在全球智能化技术爆发式发展的同时，人们越来越关注中国智能化如何影响企业和地区发展。本书研究基于各省（区、市）数据，详细考察了智能化对地区产业结构高级化、合理化的作用效果，为企业决策者和政府决策者进行智能化提供新视角。

（2）从时间视角和空间视角对智能化作用于产业升级的影响路径进

行分析、扩展和考察得出结论：在中国，产业升级和智能化在地区间存在关联性，智能化对产业升级的影响是滞后的，因此，企业和政府部门能够从全局考虑，制定促进产业优化升级的长远计划和策略。

（3）从地区异质性等角度出发，研究中国劳动力结构和收入分配结构的差异如何影响智能化对产业升级的宏观影响和溢出效应，建立促进智能化和产业升级的最优劳动力结构和收入分配结构。

第三节　研究思路与研究方法

一、研究思路

遵循科学研究的逻辑顺序，本书沿着梳理文献、发现问题、构建理论分析框架、数理模型推导、计量模型设定与实证检验、提出政策建议的技术路线进行分析，本书的研究思路有以下三点。

第一，发现问题。基于中国智能化迅猛发展和产业结构转型关键时期的现实背景，梳理既有文献关于智能化和产业升级的观点，明确本书的研究背景、研究内容、研究方法和研究意义等，立足于既有研究成果提出新的研究视角，形成科学合理的研究框架。

第二，分析问题。首先，理论分析智能化对产业升级的影响。基于资本—技能互补理论、要素流动理论和产业组织理论，从智能化对产业升级影响的宏观表现和空间溢出两个层面，建立理论分析框架。并从政府、企业和居民三部门一般均衡模型视角推导智能化对产业升级的作用，从收入分配结构视角和劳动力结构视角分析影响路径。其次，基于理论分析提出本书的研究假设，从宏观视角和溢出视角使用省级面板数据分析智能化对产业升级的作用机制，选用科学稳健的实证方法，从地区异质性、要素密集度、研发密度和所有权结构等视角分析劳动力结构和收入分配不均等的调节作用。

第三，解决问题。结合智能化和产业升级的理论分析和实证结果，提出促进产业升级和有效实施智能化的具体措施和政策保障体系，并分析本书研究的不足之处，指明未来研究扩展的方向。

二、研究方法

本书主要使用文献归纳法、定性分析与定量分析相结合、逻辑演绎与数理分析相结合、动态与比较静态相结合等方法进行分析。

（一）文献归纳法

本书梳理国内外智能化和产业升级的相关研究文献，从研究内容、研究方法、研究视角及相关理论等方面进行了较为系统的总结与归纳，掌握了智能化与产业升级的主流理论和最新研究成果，为本书的研究找到适当的切入点，保证本书在选题、逻辑框架、理论基础和方法运用上都具有前沿性和科学性，本书在后续的实证分析和理论推导中都参考了既有研究成果，并与中国智能化和产业发展现状相结合。

（二）定性分析与定量分析相结合

智能化与产业升级的定性分析为后文定量分析提供研究思路和研究假设，而定量分析也对定性分析提出的假设进行了补充和论证。一方面，本书基于资本—技能互补模型、要素流动理论和产业组织理论，从理论上分析了智能化对产业升级的作用机理，考虑劳动力结构和收入分配的调节作用并提出假设；另一方面，本书从宏观层面和空间溢出两个视角，采用动态面板模型（system-generalized method of moments，SYS-GMM）、空间溢出模型（spatial dubin model，SDM）进行了实证检验。

（三）逻辑演绎与数理分析相结合

本书理论分析还将逻辑演绎方法和数理分析方法相结合。逻辑演绎方法从智能化和产业升级的基本概念出发，运用经典理论和方法，探讨智能化和产业升级的基本特征和发展规律，而数理分析方法则将抽象的研究对象具体化，通过一定的研究假设和模型设定，运用严格的数学推导得出符合逻辑演绎方法的结论。本书一方面，对生命周期理论、市场分工理论和技术创新理论等智能化演进规律理论进行分析，也对配第—克拉克定理、刘易斯二元经济理论和钱纳里工业化阶段理论等产业升级理论进行总结，得出两者的发展特征和发展规律；另一方面，使用资本—技能互补模型、要素流动理论和产业组织理论，将以上理论得出的特征和规律具体化，分析数理关系。

（四）动态与比较静态相结合

一方面，本书在理论分析模型中构建了政府、企业和居民的一般均衡模型，并在静态模型基础上使用比较静态方法得出智能化和产业升级的均衡解；另一方面，在实证分析中，本书先使用静态方法研究智能化对产业升级的影响，通过特征事实分析，探讨随时间变化，智能化和产业升级的发展规律，属于比较静态分析，并且，使用考虑滞后期的动态模型，从宏观视角和空间视角研究智能化对产业升级的动态影响，比较静态模型和动态模型的结果，得出更有效的结论。

第四节 研究内容与研究框架

一、研究内容

本书研究内容共分为六章，各章具体安排如下。

第一章，绪论。从选题背景入手，提出本书所要研究的主要命题，阐述本书的研究目的与研究意义、研究思路与研究方法和研究内容与研究框架，概括本书的创新之处。

第二章，文献综述。主要包括三部分：第一部分阐述智能化的内涵、理论基础及其产生的效应，分别从理论层面和实证层面梳理国内外相关文献；第二部分为产业升级的内涵、理论基础、驱动因素以及衡量方法；第三部分为智能化对产业升级影响的理论基础，从宏观层面和溢出层面总结理论、实证方面的研究。通过文献梳理，总结既有文献的不足之处，指明本书研究的切入点和研究方向，为后面的章节提供文献基础。

第三章，智能化影响产业升级的理论分析框架。从宏观视角定义智能化和产业升级，基于资本—技能互补理论、要素流动理论和产业组织理论，从宏观层面和溢出层面构建了智能化对产业升级影响路径的逻辑框架，基于 CES 生产函数分析和推导智能化对产业升级的影响，以及劳动力结构和收入分配的调节作用。

第四章，智能化与产业升级：宏观层面的实证检验。基于宏观层面智能化与产业升级的理论分析提出研究假设，根据产业升级和智能化的内涵，将产业升级定义为产业结构升级，并将产业结构升级分为产业结构高级化和产业结构合理化两个层面。将中国各省（区、市）智能化分为七个维度，采用静态面板模型、动态面板模型检验智能化对产业升级的短期效应和长期效应，并进一步考察劳动力结构和收入分配不均等对智能化与产业升级之间关系的影响，并进一步分析地区异质性的作用，为分析智能化的产业升级效应提供宏观证据。

第五章，智能化与产业升级：空间溢出的实证检验。基于产业结构的空间关联和智能化的知识溢出效应，检验了智能化与产业升级的区域特征，使用考虑地理距离和产业结构变动的空间权重，运用加入空间滞后项、空间误差项和空间杜宾项的动态空间面板模型分析智能化对产业升级的空间溢出效应，并考察劳动力结构和收入分配不均等的空间调节作用。

第六章，结论与展望。总结全书并提出相应的政策建议，指出当前研究存在的缺陷和进一步研究方向。

二、研究框架

本书研究框架，见图 1 – 3。

第五节　主要创新点

本书构建基于政府、企业和居民的一般均衡模型，分析智能化对产业升级的影响，以及劳动力结构和收入分配在其中的作用，并从宏观层面和溢出层面进行实证检验，主要有以下三点创新。

（1）构建了智能化与产业升级的统一分析框架。既有文献没有系统梳理智能化与产业升级的相关理论，本书在宏观视角对智能化和产业升级的内涵及特征进行阐述和界定的基础上，借鉴资本—技能互补理论、要素流动理论和产业组织理论的相关思想，构建了智能化与产业升级的统一分析框架，找到了新视角。从政府、企业和居民的三部门一般均衡

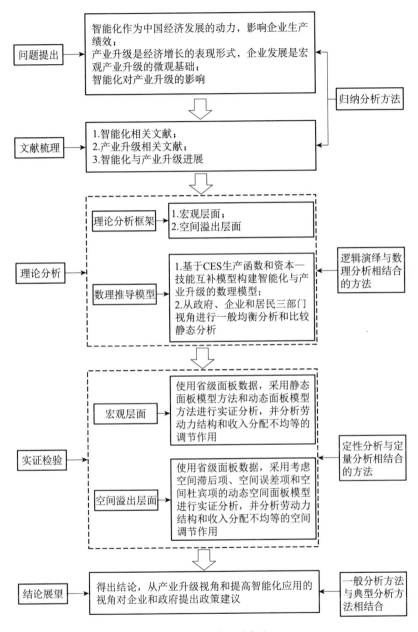

图1－3　本书研究框架

模型视角出发，研究智能化对产业升级的影响机制和影响方向。很少有文献将劳动力结构和收入分配不均等作为影响机理纳入数理模型，本书同时考虑劳动力结构因素和收入分配因素，从宏观层面和空间溢出两个视角研究智能化对产业升级的一般作用机理，并建立以 CES 生产函数为基准的数理模型，使用一般均衡分析和比较静态分析对理论关系进行数理证明。

（2）基于产业升级和智能化内涵，实证检验了智能化对产业升级的宏观影响。既有文献主要研究智能化带来的劳动力替代效应和创造效应、经济增长以及收入分配不均等现象，并未从产业升级视角通过理论研究和实证分析探析智能化的影响。本书总结既有文献对智能化的定义，构建地区智能化指标，将产业升级定义为产业结构升级，从产业结构高级化和产业结构合理化两个维度，验证智能化与产业升级的关系。本书通过特征事实分析验证中国智能化与产业升级的时间关系和空间关系，通过建立静态面板模型和动态面板模型，分别研究智能化对产业升级的短期作用和长期作用，进一步分析劳动力结构和收入分配不均等的调节作用，并检验了地区异质性的影响。在宏观层面上为智能化的产业升级效应提供证据，并分析劳动力结构和收入分配不均等的影响机制。

（3）基于产业升级的空间关联性和智能化的知识溢出效应，实证分析了智能化和产业升级的空间关系。既有文献关于产业升级空间效应的研究较多，但没有文献从智能化视角分析其对产业升级带来的空间溢出效应。本书通过测算 Moran's Ⅰ 指数，分析智能化和产业升级过程中的集聚特征，考虑地理距离和产业结构相似度的空间权重矩阵，采用纳入空间滞后项、空间误差项和空间杜宾项的动态空间面板模型，检验智能化对产业升级的空间溢出效应，进一步分析劳动力结构和收入分配不均等的空间调节作用，为智能化对产业升级的溢出效应提供空间证据。

第二章　文献综述

随着工业4.0时代的到来，机器人、互联设备和数据网络等智能化技术集在企业的生产环境中，为了能够更有效地提高工厂的生产率，工业机器人、3D打印等设备正在不断释放生产力，企业的生产规模逐渐扩大，产品质量稳步提升，因此，智能化如何促进地区经济增长和企业发展受到人们的广泛关注。本章将对与本书研究主题相关联的文献和研究成果进行梳理和总结，为后续章节的理论研究和实证研究提供合理的逻辑。本章的文献主要包括三方面：（1）智能化的相关研究成果，包括智能化的内涵、理论基础以及智能化产生的经济效应；（2）产业升级的相关文献，主要从产业升级的内涵、理论基础、驱动因素和衡量方式四个视角对产业升级的相关研究进行梳理和总结；（3）智能化与产业升级关系的研究，分别从理论研究和实证研究两个方面进行总结。

第一节　智能化的理论研究进展

一个国家（地区）的核心竞争力是如何使用有限资源，以成本最小化获得产出最大化，保证生产率的提升。成本最小化主要是使资本和劳动力的成本降低，作为工业4.0重要组成部分的智能化，一方面，会释放大量低技能劳动力，降低劳动成本；另一方面，会通过智能化资本缩短现有劳动力的生产时间，因此，随着中国经济的崛起和经济全球化，中国企业更加注重高新技术的使用，智能化也逐渐受到理论界的广泛关注。

一、智能化的内涵

2008 年金融危机以来，各国经济复苏艰难，将摆脱困境的希望放到新一轮科技革命浪潮中，产业生产模式正在发生翻天覆地的变化。"再工业化""互联网＋""物联网""工业 4.0""人工智能"等概念纷纷提出，它们的核心观点是改变传统的以劳动力为主的生产模式，将劳动分为具体劳动和抽象劳动两种，使用新技术替代体力劳动和部分脑力劳动，实现生产的全自动化，致力于达到无人化生产、高效率生产。

在中文文献中，贾根良（2016）从三次工业革命出发分析得出，第一次工业革命是 18 世纪末开始的以机器生产代替手工劳动，使农业为主体的经济社会向工业社会转型，第二次工业革命则主要增强了以人类思维能力为特征的相关行为，产生了计算机、手机等设备，有效地将传统脑力劳动精简化，而第三次工业革命则是人工智能、大数据、工业机器人、3D 打印机等技术的使用，可以完全代替脑力劳动。韩江波（2017）则区分了智能工业化和工业智能化，即工业智能化主要是以制造业为主，是智能制造的工业化过程。李廉水等（2019）指出，基础要素投入、软件开发与应用、经济效益与社会效益是智能化发展的目的，并从企业层面、产业层面和宏观层面分析智能化的特点。史永乐和严良（2019）将智能化的核心技术概括为信息数字化、数据增值化、资源调整化和整合化与智能分析化几个方面，服务于产品、制造和服务全生命周期的各个领域和各个环节。总而言之，智能化是将人工智能、物联网、软件开发等技术运用到农业、工业和服务业等领域，以提高经济社会发展和人民生活水平为目标的技术变革（黄群慧和贺俊，2013；曹静和周亚林，2018；邓洲，2018）。

在外文文献中，吉伦沃特等（Gillenwater et al.，1995）从智能设计方面提出，计算机辅助制造和设计、网络协同合作等智能化设计能够应用于企业的产品设计和产品研发中，促进设计和生产的智能化。阿西莫格鲁和雷斯特雷波（Acemoglu and Restrepo，2018）指出，智能化作为第三次工业革命的产物，解放大量劳动力，但同时因使用工业机器人、人工智能等设备，会造成劳动力失业。格雷茨和迈克尔斯（Graetz and Michaels，2018）指出，机器人在当今社会生产过程中有不可替代的地位，并且随着人工智能的不断发展，机器人拥有越来越完善的思考能力，能加速经济社会的自动化生产，但与此同时，劳动力的作用不断降低，劳动收入逐渐降低，加速收入分配不均等。卡塞利等（Caselli et al.，2019）同样认为智能化作为新兴技术能够促进经济增长。因此，外文文献主要将智能化定义为资本对体力劳动和脑力劳动的一种替代关系，即机器拥有思考能力，在不需要大量劳动力的前提下，通过自动化提高企业生产效率的一种方式（Vernon，1991；McClure，2018）。

在工业和信息化部制定的《物联网"十二五"发展规划》中，将智能工业应用示范工程归纳为：生产过程控制、生产环境监测、制造供应链跟踪、产品全生命周期监测，促进安全生产和节能减排，将具有环境感知能力的各类终端、基于泛在技术的计算模式、移动通信等不断融入工业生产的各个环节，大幅度提高制造效率。① 在《2015 智能制造试点示范项目》中，又将智能制造定义为一种由智能机器人和人类专家共同组成的人机一体化智能系统，在制造过程中发挥分析、推理、推断、构思和决策等作用。② 本书在以上智能化相关文献的基础上，提出智能化的基本概念，即微观层面的一种能够代替人的脑力劳动和体力劳动的生产技术，拥有分析、推理、构思和决策等和人类一样的思维能力，包含装备智能化、生产智能化、产品智能化、管理智能化和服务智能化五个方面，以提高企业生产效率和经济效益为目标，整合生产资源，释放劳动力，应用在农业、工业、服务业等领域的技术变革，主要包括人工智能、物联网技术、互联网 + 、工业机器人等。宏观层面则是微观企业使用智能化技术的加总，反映我国各地区智能化的使用情况。

---

① 资料来源：中国政府网，https：//www. gov. cn/zwgk/2012 – 02/14/content_2065999. htm.
② 资料来源：中华人民共和国工业和信息化部，https：//www. miit. gov. cn/jgsj/zbes/cgzdt/art/2020/art_448a5fe5809244cda5875861f 9e4a89d. html.

二、智能化的理论基础

智能化相关理论始于 20 世纪后半叶的第三次工业革命，随着信息化、数字化和网络化的发展，部分学者认为第四次工业革命即将到来，企业的生产结构会变得更精细、更复杂、更自动。与此同时，形成了以生命周期理论、内部化理论和技术创新理论为代表的智能化相关理论，从宏观视角诠释了智能化的形成。

（一）生命周期理论

生命周期理论最早由弗农（Vernon，1966）提出，目的是全面分析一种新产品从进入市场到被市场淘汰的过程。产品的生命周期和人的生命周期一样，要经历开发阶段、引进阶段、成长阶段、成熟阶段和衰退阶段。李等（Lee et al.，2015）指出，智能化也应该面向产品的生命周期，在自动化机器设备的基础上，通过人机交互、协作、决策、执行和反馈，实现产品的初步研发智能化、引入智能化、制造智能化以及管理智能化，根据客户需求实行个性化的制造服务、互动的制造服务和互联的制造服务，实现各生产要素、各环节、各业务协同控制和智慧决策。孟凡生和赵刚（2018）则将产品生命周期分为设计阶段、生产阶段、管理阶段和服务阶段。在设计阶段，智能化在传统设计前提下，使用类似模拟仿真技术的信息软件系统，借助数据库系统，以互联网为支撑，通过在虚拟环境中达成人机协作，进行产品设计。在生产阶段，企业通过信息化机器设备、技术等多因素合作，将新一代信息科学技术结合起来，实现系统之间、机器之间、人与人之间以及人与机器设备之间的相互融合，释放工人的精力和时间，节约资源，达成相互呼应与合作共赢的人机体系，形成智能化的、高效率的个性化生产。在管理阶段，随着"互联网＋"等信息技术不断开发，数据可以实时上传至电脑和云端，通过智能化筛选、排除为管理者提供有效的信息，随着线上技术的不断提高，企业内部、上下游企业之间可以形成无场地会议，突破地理和时间的限制，降低物流成本和制造成本，有效的信息处理技术能够为工人协调办公时间，提高管理效率。在服务阶段，消费者能够通过智能设备的教育系统，实现产品使用的便捷化，企业基于信息技术基础研发的服务系统释放部分劳动力，通过远程化的云端技术自动解决问题，通过信息处理系统，实时分配线下服务人员，保证消费者满意度最大化。

因此，智能化不仅是应用于农业、制造业和服务业等领域提高产量的生产技术，而且是遍及企业的生命周期，是经济社会的必然产物。

（二）市场分工理论

亚当·斯密（Adam Smith）于 1776 年在《国富论》中提出市场分工理论，指出经济全球化带来的自由贸易会引起国际分工，而国际分工主要是国家（地区）拥有自然禀赋、劳动力、资本或技术，各国（地区）按照对自身有利的生产条件进行生产，并与其他地区进行分工和交换，使资源、劳动力和资本得到最有效的利用，提高劳动生产率和物质财富。智能化是国际分工的产物，也会影响全球国际分工形势。一方面，智能化技术在传统价值链上增加了新的环节，促使其他国家（地区）为了达到高点，不断强化其在全球分工中的主导作用；另一方面，智能化改变传统的价值链体系，导致发展中国家的劳动力成本优势不断下降，劳动密集型产业的规模经济优势不复存在（尚涛，2015）。

总而言之，各国资源、劳动力、资本之间存在差异，对于劳动力成本较高的国家，譬如欧盟国家、美国等为了降低劳动力成本，提高生产效率，会研发替代劳动力的智能化技术，并且智能化技术也会提高先发国家的国际竞争力，稳固其在国际市场中的地位，影响国家（地区）间的产品分工。发展中国家更加注重原材料、能源、资源的开发和手工业发展，先发国家则会利用智能化技术提高高新技术产业的发展（李雯轩，2019）。

（三）技术创新理论

技术创新理论由约瑟夫·A. 熊彼特（Joseph A. Schumpeter）在《经济发展理论》一书中提出，该理论将生产要素和生产条件进行新的融合，指出企业、国家的经济增长不仅由劳动、资本等生产要素组成，还应该考虑技术创新，将技术创新归结为五个方面：（1）新产品的研发；（2）新的生产方法；（3）新的市场以及开辟从未进入市场的产业；（4）获得新的供应来源；（5）构建新的组织形式，打破原有的垄断模式。阿希姆（Asheim，2002）在熊彼特理论的基础上重新定义单个企业的创新，指出区域产业的集聚和外部企业的关联更有利于技术创新。邸晓燕和张赤东（2018）则从创新链视角分析了智能产业的创新能力，指出智能化的发展不仅是生产技术的一种提升或替代传统劳动力的行为，更能够提升研发能力、管理技术以及人的思维能力，并总结了智能化企业的五个特征：（1）轻资产的投资形式；（2）市场内的企业存在技术交叉交流；（3）用户使用智能产品的价值特征；（4）服务方面的长尾增值；（5）开放创新模式。邵必林等（2018）指出，智能化企业存在技术、系统演化和发展的自组织性，随着创新节奏的加快，能够完成传统高技术人员完成不了的任务，不同产业间智能化技术存在相似性，能够互相融合。总之，在技术创新视角下，智能化技术是企业提高生产率的必然结果，能够影响产量、管理、创新、服务等各领域。

三、智能化产生的效应

中外文文献关于智能化的效应进行了多方位研究，从微观企业层面、中观产业层面和宏观国家层面分析智能化对经济增长的影响，探讨智能化带来的生产力和生产关系的改变如何影响地区高低技能、老龄化等劳动力的就业情况，讨论智能化技术通过降低劳动力的作用影响资本和劳动力、不同类型劳动力之间的收入分配，也从企业组织、管理技术和生产模式等方面研究智能化如何提高企业生产效率。结合既有中外文文献以及本书主要研究内容，对智能化效应的研究主要集中在经济增长、就业、收入分配不均等和产业组织四个方面（Acemoglu and Restrepo，2017；Graetz and Michaels，2018；Caselli and Manning，2019；王春超和丁琪芯，2019；孙早和侯玉琳，2019；陈彦斌等，2019；王瑞瑜和王森，2020）。

（一）智能化与经济增长

关于智能化与经济增长关系的研究，中外文文献主要从两个方面进行分析：一方面，探讨智能化对经济增长以及生产率的理论研究，包括任务模型、经济增长模型等；另一方面，探讨智能化对经济增长和生产率关系的实证研究，是正向关系或是负向关系，并分析智能化能否为全球经济带来奇点。

1. 智能化对生产率和经济增长影响的理论研究

既有中外文文献主要尝试使用经济增长模型解释智能化或自动化如何影响经济增长，并总结其影响机理和影响路径。蔡拉（Zeira，1998）提出任务模型，指出企业生产过程由许多不同的任务组成，每个任务之间相互关联，即某个任务为其他任务提供原料或中间投入品，促使最终产品的生成，而每个任务对不同技能劳动力的需求不同，虽然机器设备及自动化会替代低技能劳动力，但会提高该任务下的生产能力，带动企业产量。汉森（Hanson，2001）最早通过新古典经济增长理论分析机器设备对经济的影响，假定机器和劳动力可以进行互补，也可以进行替代，在不同的工作环境下，互补和替代的作用大小不同。模型同时认为，信息技术的研发比一般技术研发更快，因此，机器设备等智能化相关的劳动力需求会快速增长，带动地区经济增长率快速提升，但该模型只分析了对体力劳动者的作用，没有分析创造性工作劳动的互补效应，低估了智能化对经济增长的作用。阿西莫格鲁和雷斯特雷波（Acemoglu and Restrepo，2017）则考虑了创造性工作的任务模型，认为智能制造会替代劳动力需求，但自动化任务会带来中间品产量提升，提升对从事其他任务的劳动力需求。艾金等（Aghion et al.，2017）在基于任务模型的基础上加入了鲍莫尔成本病，得出分配给每件任务的资本数量必须大于劳动数量，智能化允许企业通过大量的资本和少量的劳动完成更多任务。布林约尔松等（Brynjolfsson et al.，2017）指出，人工智能相关技术的快速发展能够推动企业股价飙升，但最近几年全球经济已经处于停滞状态，其主要由四个方面的原因，即虚假的希望、错误的衡量、技术实施的滞后和重新分配。黄和鲁斯特（Huang and Rust，2018）分析了企业如何在劳动力与机器人之间进行选择，在最初阶段，智能化会替代简单的任务，随着智能化不断完善，其可能完全替代所有人类的工作，接管人类更多的创造性任务和分析类任务，促进经济增长。

在中文文献中，曹静和周亚林（2018）总结了智能化影响经济增长、就业、收入分配的相关模型和研究成果，指出智能化能够带来深度学习，计算机不再是通过人类预设、输入代码而输出结果，而是在知觉方面、视觉方面以及认知方面都取得了很大突破，这会为人类带来无限智慧，但在智能化发展的早期扩散阶段，其对经济增长的影响还存在不确定性，需要进一步摸索。陈永伟（2018）指出，随着全球经济的不断增长，人口增速会下降，能够进行知识性生产的劳动力也会减少，虽然现在智能化能够促进经济增长，但是，除非可以完全替代人类从事创造性工作、进行知识性生产以及个性化设计，否则很难达到经济奇点。易信（2018）应用熊彼特创新理论指出，新一轮科技革命和产业变革对宏观经济增长是创造性毁灭，包括人工智能、物联网、"互联网＋"等智能化技术，这些技术将会在短期和中期有利于经济增长，但长期对经济增长的促进作用不显著。陈彦斌等（2019）构建了包含人工智能和老龄化的动态一般均衡模型，分析人工智能影响经济增长的机理，指出人工智能能够通过提高生产自动化、智能化程度，对劳动力造成替代效应，在老龄化背景下劳动力供给减少、储蓄率和投资率下降会对经济增长造成不利，而人工智能技术能够促进全要素生产率的提升，进一步对冲老龄化对经济增长的冲击。蔡跃洲和陈楠（2019）指出，人工智能通过两个方面影响宏观经济增长，一方面，通过增加要素贡献度、提高投入产出比、加快技术创新，推动经济社会各部门产量提升；另一方面，人工智能技术覆盖的生产体系影响国民经济的同时，生产规模也会扩大，进而促进国家经济增长。

通过上述分析可知，智能化技术通过替代更多的体力劳动者和部分脑力劳动者，在中短期内提高全要素生产率，缩短劳动时间，但在长期，智能化能否完全替代脑力劳动者进行分析、判断、决策等思维能力以及知识性制造和生产，需要进一步研究和探讨。

2. 智能化对生产率、经济增长影响的实证研究

中外文文献关于智能化对生产率、经济增长的实证研究较少，大多数文献致力于从理论层面进行分析，而关于智能化的实证分析主要集中在简单的描述性统计分析及对国家层面或企业层面全要素生产率和经济增长的影响上。

在外文文献中，布林约尔松和希特（Brynjolfsson and Hitt，2003）通过对 527 家美国上市公司 8 年数据进行的分析得出，计算机化能够对企业全要素生产率产生短期的正向作用。克罗曼等（Kromann et al.，2011）使用不同国家、不同行业的数据，将工业机器人使用情况作为智能化的衡量指标，发现工业机器人能够在短期和长期提高国家和行业的生产率，当其他国家的工业机器人使用程度达到自动化程度最高国家的使用程度，国家生产率会提高 8% ~ 22%。丹部等（Tambe et al.，2012）观察美国253 家上市公司发现，使用 IT 技术能够提升产品创新能力，高技术集群和工人流动性高的地区 IT 技术的投资能够获得更高回报，管理者使用 IT技术可以加强员工交流，促进企业生产率。格雷茨和迈克尔斯（Graetz and Michaels，2018）通过整理 17 个国家 25 年的行业面板数据进行实证研究得出，工业机器人的使用能够显著提高劳动生产率，并带动经济增长提高 0.37%，但工业机器人同样存在拥挤效应，随着机器密度的增加，边际效应下降。

在中文文献中，李丫丫和潘安（2017）运用 2001 ~ 2014 年中国行业面板数据分析工业机器人的进出口贸易如何影响第二产业生产率，发现工业机器人的使用存在知识溢出效应，能够带动第二产业生产率提升，但在具体的制造业分类下，这种正向关系存在显著差异。李丫丫等（2018）又以智慧物流为背景，使用全球投入产出数据库（the world in-put-output database，WIOD）的相关数据分析中国信息产业和物流产业融合程度对产业绩效的影响，信息服务业和信息制造业对物流产业的影响不同，信息产业与不同类型物流产业的融合程度也不同，因此，要加速

物流产业和信息技术产业的融合，推动传统产业转型升级。吴淑娟和吴海民（2019）采用2011～2017年中国上市智能相关企业数据，使用数据包络分析方法测算企业的全要素生产率，发现中国智能企业全要素生产率处于先增长、后降低的趋势，技术进步、人力资本投入显著提升全要素生产率，带动地区经济增长。何小钢等（2019）利用世界银行统计的中国120个地级市11999家企业的调查数据，从微观视角分析信息技术对企业生产率的影响，发现高技能员工和长期雇用员工能够与信息技术形成互补关系，在市场化程度更高、程序化任务更密集以及技术水平更高的行业，这种互补效应更强，更有利于促进企业生产率。

通过总结以上文献，智能化相关技术能够在短期、中期促进国家、产业以及企业的全要素生产率和经济增长，但受到不同类型劳动力的影响，其正向作用存在显著差异。

（二）智能化与就业

关于智能化对就业影响的中外文文献，主要从对高技能劳动力互补和对低技能劳动力替代两方面进行研究，智能化既能够对劳动力造成破坏效应，也会创造劳动力，学者关于两者关系的意见不一。

从外文文献来看，奥托等（Autor et al.，2003）在基于任务模型的基础上提出规范模型，将工作分为日常的工作任务和非日常的工作任务，而信息技术等智能资产执行日常的工作任务要比普通劳动力更有效。古斯等（Goos et al.，2014）对奥托的规范模型进行改善，指出自动化和技术进步更能替代日常工作，中等技能的劳动力相比其他两种劳动力更容易被替代。阿西莫格鲁和雷斯特雷波（Acemoglu and Restrepo，2018）提出分任务的替代效应，指出不同机器人对劳动力的替代效应不同，说明智能化对不同类型劳动力的影响不同，虽然降低传统任务的就业，但会增加新任务的工作机会。下面，分析智能化实证研究的相关文献，格里高利等（Gregory et al.，2016）基于分工作任务和分职业的任务模型，考虑机器人的替代效应，使用1999～2010年27个国家和欧洲238个区域的数据得出，劳动力和机器人的替代效应并不是很强，原因在于自动化带来的溢出效应会对冲替代效应。弗雷和奥斯伯恩（Frey and Osborne，2017）使用美国就业调查数据库（occupational information network，O＊NET）的702个具体职业，指出美国在过去20年内有47%的劳动力处在被自动化替代的风险中。曼恩和皮特曼（Mann and Püttmann，2018）通过搜集美国1976～2014年有关自动化技术的专利寻找专利所在企业和地区，研究这些企业和地区的就业情况，发现自动化水平的提升并未造成大量劳动力失业，反而增加了制造业、服务业的就业。西曼斯等（Seamans et al.，2018）使用微观企业数据，发现机器人技术和人工智能化可以补充或替代劳动力，但对不同规模的公司影响不同，也会影响对其他技术的采用、企业家精神以及本地区经济社会的发展。

从中文文献来看，刘涛雄和刘骏（2018）指出，中国机器人使用情况与经济的相关研究较少，虽然作为世界最大的机器人买方市场，但其能否让劳动力流向无法被机器人替代的行业，又能否有助于中国劳动力结构和产业结构调整尚未有结论。朱巧玲和李敏（2018）使用2002～2015年的省级面板数据，发现人工智能、物联网等技术会增加技能劳动和非技能劳动的相对供给，对高技能人才需求的增加有助于提高中国劳动力质量和劳动力结构优化。陈秋霖等（2018）基于跨国面板数据和中国省级层面的面板数据，构建二阶段最小二乘法模型，指出人口老龄化是智能化发展的诱因，当前的智能化属于诱导式创新，能够替代劳动力，并且是补位式替代而非挤出式替代。蔡啸和黄旭美（2019）则使用2003～2016年28个省（区、市）的面板数据，分析智能化技术如何影响劳动力结构，通过面板门限模型得出智能化会阻碍制造业就业，促进劳动力向服务业流动，当产出增长对劳动力的需求效应大于智能化技术的替代效应时，劳动力会回流到制造业。孙早和侯玉琳（2019）借鉴任务模型构造智能化下高、中、低三种劳动力的需求模型，使用2001～2015年省级面板数据得出智能化技术会先替代初中学历劳动力和高中学历劳动力，并增加高、低教育程度工人的需求，劳动力结构出现"两极化"特征。

以上文献从劳动力视角分析智能化技术产生的影响，在技术不成熟阶段，其对部分中、低技能劳动力的替代是必然趋势，但产量提升带来的劳动需求提升是否会影响长期就业结构仍需通过理论和实证进行验证。

（三）智能化与收入分配不均等

智能化技术主要通过两个渠道影响收入分配：（1）智能化作为一种有偏的技术进步，对不同劳动群体、生产要素边际产出的影响不同。首先，劳动的作用会下降，资本的作用提升，因此，资本回报率相比劳动回报率更高；其次，智能化对不同技能劳动力的替代作用不同，对高技能劳动力需求的增加可能会带来高低技能劳动力收入差异。（2）智能化还会对市场结构造成影响，智能化先发企业获得更高的竞争力，进而获得更多剩余劳动力（陈永伟，2018），下面，仍然从中外文文献进行分析。

在外文文献方面，赫慕斯和奥尔森（Hémous and Olsen，2015）建立一个包含有偏技术的内生增长模型，智能化会经历三个阶段，第一阶段低技能劳动力工资和自动化水平不高，收入分配相对稳定；第二阶段低技能劳动工资增长会刺激自动化、人工智能的相关投资，降低劳动收入总份额；第三阶段自动化资本份额稳定，低技能劳动力工资水平低于高技能劳动力。苯等（Benzell et al.，2015）在两阶段时代交叠模型（over lapping generation models，OLG）中加入了高技能劳动力、低技能劳动力，假定高技能劳动力拥有分析任务的能力，而低技能劳动力拥有交际能力，则机器人生产率的增加会让资本拥有者获利，劳动份额下降，工资降低。萨克斯等（Sachs et al.，2015）同样构造了两部门、两阶段时代交叠模型，发现当智能化技术是劳动力和机械的替代品时，劳动力需求会下降，威胁到工资、储蓄和后代的福利。柏格等（Berg et al.，2016）指出，智能化影响收入分配不均等主要有两个原因，一是随着智能化技术不断普及，机器设备变得更加廉价，单位劳动力的产出会增加，导致资本占总收入的比重增大；二是高技能劳动力的工资稳步增长，而被替代的低技能劳动力受到损失，工资不均等恶化。德卡尼奥（DeCanio，2016）基于豪斯安克（Houthankker）模型，在劳动、智能化机器设备和普通资本下研究智能化对工资收入的影响，发现工资受到生产关系和替代关系的影响，若资本回报在人群中分配不合理，否则，智能化会加速不均等。张（Zhang，2019）将机器人是否纳税考虑到熟练劳动力和非熟练劳动力工资差异的模型中，指出自动化能够加速产生替代效应和资本再分配效应，当智能化部门的劳动力和资本的替代弹性较大时，资本再分配效应会不足以抵消替代效应，扩大工资差距。兰基施（Lankisch，2019）表明，当今社会不均等加剧的主要原因是技术创新的诞生，尤其是以自动化、人工智能等为主的可以替代体力劳动和脑力劳动的技术。

在中文文献方面，智能化技术作为一种有偏技术进步，对劳动力的替代效应很强，因此，周禄松（2015）使用肖特（Schott）模型，测算中国各省（区、市）的出口技术结构得出，技术出口结构对熟练劳动力和非熟练劳动力相对工资差异的影响较大，随着资本偏向型技术进步不断发展，例如人工智能、互联网等对非熟练劳动力的替代性深化，严重影响其工资水平，加剧不同类型劳动力之间的收入差距。涂涛涛和陈烨（2018）基于动态一般均衡模型（dynamic stochastic general equilibrium，DSGE）分析偏向型技术进步与要素收入分配之间的动态关系，分析结果表明，资本偏向型技术进步在长期会降低劳动收入报酬，而劳动偏向型技术进步会促进劳动收入份额增加，但要素之间的互补和替代决定报酬在高、低技能劳动力之间的配置。杨晓锋（2018）使用2002～2017年的省级面板数据得出，智能制造的发展显著地提升了制造业人力资本水平，提高了制造业就业人员平均工资，智能型工业机器人相比普通的工业机器人更能促进平均工资的提高，但促进作用较小。邓翔和黄志（2019）通过任务模型和2003～2016年的行业面板数据，分析智能化和行业收入差距的关系，智能化技术通过替代劳动力影响行业间收入差距，对工作重复性高、创造性低的行业负向作用更大。

智能化能够对低技能劳动力造成就业压力，降低非熟练工人的工资，而与智能化相匹配的熟练工人需求增加，加剧两者之间的收入差距，并且，智能化资本通过替代大量劳动力降低了劳动力的作用，促进资本深化，资本回报率增加，而劳动收入份额则会下降。

第二节 产业升级的理论研究进展

产业升级是指，产业结构从低级形态向高级形态转变的过程，是产业量变到质变的结果，从微观视角来看，产业升级是企业技术创新、管理模式改善、企业结构改变、产品质量提升和全要素生产率提高等多方面共同作用的结果。从宏观视角来看，产业升级是国家经济增长模式的改变，是产业从劳动密集型和资源密集型向资本密集型和技术密集型转变、要素驱动向投资驱动和创新驱动转变的过程，最终实现经济的高质量、可持续发展（江小涓，2005；孙军和高彦彦，2012；韩永辉等，2017）。本节从宏观层面和空间溢出视角总结产业升级的内涵，分析产业升级的理论基础和驱动因素，并对衡量产业升级的指标进行梳理。

一、产业升级的内涵

一个国家（地区）提高竞争力主要通过比较优势，而比较优势包括生产要素、技术创新等方面，归根结底是微观企业要提高劳动生产率，降低成本，最终形成地区经济增长、产业生产率的提升和地区生产资源的合理配置。对国家而言，地区产业升级还要发挥示范效应和空间溢出效应，带动国家比较优势和生产率提高。

（一）产业升级的宏观层面

根据产业升级的概念界定可知，产业升级的宏观层面主要是产业生产要素的合理配置和生产率提升，达成产业从低级形态向高级形态转变的目标，因此，产业升级的核心包括产业结构的调整。

产业结构的一般分类方法是由费舍尔（Fisher，1935）提出的，他根据社会生产活动的发展规律和对劳动对象加工处理的工序，将国民经济产业分为第一产业（农业）、第二产业（工业）和第三产业（服务业及其他产业），该方法被各国广泛沿用至今。中国国家统计局 2003 年根据《国民经济行业分类》（GB/T 4754－2002）印发的《国家统计局关于印发〈三次产业划分规定〉的通知》首次指出中国产业划分范围，2012 年国家质量监督检验防疫总局和国家标准化管理委员会颁布的《国民经济行业分类》（GB/T 4754－2011）又明确提出了三次产业划分标准：第一产业是指农、林、牧、渔业（不含农、林、牧、渔服务业）；第二产业是指采矿业、制造业、电力、热力、燃气及水的生产和供应业、建筑业；第三产业是除第一产业和第二产业以外的其他行业，泛指服务业。

在第一次工业革命以前，全球主要处于以农业为主的低效率时代，随着蒸汽机等机器设备不断发展，制造业不断扩大，经济逐渐出现了专业化分工，生产率得到大幅度提升。与此同时，包含高新技术、信息技术的服务业慢慢开始扩大规模，人类劳动力再一次获得质的飞跃。配第一克拉克理论主要由克拉克（Clark，1956）提出，其最早揭示劳动力在经济发展中的规律，即劳动力随着时间推移，会从第一产业转移到第二产业，再转移到第三产业，导致第一产业产值比重不断下降，第二产业产值比重先升后降，第三产业产值比重不断提升的"库兹涅茨事实"。因此，产业升级是由第一产业向第二产业、第三产业转变的过程，是劳动生产率提升的标志（干春晖等，2011）。

以上主要是按照三次产业划分方法界定产业升级，而既有文献还将产业升级定义为高新技术产业占比、资本和技术密集型产业占比和高生产率产业占比（Foellmi and Zweimüller，2008；吴万宗等，2018；茶洪旺和左鹏飞，2018）。首先，高新技术产业是第三次工业革命的产物，代表国家技术创新水平，是国家在国际市场中的核心竞争力。高新技术需要高科技人才和机器设备，能够制造出价值更高的产品，生产效率也更高，因此，将其作为产业升级的一个标志。其次，要素结构是产业升级的基础，波特（Porter，2011）将劳动力作为初级要素，而将技术、物质资本和高技术人才作为高级要素，高级要素是产业向高级化发展的标志，能够带来高效率、高产出。最后，刘伟等（2008）将产业升级定义为高级化和合理化，高级化是指产业生产率水平提升，合理化是指生产要素在产业间的合理分配，保证资源使用率最大化。

（二）产业升级的溢出效应

上文主要介绍了本地区或产业内的产业升级，而不同地区、不同行业的产业结构往往相互影响，本地区产业会给周边地区产业带来生产要素的转移效应和技术溢出效应，也会带动周边地区的产业升级。新经济地理理论指出，一个地区拥有更高级的产业结构意味着本地区生产能力更高，劳动力工资水平和生活水平也更高，并且，拥有良好的基础设施和融资机构，这会造成周边地区劳动力向本地区转移，能够获得更多投资，促进产业升级（Iammarino and McCann，2006；于斌斌，2017）。

产业升级能够带来投资、基础设施、生产要素等多方面的提升，会形成上下游关联效应和知识溢出效应，吴福象和沈浩平（2003）指出，产业结构更高级的长三角地区能够通过吸引多种优质生产要素促进城市群要素空间集聚的外部性，城市基础设施会带来溢出效应，形成区域间产业的地域分工和专业化，助推本地区和周边地区的产业升级。陶长琪和周璇（2016）发现，技术创新和产业优化是区域发展的核心因素，省域间技术、资本、劳动及创新要素会不断转移，并对产业优化产生影响，产业优化也会吸引更多的物质资本要素和劳动力要素，促进技术创新，加速区域间高、低技能劳动力的交流。李东坤和邓敏（2016）指出，对外直接投资（outward foreign direct investment，OFDI）更容易聚集在产业结构更完善的地区，这些地区 OFDI 的发展能够带动周边地区产业高级化水平和合理化水平的提升。

以上文献可以整理得出，既有文献对产业升级的内涵包含两个方面：（1）在宏观层面上，生产要素在三次产业间转移导致要素密度的变动，随着高新技术产业不断发展，第一产业、第二产业和第三产业的生产率出现较大差异，带动产业升级；（2）在空间层面上，产业升级能够通过基础设施、融资水平、技术创新等因素带动周边地区生产要素的变化并提高周边地区劳动力生产率，带动本地区和周边地区产业升级。

二、产业升级的理论基础

产业升级理论最早可以追溯到300多年前，由英国经济学家威廉·配第（William Petty）在1676年提出，而后又出现了刘易斯二元经济理论、钱纳里工业化阶段理论等，下面，对这些理论进行具体阐述。

（一）配第—克拉克定理

配第（1676）通过对比不同产业供需关系和劳动者收入后得出，第一产业的劳动生产率正在下降，而第二产业劳动生产率、第三产业劳动生产率不断递增，服务业部门的收入高于工业部门和农业部门，而劳动力会从农业部门向工业部门再向服务业部门转移。克拉克（Clark，1956）指出，从事第一产业的劳动力数量相比从事第二产业的劳动力数量下降更快，而从事服务业的劳动力数量正在上升。配第—克拉克定理从横向和纵向两方面进行研究，横向方面通过同一时间、不同国别产业升级对各国产业发展阶段进行评估，发现劳动力在不同国家的数量和发展存在差异，纵向方面通过各国某一阶段的时间变化趋势判断产业升级和就业人口的变化。相比于工业部门，农产品消费占总收入的比重随着收入增加而降低，服务业部门则相反，其消费支出占比不断增加，而且，农业部门生产率低，受到自然环境和技术水平的影响，其所在地有地域限制，而制造业、服务业生产率较高，并且，行业经营灵活，范围涵盖广阔，因此，导致劳动力在产业间转移，但总的来说，劳动力转移会提高劳动生产率，带动产业升级。库兹涅茨（Kuznets，1946）得出相同的结论，并且发现制造业内部与现代技术相关的新兴产业发展速度最快，在工业中占比上升，而传统生产部门在工业部门占比会下降，教育与科技在服务业部门占比增加。

（二）刘易斯二元经济理论

刘易斯（Lewis，1954）在配第产业结构理论基础上提出了"二元经济结构理论"，专门针对发展中国家包含农村为主的农业经济和包含城市为主的工业经济，将社会经济分为自给自足的农业部门和现代化的制造业部门，而农业部门发展是资本积累的基础。菲和拉尼斯（Fei and Ranis，1964）对刘易斯模型的假设进行了完善，农业劳动力分为两种：一种是不增加农业总产出，边际产出为零；另一种是不增加农业总剩余，虽然边际产出不为零，但不能满足自身消费。农业部门劳动力数量转换要经历三个阶段：首先，边际生产率为零的农业剩余劳动力向制造业部门转移，不会影响农业产出，只要工业部门发展就会提高劳动力需求，这部分劳动力就会转移，而农业劳动力数量降低，导致农业部门人均收入增加；其次，边际产出不为零的劳动力也会因工业部门的工资收入高而不断转移，这部分劳动力会降低农业部门的总产出，导致未流出的劳动力人均收入下降，农产品产值下降也会造成相对价格的提升，迫使工业部门提高工资收入，这会阻碍工业部门的资本积累和规模扩张，因此，这一阶段需要提高农业劳动力生产率补偿劳动力流出带来的损失，要超过刘易斯拐点，否则，劳动力就不会转移；最后，当农业部门剩余劳动力完全消失，劳动力供给完全由农业部门和工业部门的竞争性工资决定，形成了农业继续向工业提供剩余劳动力，工业反过来支持农业的现状，传统农业向工业化转变。蔡昉（2015）也指出，当出现普通劳动力短缺、工人工资不断上涨的现象，刘易斯拐点就会出现，并结合中国实际情况，得出三个结论：（1）15～59 岁劳动力的增长速度开始出现负增长，劳动力供给出现收紧现象；（2）经济的持续增长会创造大量就业岗位，农业剩余劳动力的工作得以解决；（3）劳动力需求增长速度超过了劳动力供给速度，劳动力供需关系发生变化，刘易斯的二元经济结构劳动力无限供给假设失效，农业劳动力的边际生产率不再为零。

（三）钱纳里工业化阶段理论

钱纳里和塞尔昆（Chenery and Syrquin，1975）使用 1950～1970 年101 个国家的面板数据，将不发达经济体向成熟工业经济体的变化分为三个阶段六个时期，即初级产品生产阶段、工业化阶段和发达经济阶段，每一个阶段向更高一个阶段的发展都是通过产业结构调整实现的，该文献从经济增长的长期效应视角分析各产业部门的作用，揭示产业部门通过产业关联效应进行结构调整。该文献指出，随着经济增长，农业产值和就业比重的不断减少，制造业份额在工业化过程中不断上升，而在工业化完成后下降，服务业的产值和就业比重在工业化初期增长较慢，但一直处于增长趋势，并且，产业结构的合理变化会对经济总量的增长产生推动作用，这是技术进步和生产力提升的结果。在初级产品生产阶段，农业经济占主要地位，资本积累较慢，劳动力增长速度较快，产业全要素生产率的增长速度也很低。在工业化阶段，资本积累的作用较高，经济社会的发展中心由初级产品向制造业转型，全要素生产率的增长是经济增长的主要原因。在发达经济阶段，工业制成品的收入弹性减少，国内总需求的占比降低，要素投入对经济增长的作用也下降，而全要素生产率则不断增长。

三、产业升级的驱动因素

产业升级是全世界经济发展的必经之路，如何让产业顺利转型是各个国家需要解决的问题。纵观历史，产业升级受到多因素影响，发展中国家和发达国家国情不同，经历了三次科技革命的发达国家能够更好地提高市场竞争力，加速形成经济一枝独大的现象，产业结构出现差异。纳克斯（Nurkse，1953）提出恶性循环理论，发展中国家经济不发达，人均收入水平低，绝大部分收入用于消费，很少用于储蓄投资，而其他高速发展的国家通过全球价值链影响发展中国家，促使部分发展中国家无法进行技术创新、经济变革和产业结构调整，最终导致产业结构落后，经济发展恶性循环。全球正在经历要素价格不断攀升、资源不断耗竭和环境不断恶化的阶段，原有通过要素驱动和投资驱动的发展模式难以保证经济高质量与可持续发展，需要寻求提高经济增长的动力和技术创新，促进全球各经济体合理分工和生产资源合理配置，探索产业升级的路径。

（一）技术创新推动论

技术进步是经济增长的动力，也是产业升级的主要内生变量，熊彼特（Schumpeter）在1942年对技术创新进行了详细阐述，并对影响经济增长的技术创新进行了分类。索洛（Solow）的外生经济增长模型、罗默（Romer）的内生经济增长模型都将技术进步纳入经济增长模型，将技术进步作为促进经济增长的核心动力（Romer，1990）。技术创新能够提升生产要素的使用率，也可以增加产品种类、提升产品质量，带动产业结构变革，影响生产要素在产业间的分配，更有利于高生产率产业的要素积累，深化产业内专业化分工和产业间专业化分工，不断带动新产业的诞生和发展。

技术创新影响产业升级主要通过3种方式：（1）企业通过自主研发掌握核心生产技术，带动产业升级，属于自主创新型产业升级；（2）后发企业通过学习先发企业的生产模式，吸收先进技术并进行应用型扩展创新，带动产业升级，称为跟进创新型产业升级；（3）引进发达国家的生产技术，带动产业或地区的技术创新，促进产业升级，属于引进利用型产业升级（倪外和曾刚，2009）。因此，发展中国家能够通过国家间、企业间的学习和投资促进研发创新水平，提高技术创新能力，带动产业生产率提升，加速高新技术产业发展。

（二）比较优势战略论

1821年，李嘉图（Ricardo）在《政治经济学及赋税原理》一书中提出比较优势理论，指出任何一个经济体都存在相比其他国家更有优势的发展动力，包括资源、劳动力、气候和技术创新等。林毅夫等（1999）通过对比中国改革开放以前实施的优先发展重工业和其他采取类似政策国家的经验，发现立足于赶超型的优先发展重工业不能带动产业升级。林毅夫和李永军（2003）结合李嘉图的比较优势理论，将日本等成功发展的原因总结为比较优势战略，中国应优先发展劳动密集型产业等优势产业加速自身发展，将创造的财富用于资本积累，然后，不断将产业重心向资本密集型产业和技术密集型产业转变。一国经济增长主要来自产业升级，而产业升级取决于国家要素禀赋，要实现产业升级就必须提高要素禀赋结构，提高劳动力的资本存量。人均资本存量决定于国家剩余的经济累积，通过要素禀赋结构确定的优势产业和技术结构可以最有效地提升国家竞争力。发展中国家应该按照比较优势发展经济，通过资本积累缩减与发达国家之间其他要素禀赋的差距，产业结构和经济发展水平才会收敛。反之，发展中国家不按比较优势扶持重点产业，则国家和产业就会缺乏市场竞争力，获利能力就会降低，要素禀赋结构的调整和产业结构升级的提升就会放缓。

然而，一种观点认为，偏离比较优势的跨越式赶超模式也能够带动产业升级，常（Chang，2003）指出，发展中国家应优先发展与发达国家相竞争的新兴高新技术产业，提高国内产业整体技术创新水平，提高市场竞争力，并结合比较优势理论，发展能够实现资本积累的优势产业，实现经济的快速增长，但国家长期的产业结构和贸易结构会收敛于比较优势下的要素禀赋结构。邓向荣和曹红（2016）从产品空间结构视角分析中国1962~2014年的产业升级路径，发现产业结构偏离比较优势与经济增长正相关，资本积累带动产业持续创新是促进国家跨越式发展的关键，但劳动密集型产业的退出障碍不利于要素配置效率的改善。

（三）全球价值链升级论

全球价值链通常是指，产品和服务在形成过程中，连接生产、销售、服务与回收处理等过程的全球性组织网络，包括所有参与者的价值和利润分配，涉及设计、产品开发、营销、消费等各种增值活动。斯特金（Sturgeon，2001）从组织规模、地理分布和生产性主体三个角度界定全球价值链，生产的专业化分工使得各个国家为了提高产量和产品价值，与其他国家的交流更加密切，企业间、产业间和国家间为了促进产品和服务增加值的提高，加深技术交流，促进产业生产率提升和产业升级。姚志毅和张亚斌（2011）从国家层面和省域层面对产业升级进行衡量和分析，认为中国产业升级取决于高附加值产业创造力、产业价值链、产业发展环境（基础设施、金融和劳动力等）、产业生产能力和市场扩张水平。许南和李建军（2012）研究表明，产品内专业化分工的深化和全球价值链的分解，使国家产业升级从低附加值向高附加值提升，而中国需抓住国际产业转移的机遇，打破企业结构性封锁和价值链低价值锁定，促进产业升级。随着全球化的来临，国家的发展离不开其他国家的合作和分工，只有通过加速国际市场的技术、管理经验交流，提高对外直接投资水平，才能促进产业向高附加值、高技术转型，带动产业升级。

四、产业升级的衡量

上述文献指出，产业结构高级化是产业从低级形态向高级形态转变、从劳动密集型产业向技术和资本密集型产业转变、从低附加值产业向高附加值产业转变等，配第一克拉克定理最早通过三次产业产值和就业比重衡量产业升级，霍夫曼（Hoffmann，1958）、钱纳里和塞尔昆（Chenery and Syrquin，1975）指出，产业升级是资本积累的过程，人均资本越高，生产率越高，而当今大量学者则从产业结构高级化和产业结构合理化两个角度研究产业升级。

（一）产业结构高级化指数

产业结构高级化是传统农业向工业和服务业、高新技术产业不断转型，人均资本水平提升带动劳动生产率的改善，保证最终产品高附加值增加的过程。干春晖等（2011）将第三产业产值和第二产业产值之比作为产业结构高级化的度量，国家经济越偏向于服务化发展，产业优化越明显。傅元海等（2016）指出，仅从传统三次产业结构和轻重工业结构划分不能体现产业发展，而应该使用高知识复杂型产业、高新技术战略行业占全部工业的比重衡量产业结构高级化。田新民和韩端（2012）还用中间产品产业与最终产品产业的比重来测算产业结构高级化，说明产业专业化分工程度和全球价值链地位。

以上指标都只是从产业结构比重衡量产业结构高级化，然而，并非服务业或非农产业的产值越高生产率就越高，并且，以服务业或第三产业作为衡量高新技术产业的标准也不合理，部分学者开始通过劳动生产率等因素测算产业结构高级化。韩永辉等（2017）将不同产业的劳动生产率进行加权平均，衡量中国各省（区、市）所有产业的生产率。杨先明和王希元（2019）将产业分为传统农业部门和其他工业部门，将不同部门劳动力生产率和最先进国家生产率进行对比进行加权平均，用来衡量产业结构高级化。章志华和唐礼智（2019）将中国的所有产业按照二分位标准进行分类，将每个产业劳动生产率与该省（区、市）劳动生产率的比值作为产业结构高级化指标，分析该省（区、市）产业发展是否高于平均水平。

（二）产业结构合理化指数

产业结构高级化分析了产业由低级形态向高级形态转变的过程，是生产率提升的标志，而产业生产率的高低还和生产要素的使用程度相关，如要素在产业间没有得到合理配置，则会造成要素错配现象，不利于产业升级，因此，学者将生产要素在产业间的分配和偏离度作为产业结构合理化指标。傅元海等（2014）通过构造产业结构偏离度，说明劳动力在不同生产率水平产业间的分布。吕明元和陈维宣（2016）考虑劳动力、资本等多种生产要素的产业结构合理化指数，说明产业结构合理化不仅是劳动力的作用，对于技术水平高的产业资本作用更大，因此，需要将劳动力和资本同时纳入产业结构合理化测算中。李虹和邹庆（2018）又将不同产业产值作为权重，研究中国各省（区、市）所有产业的平均产业结构偏离度。

第三节　智能化与产业升级的相关研究

一、智能化对产业升级影响的理论研究

阿西莫格鲁和雷斯特雷波（Acemoglu and Restrepo，2018）指出，智能化是一种技术进步，既可以替代体力劳动者和部分脑力劳动者，也能够创造新的岗位，对高技能劳动力的需求增加，说明智能化是一种有偏的技术进步，其发展受到就业结构的影响，随着劳动力被智能化技术替代，人均资本增加能够促进产业劳动生产率的提升。随着不同地区高、低技能劳动力需求的不同，劳动力会在区域间转移，造成就业结构的改

变，影响智能化对产业升级的关系，因此，本节主要通过基于资本—技能互补理论、要素流动理论分析智能化如何作用产业升级。

（一）基于资本—技能互补理论的研究

资本—技能互补理论最早由格里利克斯（Griliches，1969）提出，相比于非技能劳动力，带有"技能"和"教育"的劳动资本与物质资本的互补性要强于替代性，并且，技能劳动力和机器的组合对非技能劳动力的替代性更强，资本和技能的替代弹性可能为负，即两者是完全互补的。该模型是基于有偏型技术进步建立的，随着技术不断进步，体力劳动者逐渐被机器设备替代，而部分创造型、复杂型工作还无法被替代，机器设备使用的复杂化也需要更多高技术员工，这就会产生技术对不同类型劳动力差异化的需求（申广军，2016）。替代弹性是资本—技能互补模型的核心理念，戈尔丁和卡茨（Goldin and Katz，1998）指出，在工业化早期，资本和非技能劳动力的结合会因技能劳动力的高成本而替代技能劳动力，即资本和非技能劳动力替代弹性为负，但随着技术进步，机器设备的使用必须由技能劳动力操作，资本和技能劳动力的替代弹性逐渐变为负值，资本—技能替代模型是随着技术的不断进步而发生变化的，在当今社会智能化突飞猛进的发展趋势下，智能化资本和技能劳动力的互补性更强。

从国外资本—技能互补理论的相关文献来看，阿西莫格鲁（Acemoglu，1998）指出，技术进步在短期内会造成技能溢价，但随着技术工人比例的提升，技术进步会不断偏向高技能劳动力，劳动生产率提升并增加了技能溢价，高、低技能劳动力需求和收入不同会造成收入不均等现象。汤尼格和维迪尔（Thoenig and Verdier，2003）建立了技术创新的动态模型，使用法国1986～1992年3000个企业的非平衡面板数据，指出创新的方向更偏向于熟练的劳动密集型技术，全球化会加剧技术模仿和学习，劳动力替代效应更明显，导致劳动收入不均等。亚萨尔和保罗（Yasar and Paul，2008）使用土耳其制造业的数据，区分技术型劳动力和非技术型劳动力、机械和计算机资本以及男性劳动力和女性劳动力等，发现技术型劳动力对机械和计算机资本都是互补的，更高的生产率是由技术工人与机械、计算机的组合创造的，它们的协同作用能够提高生产力，有助于发展中国家向发达国家生产模式靠近，促进产业升级。贝伦斯等（Behrens et al.，2014）指出，大城市的人均产出要比小城市多，而这种高生产率是因更多的熟练劳动力进入大城市，大城市拥有更先进的产业，资本密度更高，形成熟练劳动力和资本的互补性，进一步促进大城市产业集聚现象，产业结构随之调整。因此，从外文文献来看，随着技术的不断进步，智能化不断普及，产业对信息软件人才、计算机人才、机器设备人才的需求就会增加，而高技术人才与高技术资本的有效结合虽然会替代大量低技能劳动力，但是，会带动产业生产率质的飞跃。

从中文文献来看，王永进和盛丹（2010）较早研究中国偏向型技术进步，虽然机械设备和熟练劳动力是互补效应，但是有偏技术进步在提高熟练劳动者收入的同时会增加资本收益，对低技能劳动力的替代会更进一步降低劳动市场的收入份额，资本收入份额占比随技术不断进步而提升，高、低技能劳动力收入差距扩大。资本收益的增加意味着人均资本水平更高，产业更偏向资本密集型。郑猛（2016）将有偏技术进步引入不变替代弹性（constant elasticity of substitution，CES）生产函数，测算71个国家的资本与劳动的替代弹性，国家之间资本与劳动要素的替代弹性的差异会导致技术进步的不同，要素替代弹性会促进经济增长，对发展中国家的作用更大，因此，中国应该探寻要素替代弹性的内在传导机制，进一步促进资本和不同类型劳动力对产业升级和经济结构的变革。王林辉和袁礼（2018）构建两部门模型分析有偏技术进步对要素收入份额的影响，指出劳动收入份额占比是全球的普遍趋势，产业内的有偏技术进步会影响要素收入分配格局，导致要素跨部门流动和重新配置，推动产业调整。李力行和申广军（2019）将金融发展纳入资本—技能互补模型并指出，金融发展程度高的地区会促进资本积累，对技能劳动力的需求增大，短时期会提高技能溢价，长期会扩大城市规模，吸引更多高技能人才，提高技术创新，提高产业整体生产率。郭凯明（2019）将新一代科技革命的人工智能作为一种基础设施投资属性的技术，对劳动和资本都可能产生有偏的技术替代效应，通过构建多部门动态模型得出人工智能会引起劳动和资本在产业部门间流动，影响劳动收入份额占比，促进产业升级。

通过以上分析可知，智能化实现自动化、大规模和重复性生产，还在不断发展创造性思维能力，对劳动力的替代效应更强，同时也提高了对高技能人才的需求，熟练劳动力和资本的互补会提高人均资本存量，促进资本深化，引导产业向资本密集型转变，而资本积累也会加速技术创新，促进产业劳动生产率的提升，产业的技术特征不断完善。

（二）基于要素流动理论的研究

资本—技能互补模型指出，人工智能、工业机器人、物联网等智能化技术能够替代非技能劳动力，增加高技能劳动力，若本地区智能化不断发展，必然会影响劳动力、资本等生产要素的结构，生产要素会在区域间转移，其他地区的要素结构也会随之改变，影响产业的生产模式，加速产业调整（Cantore et al.，2014）。配第—克拉克定理同样指出，随着制造业和第三产业不断发展，劳动力会从农业转移到制造业再转移到服务业，促进经济服务化，因此，本节重点分析中外文文献关于技术进步引致要素流动并带动产业调整。

从外文文献来看，要素流动主要因要素价格在地区间存在差异，一方面，取决于本地区的要素禀赋；另一方面，取决于本地区产业对要素的需求，劳动力转移是因其他地区能够带来更高收入，更高收入意味着其他地区技术水平超前，劳动生产率高。斯维基（Swięcki，2017）将技术创新、进出口和生产要素成本考虑到产业结构变迁模型中，通过1970～2005年45个国家的面板数据进行反事实分析，得出技术差异是导致不同类型劳动力转移的成因，从而调整产业结构。杜阿尔特等（Duarte et al.，2010）通过建立三大产业结构转换模型衡量不同国家在同一时期的劳动生产率，验证了劳动力等生产要素跨部门流动和产业结构转型主要受劳动生产率差异的影响。阿尔瓦雷斯和波施（Alvarez and Poschke，2011）通过全球 11 个发达国家的面板数据得出，由制造业技术进步形成的拉力是第二次世界大战以前产业结构调整的主要原因，二战后，农业技术进步引致工人在不同产业部门间流动，并且，制造业技术进步对发展相对落后国家产业结构调整的作用更大。刘易斯（Lewis，2013）通过建立劳动力转移模型，从理论和实证分析劳动力保持不变或转移对资本—技能互补效应的影响，得出劳动力转移能够形成新的技能和资本组合，促进企业创新和生产率提升，带动产业优化。恩盖和皮萨里德斯（Ngai and Pissarides，2007）建立多部门理论分析框架，不同产业部门之间生产率的差异将改变中间品、最终产品的相对价格，劳动力在产业部门间重新转移，转移的方向受不同产品之间替代弹性的影响。若产品间的替代弹性超过 1，则劳动力会从技术进步率低的产业转移到技术进步率高的产业。阿尔瓦雷斯等（Alvarez et al.，2018）使用美国 1960～2005 年的数据发现，不同产业生产率的差异是导致产业结构由农业向工业再向服务业演进的原因，并且，要素替代弹性的差异也是影响产业劳动收入份额变化的原因，劳动力随着劳动收入份额变化而流动，导致产业结构变迁。总之，产业间技术差异、要素价格不同和劳动生产率迥异等都会带动不同生产要素在产业间和区域间的流动，改变就业结构和资本结构，引起产业结构变化。

从中文文献来看，赵楠（2016）构建了 2002～2012 年中国 30 个省级面板数据，发现各省（区、市）劳动力流动会显著促进产业优化升级，不同省（区、市）的正向作用存在明显差异，而曹玉书和楼东玮（2012）指出，要素流动障碍和资源错配不仅会减少短期的经济产出，长期还会改变生产组合方式，影响生产率，因此，生产要素在中国各省（区、市）间能否顺畅流通决定了各省（区、市）间经济增长和产业结构转型。而我国智能化发展相对较晚，但增长速度居全球之首，如何在智能化机械设备不断增长的前提下，保证生产要素的合理配置是促进中国经济结构、产业结构变革的关键因素。张幼文（2013）考虑了生产要素的国际流动，中国作为新兴经济体受到经济全球化的影响，技术创新、国际资本、外商直接投资等因素转移到国内，通过与国内劳动力和资本进行组合，促进产业技术研发和产业转型。王晓芳等（2015）从新古典经济学要素流动角度分析中国产业的动态变化趋势，农业受到自然环境因素影响而无法跨地转移，但制造业逐渐向西部转移，其对高技能劳动力的需求减弱，并且西部省（区、市）也拥有大量劳动力，其他省（区、市）劳动力和资本也愿意聚集到西部省（区、市），而服务业的重心转移则无明显特征，主要原因在于劳动力、资本要素在全国范围内的流动没有造成服务业转移。在时间维度上，劳动力由第一产业流向第三产业，资本则从第二产业流向第三产业。董景荣和张文卿（2019）将产业间技术差异纳入模型，服务业技术水平高于制造业，而制造业技术水平高于农业，则资源要素向第三产业转移，劳动力技能水平更高的制造业劳动力会转移到第三产业，但农业劳动力技能较低，会阻碍其向第二产业、第三产业转移。

中国智能化起步晚，但发展迅速，其对劳动力的替代作用和互补效应更为明显，随着产业间技术和要素收入差异的凸显，高技能劳动力、资本、技术等会转移到生产率水平更高的制造业和服务业，产业不断优化。

二、智能化对产业升级影响的实证研究

根据以上产业升级的内涵可知，产业升级的宏观层面包括三大产业结构、高新技术产业比值、产业结构高级化和产业结构合理化等方面，因此，智能化对产业升级的影响也应该从这几个方面展开分析。

智能化能够产生劳动力的"破坏效应"和"创造效应"，减少企业非熟练劳动力的使用，有效减少劳动时间促进企业生产率提升。企业作为宏观经济的微观基础，生产率的提升会带动地区产业的发展，企业内部生产要素的合理使用也会促进地区要素、产业要素的优化配置，进而促进产业升级，本节重点分析中外文文献关于智能化如何影响地区产业升级。

首先，智能化对本地区产业升级的影响是显而易见的，智能化技术有效地改善了本地区企业的要素结构，减少劳动时间，提高生产率（蔡啸和黄旭美，2019）。以智能化相关技术对不同产业生产率的影响为例，李丫丫和潘安（2017）将工业机器人作为衡量中国自动化和智能化的指标，通过使用2001～2014年面板数据分析工业机器人进口数量对制造业全要素生产率的作用，得出工业机器人数量的提升有利于技术溢出效应，促进制造业全要素生产率提升，带动产业升级。郭敏和方梦然（2018）指出，人工智能存在一定滞后性，其对生产率和创新的作用需要时间积累，因此，需要加快熟练劳动力的培养，促进资本和劳动力的互补效应。孙早和刘李华（2018）计算中国1979～2014年信息技术产业的资本存量和全要素生产率，得出信息化与全要素生产率的关系显著为正，人均受教育程度会加速信息化的正向作用，各地区应该在扩大工业化水平的同时，加速机器设备和高端人才的投资和使用，促进资本和熟练劳动力的互补。余东华等（2019）使用1999～2016年中国二分位制造业行业分析资本深化和有偏技术进步对行业全要素生产率的影响，机器人、物联网、自动化等资本偏向型技术进步会促进全要素生产率的增长，削弱资本深化对全要素生产率的负向作用，有利于生产要素的合理配置。

智能化不仅能够通过提高劳动生产率促进产业升级，而且能够通过人力资本、就业结构和工资收入等因素影响产业结构，杨晓锋（2018）指出，智能制造有利于提高制造业人力资本水平，随着智能制造不断深化，各地区应该加快人力资本结构与产业结构的耦合程度，促进产业升级和工资同步增长。郭美晨（2019）以信息通信产业（information communications technology，ICT）为研究对象，指出ICT行业的技术创新会对中国各省（区、市）产业结构造成突破效应和融合效应，2009年以前ICT行业对产业结构无显著的推动作用，2010年以后才开始促进产业优化升级。赵建军和贾鑫晶（2019）基于智慧城市试点建设政策，使用2007～2016年285个地级市面板数据，采用双重差分方法（difference in difference，DID），从研发水平、金融发展和人力资本三个中介变量验证智能化政策对产业升级的影响，结果显示，智慧城市有利于产业结构高级化和产业结构合理化，而三个中介变量均能够加速智能城市的产业优化，并且，作用大小随地区异质性而改变。王瑞瑜和王森（2020）使用中国 2003～2007 年的省级面板数据，通过动态面板模型分析老龄化如何通过人工智能影响产业升级，老龄化会阻碍农业和制造业的生产，但会促进服务业发展，人工智能技术的使用会减缓农业和制造业的负向作用，并加速对服务业的正向促进作用。

智能化也会通过区域间劳动力转移影响周边地区的要素结构，改变人均资本从而影响劳动生产率，改变产业结构。然而，鲜有文献研究两者之间的空间关系，大多数文献仅从技术偏向型视角或高新技术视角分析对产业升级的溢出效用。陶锋等（2011）以电子信息制造业为例，分析全球价值链视角下，技术创新带来的示范效应和知识交互、融合机制对产业升级的影响。孙学涛等（2017）指出，技术进步偏向存在差异，其对产业升级的影响也不同，将中国 1869 个县域作为研究对象，使用空间自回归模型得出技术进步偏向不仅促进本地产业结构高级化和产业结构合理化，还会造成空间溢出效应。茶洪旺和左鹏飞（2017）通过空间误差模型和空间滞后模型分析 2010～2014 年信息化对省级行政区产业升级的影响，信息化和产业结构均存在显著的空间依赖性，随着信息化水平的提升，周边地区产业的生产率越改善，生产要素的分配越合理。董景荣和张文卿（2019）使用 2008～2016 年中国制造业 30 个二分位制造业的数据，通过建立超越对数函数分析不同的偏向型技术进步如何影响制造业升级，东部地区通过自主研发促进资本密集型产业向技术密集型产业转型，中部地区、西部地区则通过技术引进、模仿等途径实现劳动密集型产业向资本和技术密集型产业转化，技术进步均会带动地区产业结构向高级化演进。

通过以上分析可知，智能化相关技术不仅能够促进本地产业优化，而且会带动周边地区产业生产率和生产要素的分配，但少有学者将宏观层面的智能化进行系统化总结和衡量，而仅仅使用信息化、工业机器人等相关变量研究产业升级存在缺陷，并且，地区就业结构和工资差距均会影响智能化对产业升级的作用，智能化若要发挥作用，必须处理好地区就业结构和收入分配的关系，才能和产业升级相耦合。

第四节 文献述评

本章所涉及的文献只是智能化与产业升级相关研究的冰山一角，还有很多文献没有梳理，如智能化与企业能源消耗、智能化与消费关系、智慧城市与智能化等，这些文献也为本书的研究主题提供了理论基础和现实意义，但本书研究对象主要集中在智能化与产业升级之间的关系，因此，将文献回顾的重点放在了产业升级的影响因素、智能化效应以及智能化与产业升级关系的研究上。

本章主要从资本—技能互补理论和要素流动理论梳理智能化对产业升级影响的相关文献，中外文文献对产业升级形成机理进行了全面且完善的研究，对智能化的界定及效应进行了大量分析。本章沿着智能化产生的效应—产业升级影响因素—智能化与产业升级相关研究这一逻辑思路，总结了智能化和产业升级的相关文献，并引出本书的逻辑起点。然而，从既有文献中发现，目前，智能化与产业升级关系的研究仍存在三点空白。

第一，从研究视角来看，现有理论分析主要集中在智能化对劳动力造成的替代效应和互补效应、收入分配不均等以及智能企业生产率等方面，主要是建立在创新理论、比较优势理论等基础之上。资本—技能互补模型以偏向型技术进步为基础，要素流动理论则是在智能化产生的效应基础上建立的，两个理论并没有直接从智能化视角进行分析。因此，鲜有文献通过理论模型研究智能化对产业升级的宏观作用和溢出效应，智能化影响产业升级的路径没有统一，缺乏逻辑的整体研究框架，不能清晰地反映智能化与产业升级的关系，以及智能化如何影响生产要素在地区间的转移而对其他地区产业升级产生影响。

第二，从研究内容来看，虽然既有研究分析了中国智能化相关指标与产业升级的关系，但是既有研究在内容上还存在四点局限。（1）既有研究绝大多数将产业升级定义为三次产业产值的比重、高新技术产业产值的比重，没有考虑生产要素在产业间的分配以及各产业的生产效率；（2）智能化涵盖了人工智能、工业机器人、物联网、"互联网 +"、5G 等多方面因素，既有研究仅从某个指标分析其产生的效应，或者以高新技术产业、信息技术产业等为研究对象，缺乏合理性；（3）智能化对劳动力需求不同，地区劳动力结构和收入分配不均等都会改变智能化对产业升级的宏观影响和空间效应，而鲜有既有研究考虑这些因素；（4）不同地区智能化水平不同，企业劳动力、技术和资本等生产要素也存在差异，鲜有研究在分析智能化对地区产业升级影响的同时，将产业异质性和地区异质性纳入模型。

第三，从研究方法来看，既有文献关于智能化相关技术对宏观地区产业升级影响的实证研究不多，还存在两点不足。（1）智能化和产业升级都有一定滞后性，并且内生性问题存在，虽然既有文献使用动态面板模型进行实证研究，但处理方法和控制变量遗漏都会造成结果偏误；（2）绝大多数既有文献只是分析智能化相关技术对本地区的影响，未考虑其空间性如何促进其他地区智能化和产业升级。

因此，本书从既有研究的空白入手，试图构建智能化与产业升级的整体逻辑框架，基于政府、企业和居民三部门一般均衡模型，从宏观层面和空间层面，探讨智能化如何通过资本—技能互补、要素转移效应和产业组织理论影响产业升级。同时，通过数理推导和数据检验从宏观层面和空间层面研究智能化对产业升级的影响，以期能够从理论上深化和扩展智能化和产业升级的研究。

第三章 智能化影响产业升级的
理论分析框架

本章在梳理智能化和产业升级相关文献的基础上，利用产业要素流动理论、资本—技能互补理论和产业组织理论等理论和方法，构建智能化对中国产业升级的理论分析框架，并从宏观层面和空间溢出方面分析和探讨产业升级的内在影响机理。具体而言，本章通过地区内的产业关联和地区间的产业互动将微观企业行为加总到宏观层面，研究企业通过实施智能化带来的要素转移如何影响地区内和地区间的产业升级。然后，运用数理分析方法建立一般均衡模型，验证智能化对产业升级的作用，为完善产业升级提供理论指导。

第一节 智能化影响产业升级的一般思路

智能化包括生产要素的智能化、生产过程的智能化、仓储物流的智能化和服务的智能化，是提高企业生产效率的关键因素，可以释放剩余资产和劳动力，促进企业内高技术人员的创新行为，增加市场竞争力。智能化的决策主体是微观企业，企业为了追逐利益和长期发展战略，会加快智能化技术的应用，但并非所有企业都适合智能化，智能化所带来的智能装备、人工智能、自动化等技术需要大量高技术人员进行磨合和适应，一线低技能劳动力被替代、高技术人员工资成本上升等问题可能不利于企业短期发展（黄群慧和贺俊，2013）。结合企业特征进行企业生产模式转型是智能化能否顺利实施的关键，而绝大多数学者都是从地区层面使用工业机器人、计算机相关机械设备和信息服务相关领域收入等作为智能化的衡量指标（李丫丫和潘安，2017；孙早和侯玉琳，2019；蔡啸和黄旭美，2019），分析其对国家经济增长、全要素生产率、技术创新等方面的影响，忽视了企业是地区经济发展的微观基础，难以分辨清楚智能化影响的先后顺序，缺乏统一的分析框架。

本章建立了智能化影响产业升级作用机理的分析框架，根据产业升级的内涵界定，产业升级是指，地区产业的资源优化配置和生产率提升，本书通过企业全要素生产率、盈利能力等指标计算中国不同省（区、市）的产业结构合理化指标和产业结构高级化指标，然后，从地区内产业联动、要素流动等角度分析智能化对本地区产业升级的影响，通过地区内要素转移和空间溢出效应分析本地区智能化如何作用于周边地区的产业升级。智能化对中国产业升级的整体分析框架，见图3-1。

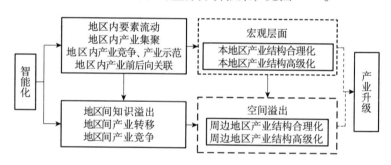

图3-1 智能化对中国产业升级的整体分析框架

资料来源：笔者根据相关资料运用 Visio 软件绘制而得。

第二章文献综述中提到的产业升级的概念指出，产业发展的核心是如何保障产业内企业和产业间企业的快速发展，产业升级会带来地区间生产要素流动、知识溢出以及上下游产业关联，而智能化也会造成劳动力、技术和机械设备的跨区域流动，对周边地区产业升级造成影响。因此，产业升级应该从宏观层面和空间溢出进行分析：第一，宏观层面是指，智能化企业能够提高资本密集度和技术创新水平，促使产业结构向资本和技术密集型转变，提升地区内产业生产率和产能利用率，并且，地区内要素流动、产业竞争示范效应、产业前后向关联和产业集聚等外部性有利于本地区产业升级;第二,空间溢出是指,被替代的劳动力可能转移到周边地区和其他行业,一方面,可能会提高周边地区的资本利用率;另一方面,可能因低技能劳动力集聚而不利于产业转型升级。然而,智能化企业会提升本地区生产率,提高资本利用率,规模经济效应促使企业对资本的需求骤增,智能化和被替代的劳动力也会通过技术溢出给周边地区、其他行业带来生产率提升,进而带动周边地区产业结构合理化、高级化的提升。

本章后续将从宏观层面、空间溢出两个视角分别分析智能化对产业升级的作用机理。

第二节　智能化影响产业升级的宏观视角分析

本节将产业升级理解为不同类型企业微观指标的加总占所有企业的比例,即如果所有企业生产率提升,那么,该地区产业的生产率也得到提升,若高新技术产业的生产率占该地区产业生产率的比重较大,就认为该地区主要以技术型产业为主。企业间的产业关联性,主要通过要素流动效应、产业前后向关联效应、产业竞争效应与产业示范效应和产业集聚效应实现。

一、地区内行业的要素流动效应

地区内产业的要素流动效应,主要来自要素禀赋理论、劳动力替代效应和劳动力互补效应,主要探讨技术进步影响产业生产要素的比例带来生产要素的流动,促进产业升级。要素结构必然作用于产业发展,是决定产业升级的基础。劳动、资本和技术等生产要素通过一定比例的融合发挥最大作用,为企业生产注入动力,影响企业的全要素生产率。技术进步会影响各个产业的要素边际产出,产业为了利润最大化、提高市场竞争力必须改变生产要素结构,而生产要素结构改变则会引起劳动力、资本以及技术的流动，要素往往流入收益更高的产业。生产率的改善一般建立在技术创新、管理方式改革等因素的基础上，而产业生产率的改善正是产业升级的关键因素（张幼文和薛安伟，2013；Ju et al.，2015）。新的技术和管理方式会导致传统行业的衰败以及新兴产业的兴起，生产要素也会不断从传统行业转向新兴产业，新兴产业拥有绝对的比较优势，能够大规模生产优势产品、优势服务，这也会导致新兴产业需要大量资本投入。而技术创新带来的劳动力、资本和技术会转移到本地区其他岗位，比如，低技能劳动力更愿意转移到劳动密集型产业以促进该产业的生产，而本地区其他行业的高技能劳动力会转移到使用新技术而拥有更高工资、更好平台的新兴产业。

具体而言，智能化通过要素流动对本地区产业升级产生影响的作用机理主要从三方面说明：（1）劳动力替代效应，智能化提高了产业自动化水平，替代重复性、繁杂性的工作岗位，导致大量低技能劳动力失业，这些劳动力会寻找本地区其他技术水平不高的劳动密集型行业，有利于劳动密集型行业的规模经济效应，促进企业产出。而智能化会提高产业单位劳动生产率，产量的提升会带来利润的提高，产业会扩大规模，购买更多智能化设备、原材料和中间品等，这些生产要素作为其他产业的最终产品能够增加产品需求，促进其他产业的规模生产，加快产业升级（Cantore et al.，2014）。（2）劳动力互补效应，智能化的应用需要一批新型高科技人才和管理人才，而高校和科研院所等部门的技能人才往往缺乏实践，产业需要能够直接带来收益的生产要素，智能化良好的发展前景能够为高技能人才提供更高的待遇，其他行业的高技术人才会填补这一空缺。而智能化产业原有的科技人才和技术也会转移到其他产业，形成互补效应，并且，智能化可以降低研发周期，提高研发成功率，这会促进科研人才流动，促进产业升级（Bogliacino et al.，2012；董景荣和张文卿，2019）。（3）收入分配效应，智能化释放大量低技能劳动力的同时创造了新的岗位，工资更高，但企业总劳动成本会降低。被替换的低技能劳动力转移到其他拥有类似岗位的产业。劳动供给提高可能会导致低技能劳动力工资收入降低，但企业获得规模经济带来的产出增加，平均成本降低，利于企业发展。总体来看，智能化通过生产要素流动的方式，能够实现劳动、资本和技术的互补，改变劳动收入分配，提高技术创新，促进新兴产业发展。

二、地区内产业前后向关联效应

产业关联是指，各产业之间通过投入—产出数量关系而建立的关系，智能化会改变产业的生产方式，影响与之关联的其他产业，既有文献主要将产业关联分为前向关联（上游产业）和后向关联（下游产业）（Yamashita et al.，2014）。前向关联是指，一个产业在生产、技术、劳动力结构等方面发生改变，引起其前向关联产业生产要素结构、技术等的变化，即下游产业影响上游产业发展。后向关联与前向关联相反，主要是指，上游产业如何影响下游产业发展。

产业之间的最终产品、中间产品、原材料等要素之间存在紧密联系，前后向关联产业会通过供应链关系影响产业发展。大量既有研究已经探讨了技术进步对产业升级的垂直溢出效应（Roy et al.，2004；邸晓燕和张赤东，2018），但关于智能化产业关联效应的研究较少。智能化作为一种技术创新能够提高企业生产率，增加原材料和中间投入品的需求，雇用更多高技能劳动力，释放低技能劳动力，影响前后向关联企业，导致地区内产业结构发生变化。

从前向关联视角看，下游企业进行智能化，主要对上游企业带来三方面影响：（1）下游企业实施智能化，缩短劳动时间，提高劳动生产率，推动生产规模和出口规模扩大，增加对上游产业中间品和原材料的需求，这会促进上游产业扩大生产规模、增加劳动力数量及使用新的技术；（2）智能化能够提高企业竞争力，生产具有比较优势的产品，扩宽国际市场，会对产品质量提出更高要求，这会倒逼上游产业利用技术创新、先进设备和管理经验提高产品质量，促进产业生产率提升；（3）智能化会造成劳动力替代，给上游产业带来就业压力，而上游产业会通过扩大生产规模或降低工资来吸收劳动力，下游企业劳动力处于生产末端，往往比上游企业拥有更好的经验和知识，并且，产业链的溢出效应能够通过促使技术合作、经验交流等方式促进上游产业生产率提升。

首先，从后向关联视角看，上游企业通过智能化带动专业化分工，提高了劳动生产率，扩大下游产业的中间产品投入数量和质量，提升下游产业的市场竞争力；其次，中国的上游企业多为资源或劳动密集型企业，智能化能够释放低技能劳动力，带动技术创新，促使上游产业向更高级化发展，提高了中间产品在国际上的竞争力；最后，上游产业通过智能化技术生产的中间品加强了其与下游产业的交流，下游产业为了实现规模经济，会加强技术指导，而上游产业也会安排员工指导下游产业对中间品的使用，这有利于提升双方的资本利用率和技术溢出效应，促进产业升级。

三、地区内的产业竞争效应、产业示范效应

产业内的竞争源自波特（1989）提出的竞争优势理论，指出一国产业结构的决定因素包括生产要素、需求条件、相关产业及支持产业和公司的战略、组织及竞争。企业实施智能化后，要面对国内、国际其他企业的竞争，只有不断增强竞争优势和能力才能保证企业未来的市场份额。而国外工业发展水平要高于本国企业，其自动化水平和智能化水平超前，所生产的产品威胁国内企业发展，如果没有政府的补贴政策和贸易壁垒，本地区企业很难在国际市场上存活。产业竞争影响产业升级主要从两方面说明：（1）产业内市场竞争加剧会倒逼企业提高技术创新效率和管理效率，优化内部生产流程，严格把关外部原材料和中间投入的成本和质量，提高企业投入且使用智能化技术，并且，人工智能、物联网、"互联网＋"和数字经济等缩短劳动时间和产品生产周期，释放低技能劳动力，降低劳动成本，提高创新效率及企业生产率和市场竞争力（黄亮雄等，2015）；（2）国内外市场竞争增加会加速传统行业的衰败，生产率、盈利能力不断下降以致其退出市场，而原有的劳动、资本和技术等

生产要素会转移到生产率较高的智能化企业，这会提高资本的利用率，提高市场竞争力（黄亮雄等，2016；Adam et al.，2018）。总体而言，智能化一方面，会加剧国内外行业的竞争程度，倒逼企业进行技术创新；另一方面，也会淘汰低效的传统行业，吸纳退出企业的资本、技术和劳动等，改善产能利用率，增加企业生产效率，提高产业的生产效率，推动产业升级。

智能化不仅能够改变产业内的竞争程度，还会带来示范效应。智能化企业在适应新技术的同时，不断增加高技能人才和管理人才，并且会将部分技术外包，增强企业间合作，双方会在交流中掌握生产技巧、管理技术和企业文化等，而在与其他企业合作的同时又形成了知识溢出效应，企业通过不断模仿和学习完善生产过程、提高产品质量和技术创新促进企业升级。当智能化企业的产品不断在市场中占据有利地位，生产率得以提升，行业内其他企业也会效仿该企业使用智能化技术，通过提高工资吸引智能化相关人才和购买大量机械设备促进生产要素的流动，随着首批智能化企业的带头作用，带来了行业生产率的提升，有助于产业升级（傅元海和王晓彤，2018）。

四、地区内产业集聚效应

产业集聚最早是由马歇尔（Marshall，1890）提出的，最开始是指产业专业化，即同行业的集聚能够提升员工的交流、学习次数，形成劳动力市场共享、中间产品专业化和知识溢出效应，形成规模经济外部性，其中，以"硅谷"为代表的部分地区围绕某个行业发展（Marshall，2009）。而雅各布（Jacobs，1969）认为，不同行业之间也存在集聚现象，即产业多样化，通过共享基础设施、不同类型技术人才的技术交流等溢出性促进行业间的发展，主要以纽约和东京的不相关的产业集聚为代表。智能化企业能够缩短劳动时间，扩大生产规模，形成专业化集聚，也能够提高上下游产业产品需求和技术需求，其他行业为了降低运输成本、学习成本等，会形成智能化产业集聚区，促进多样化集聚。

从产业专业化视角看，智能化能够释放低技能劳动力，通过使用智能设备和智能技术达到"无人化"生产，提高产能利用率，产量的增加会降低产品价格，消费者更愿意进行消费导致需求增加，企业会不断地扩充资本，形成规模经济，产业集聚现象出现。智能化企业会雇用高技能劳动力和管理人才，提高自动化设备的使用效率，降低企业运营成本，这无疑会提升企业生产率。规模扩大会聚集更多研发投入和人才，也会致使企业进行全方位技术创新，促进不同部门高科技人员的交流，更好地将技术融入生产过程中，加速技术创新，提高企业劳动生产率。智能化企业规模的扩大也是市场竞争力提升的表现，其他行业会主动与其进行战略合作，提高生产过程的交流，促进技术交流，形成知识溢出效应。当智能化产业集聚而形成规模扩大，会增加地区经济增长，而生产率提高也会带动行业甚至是地区的产业升级（张虎等，2017）。

从产业多样化视角来看，智能化企业能提高产量和质量，增加上下游产业的需求。按照新经济地理学的中心—外围理论，上游产业会聚集在下游智能化企业周边，通过降低运输成本为下游企业输送更多的原材料和中间投入，而下游产业也更愿意聚集在上游智能化企业周边，不同行业的聚集会促进员工之间的经验交流和技术合作，提高地区生产效率。产业集聚地区往往拥有更好的基础设施，智能化企业也需要大量的高技能劳动力，这些地区往往汇集大批高科技人才，新兴产业和不同行业汇集在此能够获得正的外部性，避免大量资本投入和员工培训成本，提高产业盈利水平。总体而言，智能化企业能够带动其他行业企业的集聚，并提高其产量和质量，加强技术交流，通过不同行业的微观企业生产效率的提升，带动产业升级（Sloth，1997；周国富等，2016）。

第三节　智能化影响产业升级的空间溢出分析

第二节分析了智能化通过产业的前后向关联效应、要素流动效应、产业竞争与示范效应和产业集聚效应对微观企业个体造成影响，并且，传递到地区内其他企业，促进区域内生产率提升和产业升级。地区内产业发生变化会对行业造成影响，无论是地区间、同行业还是不同行业都会受到智能化企业的联动效应，经济都会通过产业联动效应相互作用，形成"企业内—区域内—区域间"的传导路径，改变区域间的经济构成，促进产业升级。总体而言，智能化对周边地区产业升级的空间影响，主要来自地区间知识溢出效应、地区间产业竞争效应和地区间产业转移效应三个渠道。

一、地区间知识溢出效应

技术创新不仅会对产业内和产业间产生知识溢出效应，还会对本地区和周边地区造成溢出效应。中国智能化发展较晚，其多发生在绩效高、创新能力强和市场竞争力强的企业中，这些企业多存在于全国各个地区，高科技人才的流动会将本地区的先进技术和管理经验带到其他智能化地区，提升地区间的生产效率，影响周边地区产业升级（Cantwell and Piscitello，2002）。在智能化企业的生产效率得到改善后，对原材料和中间投入品的要求提升，周边地区的上游企业会加强技术创新水平并提升生产效率，智能化企业也会增加与上游产业的技术合作，共同促进生产模式创新，提高区域间生产效率，改善产业结构（孙大明和原毅军，2019）。

区域间智能化的知识溢出效应主要表现在三方面：（1）智能化的劳动力替代效应和互补效应是影响企业生产率的关键因素，劳动力的流动会对周边产业造成影响。被替代的低技能劳动力为了寻求生计，不得已迁移到周边地区寻求类似工作岗位，将原企业的先进管理技术、企业文化带到周边产业中，丰富的工作经验使他们能够迅速投入生产流程中，促进周边地区的生产率。智能化企业需要引进高技能劳动力和管理人才，政府会加大补助高校、科研院所等部门的发展力度，培育新世纪人才，给周边企业提供充足的科技人员，提高周边地区的创新效率，促进生产率提升（刘凤朝等，2015；师博和张新月，2019）。（2）随着各地区市场化的不断推进，商品在地区间的流动日趋频繁，智能化企业对原材料和中间品的质量、技术创新和管理技术的需求提高。对于上游智能化企业而言，周边地区下游企业为了提高竞争力，也会与周边智能化上游企业合作。从下游智能化企业视角来看，劳动时间的缩短、生产效率的提升会增加上游企业原材料和中间投入的需求，智能化企业为了扩大规模会寻求周边地区的上游企业，并且为了保障产品质量，会加强下游企业的技术指导，替代的劳动力也会转移到下游企业加速生产，促进本地区和周边地区及其他行业的生产效率提升（余东华和张鑫宇，2018）。（3）当智能化企业生产出新的产品和新的生产模式时，地理位置相近的企业会最先感受这种变化，距离短能降低企业学习过程中的交通成本，周边地区企业通过学习、模仿等行为，促进企业生产模式的改变和新技术的使用。

总之，智能化的出现能够加强区域间高、低技术人才的流动，带来先进的管理理念和企业文化，增加周边地区上下游产品的需求，改善地区间企业盈利能力和生产效率，带动周边地区和行业的产业升级。

二、地区间产业竞争效应

使用智能化的企业提高生产率，扩大生产规模，增加周边地区同行业的竞争压力，周边地区为了能够保证占有市场的一席之地，会通过提高技术创新和管理技术、压低产品价格、提高劳动力福利等方式抢占市场，促进行业生产率提升。本地区产业的发展还受到地方政府的影响，智能化技术较为先进，需要市场前景好，能够承担一定风险的企业来实行。地方政府大多会选择国有企业或国有控股企业，通过控制企业决策以提高本地区生产率。而且，地方政府之间也会存在竞争，地方政府要遵守中央政府的政策方针，也要为了提高政府绩效而采取补贴、壁垒等政策吸引高技术产业，促进产业升级。

地区间产业竞争主要通过价格竞争和非价格竞争两种手段：（1）智能化释放大批低技能劳动力，企业不需要再支付劳动成本，而且自动化能够提高产量和质量，规模经济也会降低平均成本。若周边地区同行业没有使用新技术，则平均成本高于智能化企业，智能化企业能够在通过降低价格占有市场的同时还能保障利润。周边地区也会学习智能化技术，保证市场占有率，一般价格竞争出现在产品差异化不大的行业中（Hirose and Matsumura，2019）。（2）智能化可以加速技术创新周期，生产出更先进的产品来替代市场现有产品，差异化会让智能化企业获得垄断势力。周边地区会学习和模仿新产品的生产过程，增加研发投入，生产与智能化具有差异的商品，提高市场竞争力（安同良和杨羽云，2002）。总体来说，这两种方式都会提高本地区和周边地区企业产品的质量和数量，通过增加企业生产率来改善产业升级。

三、地区间产业转移效应

产业转移理论主要源自雁阵模型和产品生命周期理论，前者集中于产业转入区的考察，而后者则主要探讨产业转出区。产业转移是改善生产要素空间格局、形成产业合理分工的重要途径，是推进产业升级、加快经济发展模式转变的基本措施（赵建吉等，2014）。产业区域间转移主要因转入区相比转出区能给企业带来更大的比较优势，主要包括基础设施、技术、生产要素和价格等。智能化企业生产效率提升能够带动本地区其他行业产品的需求，并且高技术人才会不断集聚，这会导致其他产业转移进来。而智能化企业市场份额的上升也会对本地区同行业带来竞争压力，对上下游产业的需求更严格，这些产业就会转移到周边地区。

对于转入区而言，主要通过两个渠道影响产业升级。首先，智能化企业增加了对原材料和中间品的需求，对质量要求更高，转入的产业可以降低运输成本，提高产出，形成规模经济效应。其次，智能化需要高技能人才和管理人才，高校和科研院所会增加技术人才，而外部雇用技能人才往往比企业内部培养成本更低，其他产业更愿意转移进来享受知识溢出效应。智能化企业的技术创新周期更短，往往会增加与其他行业的技术合作，促进产业转移。地方政府为了经济绩效而实施大量补贴政策，辅助智能化产业的快速发展，这也是产业转移的重要原因（Koo，2007）。总之，智能化能够增加产品需求，形成技术溢出效应，其他产业为了降低运输成本、获得技术合作和补充高技术人才，会不断转移进入以促进产业升级。

对转出区而言，智能化企业对其他同行业造成市场压力，价格压低、原材料垄断等行为都不利于其他行业的发展，企业会寻找竞争压力小、资源相对充足的地区。智能化企业对劳动力需求更高，虽然会减少低技能劳动力需求，但是，高技能劳动力和管理人才的工资会提升，其他产业如果不能通过技术创新来降低生产成本，支付技术人才更高的工资和福利，那么，人才就会转移到条件更好的企业中，产业不得不转移到高科技人才工资相对较低的周边地区。产业转移是为了寻找利润最大化的生产条件，提高产业竞争优势（胡安俊和孙久文，2014；Aarstad and Kvitastein，2019）。新产业转移进来能够带动本地区的经济发展，并为本地区同行业和其他行业带来不同的企业文化、生产模式和技术创新，通过加强技术合作和经验交流能够促进本地区的产业升级。

第四节　智能化影响产业升级的数理分析

一、基本假定

假设政府收取一定的税收用于投资智能化技术进而形成新的智能资本。社会存在一个最终产品部门，该部门主要由两个中间品生产部门组成，而每个中间品生产部门使用智能资本 M_{jt}、生产性物质资本 K_{jt}、高技能劳动力 H_{jt} 和低技能劳动力 L_{jt}。其中，$j = \{1，2\}$ 表示两个中间品部门，下标 t 表示时间。智能资本、生产性物质资本、高技能劳动力和低技能劳动力可在两个中间产品部门间自由流动。

根据以上假定，使用常替代弹性生产函数（CES 生产函数）来表示最终产品生产部门的生产函数：

$$Q_t = \left[\lambda_1^{1/\varepsilon} Q_{1t}^{(\varepsilon-1)/\varepsilon} + \lambda_2^{1/\varepsilon} Q_{2t}^{(\varepsilon-1)/\varepsilon} \right]^{\varepsilon/(\varepsilon-1)} \qquad (3-1)$$

在式（3-1）中，Q_t 表示最终品部门的产出量，Q_{jt} 表示 j 中间品生产部门生产的中间品数量。两个中间品生产部门产出量的替代弹性为 ε，满足 $\varepsilon \in [0, +\infty)$。$\lambda_1$ 和 λ_2 为中间品在最终生产中的贡献份额，满足 $\lambda_1 + \lambda_1 = 1$，且 λ_1、$\lambda_1 \in (0, 1)$。

根据阿西莫格鲁和奥托（Acemoglu and Autor，2011）、孙早和侯玉琳（2019）基于任务的理论模型，将自动化视为智能化水平，并假设任务个数内生，通过将不同技能劳动力和智能化纳入一个模型，得出非常规性生产任务中的体力劳动无法被生产性物质资本和智能化替代，只能由低技能工人完成；而常规性任务则可由中等技能工人和智能资本等承担；创新型任务、认知型任务则只能由高技能劳动力完成，无法被中低技能劳动力和资本替代。随着自动化不断实现，智能资本的增加导致中等技能工人需求减少，而高技能劳动力和低技能劳动力的需求增加。在此将劳动力分为高技能劳动力 H_{jt} 和低技能劳动力 L_{jt}，分析智能资本对产业升级的影响，假设智能资本会对高技能劳动力和低技能劳动力造成替代，而生产性物质资本是生产部门所必需的生产要素，无法代替。因此，智能资本、高技能劳动力和低技能劳动力都不能替代生产性物质资本，智能资本对高技能劳动力的替代要小于生产性物质资本对低技能劳动力的替代。为了区分智能资本、生产性资本、高技能劳动力和低技能劳动力四种生产要素的不同替代弹性，本章采用格里利克斯（Griliches，1969）、郭凯明（2019）提出的多嵌套固定替代弹性生产函数（CES），但郭凯明（2019）将所有劳动定义为一类，并且，将部门生产性物质资本所占比重作为产业升级指标。而要素密集度一般采用资本和劳动力的比值，因此，本书在郭凯明的理论基础上进行了改进（Yasar and Paul，2008；于泽等，2014）：

$$Q_{1t} = \left[\alpha_1 (Y_{1t}^A)^{(\sigma_1-1)/\sigma_1} + (1-\alpha_1)(Y_{1t}^U)^{(\sigma_1-1)/\sigma_1} \right]^{\sigma_1/(\sigma_1-1)} \quad (3-2)$$

$$Q_{2t} = \left[\alpha_2 (Y_{2t}^A)^{(\sigma_2-1)/\sigma_2} + (1-\alpha_2)(Y_{2t}^U)^{(\sigma_2-1)/\sigma_2} \right]^{\sigma_2/(\sigma_2-1)} \quad (3-3)$$

在式（3-2）和式（3-3）中，Y_{jt}^A 表示智能资本和高技能劳动力形成的增加值投入，在此，将智能资本和高技能劳动力放到一个 CES 生产函数中，说明它们之间存在一定互补性，即只有高技能劳动力才能使用智能资本，而 Y_{jt}^{U} 表示生产性物质资本和低技能劳动力形成的增加值投入。这两种增加值投入的替代弹性为常数 $\sigma_j \in [0, +\infty)$，参数 $\alpha_j \in (0, 1)$ 为常数。

两个中间产品生产部门的两种生产要素投入也满足 CES 生产函数，分别为：

$$Y_{jt}^{A} = \left[\gamma_j^{M} \left(A_{jt}^{M} M_{jt} \right)^{(\eta_j^{A}-1)/\eta_j^{A}} + \gamma_j^{H} \left(A_{jt}^{H} H_{jt} \right)^{(\eta_j^{A}-1)/\eta_j^{A}} \right]^{\eta_j^{A}/(\eta_j^{A}-1)}, \quad j = 1, 2$$

$$(3-4)$$

$$Y_{jt}^{U} = \left[\gamma_j^{K} \left(A_{jt}^{K} K_{jt} \right)^{(\eta_j^{U}-1)/\eta_j^{U}} + \gamma_j^{L} \left(A_{jt}^{L} L_{jt} \right)^{(\eta_j^{U}-1)/\eta_j^{U}} \right]^{\eta_j^{U}/(\eta_j^{U}-1)}, \quad j = 1, 2$$

$$(3-5)$$

在式（3-5）中，生产性物质资本 K_{jt} 和低技能劳动力 L_{jt} 之间的替代弹性为 η_j^{U}，智能资本 M_{jt} 和高技能劳动力 H_{jt} 之间的替代弹性为 η_j^{A}，满足 η_j^{A}、$\eta_j^{U} > 0$。通过计算可知，生产性物质资本 K_{jt} 与智能资本 M_{jt} 和高技能劳动力 H_{jt} 之间的替代弹性为 σ_j，根据阿西莫格鲁和奥托（Acemoglu and Autor，2011）、孙早和侯玉琳（2019）的结论，在此假定 $\sigma_j \leqslant \eta_j^{A} \leqslant \eta_j^{U}$。生产部门更偏向使用智能资本和高技能劳动力进行生产，替代低技能劳动力和生产性物质资本，即智能资本和高技能劳动力的使用增加了生产性物质资本对低技能劳动力的替代弹性，原因在于生产性物质资本不能被替代。A_{jt}^{M}、A_{jt}^{K}、A_{jt}^{L}、A_{jt}^{H} 分别表示四种生产要素的技术水平，即每单位生产要素能够带来的增加值投入，满足 A_{jt}^{M}、A_{jt}^{K}、A_{jt}^{L}、$A_{jt}^{H} \in (0, +\infty)$。$\gamma_j^{M}$、$\gamma_j^{K}$、$\gamma_j^{L}$、$\gamma_j^{H}$ 分别表示四种生产要素在各自增加值投入函数中的贡献份额，满足 $\gamma_j^{M} + \gamma_j^{H} = 1$、$\gamma_j^{K} + \gamma_j^{L} = 1$。

通过式（3-1）~式（3-5）可知，中间品生产部门之间的产出弹性、两个增加值投入的替代弹性、不同生产要素之间的产出弹性都是不同的。这也说明智能化在不同部门、不同产业下的重要性。智能资本与生产性物质资本、低技能劳动力的替代弹性相同，智能化能够替代传统的生产方式，高技能劳动力也是如此。如果该产业生产部门为劳动密集型，那么，智能化更偏向替代劳动；如果该产业生产部门为资本密集型，那么，智能化更偏向替代资本。

对于最终产品生产部门，满足目标函数，即：

$$\max P_t Q_t - P_{1t} Q_{1t} - P_{2t} Q_{2t} \qquad (3-6)$$

对式（3-6）求关于 Q_{1t} 和 Q_{2t} 的导数，可得：

$$\frac{Q_{1t}}{Q_{2t}} = \frac{\lambda_1}{\lambda_2} \left(\frac{P_{1t}}{P_{2t}} \right)^{-\varepsilon} \qquad (3-7)$$

在式（3-7）中，P_{1t} 和 P_{2t} 分别为两个中间品生产部门产品的价格。

两个中间品生产部门也满足目标函数，即：

$$\max P_{jt} Q_{jt} - \omega_t^L L_{jt} - \omega_t^H H_{jt} - P_t^M M_{jt} - r_t K_{jt} \qquad (3-8)$$

在式（3-8）中，ω_t^L、ω_t^H、P_t^M、r_t 分别表示低技能劳动力、高技能劳动力、智能资本和生产性物质资本的价格。通过对生产要素求导，可得：

$$\omega_t^L = (1-\alpha_j)\ \gamma_j^L P_{jt} (A_{jt}^L)^{(\eta_j^U-1)/\eta_j^U} Q_{jt}^{1/\sigma_j} (Y_{jt}^U)^{1/\eta_j^U - 1/\sigma_j} L_{jt}^{-1/\eta_j^U} \quad (3-9)$$

$$r_t = (1-\alpha_j)\ \gamma_j^K P_{jt} (A_{jt}^K)^{(\eta_j^U-1)/\eta_j^U} Q_{jt}^{1/\sigma_j} (Y_{jt}^U)^{1/\eta_j^U - 1/\sigma_j} K_{jt}^{-1/\eta_j^U} \quad (3-10)$$

$$\omega_t^H = \alpha_j \gamma_j^H P_{jt} (A_{jt}^H)^{(\eta_j^A-1)/\eta_j^A} Q_{jt}^{1/\sigma_j} (Y_{jt}^A)^{1/\eta_j^A - 1/\sigma_j} H_{jt}^{-1/\eta_j^A} \quad (3-11)$$

$$P_t^M = \alpha_j \gamma_j^M P_{jt} (A_{jt}^M)^{(\eta_j^A-1)/\eta_j^A} Q_{jt}^{1/\sigma_j} (Y_{jt}^A)^{1/\eta_j^A - 1/\sigma_j} M_{jt}^{-1/\eta_j^A} \quad (3-12)$$

从式（3-9）~式（3-12）可以看出，每一种生产要素的价格都取决于所在中间品生产部门的贡献份额、该生产要素的贡献份额和技术水平、生产要素投入、中间品产出、增加值投入量和中间品价格。

对于每一期，四种生产要素的供给分别表示为 M_t、K_t、H_t、L_t，其市场出清条件分别为：

$$M_t = M_{1t} + M_{2t} \qquad (3-13)$$

$$K_t = K_{1t} + K_{2t} \qquad (3-14)$$

$$H_t = H_{1t} + H_{2t} \qquad (3-15)$$

$$L_t = L_{1t} + L_{2t} \qquad (3-16)$$

假设社会上只存在一个家庭，所有的消费和投资都由该家庭完成，并且，消费者是风险厌恶的，使用常相对风险规避效用函数（constant relative risk avertion，CRRA），则社会的最优化问题就可以写成：

$$\max \sum_{t=0}^{\infty} \beta^t \frac{C_t^{1-\rho} - 1}{1 - \rho} \tag{3-17}$$

在式（3-17）中，β 表示折现因子，满足 $\beta \in （0，1），\rho \in （0，1）$ 为常数。对于每一期，家庭获得的总收入为四种生产要素的总收入之和（$\omega_t^L L_{jt} + \omega_t^H H_{jt} + P_t^M M_{jt} + r_t K_{jt}$）。生产性物质资本 K_t 分别由上一期的资本折旧后加上消费者的投资，而智能资本 M_t 不仅由上一期的物质资本折旧和消费者投资组成，而且包括政府的所有投资。政府收取一定的税收 G_t，税后收入为家庭进行的消费 C_t 和投资 I_t，而政府的税收 G_t 全部用于投资。通过上述假设，家庭的预算约束满足如下：

$$C_t + I_t = P_t^M M_t + r_t K_t + \omega_t^H H_t + \omega_t^L L_t - G_t \tag{3-18}$$

$$M_{t+1} = （1 - \delta^M） M_t + \tau \times I_t + G_t \tag{3-19}$$

$$K_{t+1} = （1 - \delta^K） K_t + （1 - \tau） \times I_t \tag{3-20}$$

在式（3-19）和式（3-20）中，参数 δ^M、$\delta^K \in （0，1）$ 为常数，分别表示智能资本 M_t 和生产性物质资本 K_t 的资本折旧率。τ 表示用于智能资本的投资比例，投资只用于智能资本和生产性物质资本，$1 - \tau$ 为生产性物质资本的投资比例。通过式（3-17）、式（3-18）、式（3-19）和式（3-20）求拉格朗日函数，可得效用函数最大化的欧拉方程为：

$$C_t^{-\rho} = \beta C_{t+1}^{-\rho} \left[\tau （1 + P_{t+1}^M - \delta^M） + （1 - \tau） （1 + r_{t+1} - \delta^K） \right]$$
$$\tag{3-21}$$

式（3-9）~式（3-12）和式（3-21）展示了政府、企业和消费者三部门的各个环节都和智能化的投入水平与技术水平息息相关，充分说明如果产业都使用智能化资本，那么其会对产业的发展产生直接影响。如果智能化资本只被某些特定技术偏向型产业使用，那么，其只会对该产业产生直接影响。

二、均衡分析

智能化如何影响社会发展？其影响机制如何？本节通过比较静态模

型，分析智能化如何通过劳动力结构、收入份额等因素影响产业升级。只关注智能化 M_t 和智能技术水平 A_{jt}^M 的结构性影响，因此，假定这四种生产要素的供给均为外生变量。

假定所有变量的下标 t 去掉。

为了研究劳动力结构如何受智能化的作用对产业升级造成影响。在此，定义中间品生产部门 1 的智能资本、生产性物质资本、高技能劳动力和低技能劳动力的比重分别为：[①]

$$x^m = M_1/M,\ x^k = K_1/K,\ x^h = H_1/H,\ x^l = L_1/L \qquad (3-22)$$

郭凯明（2019）提出，将 x^k 和 x^l 作为产业转型升级的关键因素，即 $x^h > x^l$ 表示为中间品生产部门 1 为资本密集型部门，中间品生产部门 2 为劳动密集型部门，这与要素密集度的定义不同。为了更准确地衡量产业升级，在此，使用生产性物质资本和低技能劳动力的比值（K_j/L_j），即单位低技能劳动力使用的生产性物质资本，如果该比值越大，那么，中间品生产部门相对于低技能劳动力更偏重使用资本，则资本密集度越大，产业结构越好。不失一般性，假设 $K_1/L_1 > K_2/L_2$，即相对而言，中间品生产部门 1 为资本密集型部门，中间品生产部门 2 为劳动密集型部门。

根据式（3-9）可以得到：

$$\frac{(1-\alpha_1)\ \gamma_1^L P_1\ (A_1^L)^{(\eta_1^U-1)/\eta_1^U} Q_1^{1/\sigma_1}\ (Y_1^U)^{1/\eta_1^U-1/\sigma_1}\ (x^l)^{-1/\eta_1^U}}{(1-\alpha_2)\ \gamma_2^L P_2\ (A_2^L)^{(\eta_2^U-1)/\eta_2^U} Q_2^{1/\sigma_1}\ (Y_2^U)^{1/\eta_2^U-1/\sigma_2}\ (1-x^l)^{-1/\eta_2^U}} \times L^{1/\eta_2^U-1/\eta_1^U} = 1$$

$$(3-23)$$

$$\frac{(1-\alpha_1)\ \gamma_1^K P_1\ (A_1^K)^{(\eta_1^U-1)/\eta_1^U} Q_1^{1/\sigma_1}\ (Y_1^U)^{1/\eta_1^U-1/\sigma_1}\ (x^k)^{-1/\eta_1^U}}{(1-\alpha_2)\ \gamma_2^K P_2\ (A_2^K)^{(\eta_2^U-1)/\eta_2^U} Q_2^{1/\sigma_1}\ (Y_2^U)^{1/\eta_2^U-1/\sigma_2}\ (1-x^k)^{-1/\eta_2^U}} \times K^{1/\eta_2^U-1/\eta_1^U} = 1$$

$$(3-24)$$

$$\frac{\alpha_1 \gamma_1^M P_1\ (A_1^M)^{(\eta_1^A-1)/\eta_1^A} Q_1^{1/\sigma_1}\ (Y_1^A)^{1/\eta_1^A-1/\sigma_1}\ (x^m)^{-1/\eta_1^A}}{\alpha_2 \gamma_2^M P_2\ (A_2^M)^{(\eta_2^A-1)/\eta_2^A} Q_2^{1/\sigma_1}\ (Y_2^A)^{1/\eta_2^A-1/\sigma_2}\ (1-x^m)^{-1/\eta_2^A}} \times M^{1/\eta_2^A-1/\eta_1^A} = 1$$

$$(3-25)$$

---

① 本书理论推导借鉴郭凯明（2019）的研究成果，也感谢郭凯明老师的悉心指导。

$$\frac{\alpha_1 \gamma_1^H P_1 \left(A_1^H \right)^{(\eta_1^A - 1)/\eta_1^A} Q_1^{1/\sigma_1} \left(Y_1^A \right)^{1/\eta_1^A - 1/\sigma_1} \left(x^h \right)^{-1/\eta_1^A}}{\alpha_2 \gamma_2^H P_2 \left(A_2^H \right)^{(\eta_2^A - 1)/\eta_2^A} Q_2^{1/\sigma_1} \left(Y_2^A \right)^{1/\eta_2^A - 1/\sigma_2} \left(1 - x^h \right)^{-1/\eta_2^A}} \times H^{1/\eta_2^A - 1/\eta_1^A} = 1$$

$$(3 - 26)$$

根据式（3-9）和式（3-10），可以得到中间品生产部门 j 的产业升级指标：

$$\frac{K_j}{L_j} = \left(\frac{r}{\omega^L} \right)^{\eta_j^U} \left(\frac{A_j^K}{A_j^L} \right)^{\eta_j^U - 1} \left(\frac{\gamma_j^K}{\gamma_j^L} \right)^{\eta_j^U} \tag{3-27}$$

可以看出，资本密集度不仅受到生产性物质资本和低技能劳动力的技术水平、增加值投入的贡献比例的影响，还受到两种生产要素价格的影响。为了研究两个中间品生产部门的资本密集度相对值，通过式（3-27）可以得出：

$$\frac{D_1}{D_2} = \left(\frac{rK}{\omega^L L} \right)^{\eta_1^U - \eta_2^U} \left(\frac{A_1^K}{A_1^L} \right)^{\eta_1^U - 1} \left(\frac{A_2^K}{A_2^L} \right)^{1 - \eta_2^U} \left(\frac{\gamma_1^K}{\gamma_1^L} \right)^{\eta_1^U} \left(\frac{\gamma_2^K}{\gamma_2^L} \right)^{-\eta_2^U} \left(\frac{K}{L} \right)^{\eta_2^U - \eta_1^U}$$

$$(3 - 28)$$

在式（3-28）中，$D_j = K_j/L_j$ 表示中间品生产部门 j 的资本密集度，$rK/\omega^L L$ 表示社会的劳动收入份额，将其作为劳动力收入的初次分配指标。可以看出，两部门资本密集度的相对值还受到生产性物质资本和低技能劳动力比值的影响，为了研究智能化对资本密集度的影响，根据式（3-23）~式（3-26）可得：

$$\frac{\gamma_1^K \left(A_1^K \right)^{(\eta_1^U - 1)/\eta_1^U} \left(x^k \right)^{-1/\eta_1^U}}{\gamma_2^K \left(A_2^K \right)^{(\eta_2^U - 1)/\eta_2^U} \left(1 - x^k \right)^{-1/\eta_2^U}} \times \left(\frac{K}{L} \right)^{1/\eta_2^U - 1/\eta_1^U} = \frac{\gamma_1^L \left(A_1^L \right)^{(\eta_1^U - 1)/\eta_1^U} \left(x^l \right)^{-1/\eta_1^U}}{\gamma_2^L \left(A_2^L \right)^{(\eta_2^U - 1)/\eta_2^U} \left(1 - x^l \right)^{-1/\eta_2^U}}$$

$$(3 - 29)$$

$$\frac{\alpha_1}{\alpha_2} \frac{\gamma_1^M \left(A_1^M \right)^{(\eta_1^A - 1)/\eta_1^A} \left(Y_1^A \right)^{1/\eta_1^A - 1/\sigma_1} \left(x^m \right)^{-1/\eta_1^A}}{\gamma_2^M \left(A_2^M \right)^{(\eta_2^A - 1)/\eta_2^A} \left(Y_2^A \right)^{1/\eta_2^A - 1/\sigma_2} \left(1 - x^m \right)^{-1/\eta_2^A}} \times M^{1/\eta_2^A - 1/\eta_1^A} =$$

$$\frac{1 - \alpha_1}{1 - \alpha_2} \frac{\gamma_1^L \left(A_1^L \right)^{(\eta_1^U - 1)/\eta_1^U} \left(Y_1^U \right)^{1/\eta_1^U - 1/\sigma_1} \left(x^l \right)^{-1/\eta_1^U}}{\gamma_2^L \left(A_2^L \right)^{(\eta_2^U - 1)/\eta_2^U} \left(Y_2^U \right)^{1/\eta_2^U - 1/\sigma_2} \left(1 - x^l \right)^{-1/\eta_2^U}} \times L^{1/\eta_2^U - 1/\eta_1^U}$$

$$(3 - 30)$$

根据式（3－7）和式（3－12）可以得到：

$$\frac{\alpha_1\gamma_1^M Q_1^{1/\sigma_1-1/\varepsilon}\left(Y_1^A\right)^{1/\eta_1^A-1/\sigma_1}\left(1-x^m\right)^{1/\sigma_2}}{\alpha_2\gamma_2^M Q_2^{1/\sigma_2-1/\varepsilon}\left(Y_2^A\right)^{1/\eta_2^A-1/\sigma_2}\left(x^m\right)^{1/\sigma_1}}=\frac{\left(A_2^m\right)^{(\sigma_2-1)/\sigma_2}}{\left(A_1^m\right)^{(\sigma_1-1)/\sigma_1}}M^{1/\eta_1^A-1/\eta_2^A}$$

$$(3-31)$$

结合式（3－9）和式（3－10）可以得到：

$$\frac{rK}{\omega^L L}=\frac{\gamma_1^K}{\gamma_1^L}\left(\frac{A_1^K}{A_1^L}\right)^{(\eta_1^U-1)/\eta_1^U}\left(\frac{K}{L}\right)^{(\eta_1^U-1)/\eta_1^U}\left(\frac{x^k}{x^l}\right)^{-1/\eta_1^U}\qquad(3-32)$$

结合式（3－28）和式（3－29）可以得到：

$$\mathrm{dlog}\left(D_{12}\right)=\mathrm{dlog}\left(\frac{D_1}{D_2}\right)=\left(\eta_1^U-\eta_2^U\right)\mathrm{dlog}\left(\frac{rK}{\omega L}\right)-\eta_1^U\mathrm{dlog}\left(\frac{x^k}{x^l}\right)-$$

$$\eta_1^U\mathrm{dlog}\left(\frac{A_1^K}{A_1^L}\right)+\eta_2^U\mathrm{dlog}\left(\frac{A_2^K}{A_2^L}\right)+\eta_1^U\mathrm{dlog}\left(\frac{1-x^k}{1-x^l}\right)$$

$$(3-33)$$

在式（3－33）中，D_{12}表示两部门资本密集度的比值，表示产业升级过程，$\mathrm{dlog}\left(A_j^K/A_j^L\right)$表示中间品生产部门 j 的资本扩展型技术与劳动扩展型技术的变化，而 $\mathrm{dlog}\left(rK/\omega L\right)$ 表示劳动收入份额的变化，而 x^k/x^l 和 $\left(1-x^k\right)/\left(1-x^l\right)$ 表示两部门劳动力和资本结构。由式（3－29）~式（3－32）可以看出，智能资本 M_t 和智能资本技术 A_j^M 的变化会引起劳动力结构、资本结构和劳动收入份额的变化。根据式（3－33）可知，这又会改变两部门间资本密集度的变化，引起产业升级。

三、比较静态分析

根据以上分析可知，智能化能够影响本地区的劳动力结构、资本结构和劳动收入份额，以此改变本地区产业结构，促进产业升级。而智能化如何通过内部机理改变产业升级，需要使用比较静态分析进行进一步分析。首先，假定两种中间品的替代弹性小于两种增加值投入的弹性，即 $\varepsilon\leqslant\sigma_1$，$\sigma_2$，因为两种增加值投入分别由不同的生产要素生产，而中间品则都是由两种同样的增加值投入生产，所以，为了推导方便，假定中间品部门 1 为资本密集型，中间品部门 2 为劳动密集型，则中间品部门 1 资本的增加值弹性大于中间品部门 2 资本的增加值弹性，即 $\theta_1^k > \theta_2^k$，并且根据 $D_1/D_2 > 0$ 可以得到 $x^k > x^l$。相对于中间品部门 2 而言，更偏重使用低技能劳动力，说明中间品部门 2 低技能劳动力和生产性物质资本的替代弹性高，即 $\eta_1^U < \eta_2^U$。

（一）智能资本 M_t 的比较静态分析

分析智能资本 M_t 的相对变化，如何改变产业升级。通过式（3-4）和式（3-5）可以得到 4 种生产要素的增加值弹性：

$$\theta_j^i = \frac{dY_j^A}{di_j}\frac{i_j}{Y_j^A} = \frac{\gamma_j^i \, (A_j^i i_j)^{(\eta_j^A - 1)/\eta_j^A}}{\gamma_j^M \, (A_j^M M_j)^{(\eta_j^A - 1)/\eta_j^A} + \gamma_j^H \, (A_j^H H_j)^{(\eta_j^A - 1)/\eta_j^A}}, \quad i = M, \ H$$

$$(3-34)$$

$$\theta_j^i = \frac{dY_j^U}{di_j}\frac{i_j}{Y_j^U} = \frac{\gamma_j^i \, (A_j^i i_j)^{(\eta_j^U - 1)/\eta_j^U}}{\gamma_j^K \, (A_j^K K_j)^{(\eta_j^U - 1)/\eta_j^U} + \gamma_j^L \, (A_j^L L_j)^{(\eta_j^U - 1)/\eta_j^U}}, \quad i = K, \ L$$

$$(3-35)$$

注意到对于任意变量 z，在此有 $d\log(1-z) = -\frac{z}{1-z}d\log z$。对式（3-29）取自然对数后进行全微分，可以得到：

$$\left[\frac{(1-x^l)}{\eta_1^U} + \frac{x^l}{\eta_2^U}\right]\frac{d\log x^l}{1-x^l} = \left[\frac{(1-x^k)}{\eta_1^U} + \frac{x^k}{\eta_2^U}\right]\frac{d\log x^k}{1-x^k} + \left(\frac{1}{\eta_1^U} - \frac{1}{\eta_2^U}\right)d\log\left(\frac{K}{L}\right) -$$

$$\frac{\eta_1^U - 1}{\eta_1^U}d\log\left(\frac{A_1^K}{A_1^L}\right) + \frac{\eta_2^U - 1}{\eta_2^U}d\log\left(\frac{A_2^K}{A_2^L}\right)$$

$$(3-36)$$

对式（3-4）和式（3-5）取自然对数后进行全微分，可以得到：

$$d\log Y_j^A = \frac{\dfrac{\gamma_j^M}{(A_j^M M_j)^{1/\eta_j^A}}\,(A_j^M dM_j + M_j dA_j^M) + \dfrac{\gamma_j^H}{(A_j^H H_j)^{1/\eta_j^A}}\,(A_j^H dH_j + H_j dA_j^H)}{\gamma_j^M \, (A_j^M M_j)^{(\eta_j^A - 1)/\eta_j^A} + \gamma_j^H \, (A_j^H H_j)^{(\eta_j^A - 1)/\eta_j^A}}$$

$$= \theta_j^M d\log M_j + \theta_j^M d\log A_j^M + \theta_j^H d\log H_j + \theta_j^H d\log A_j^H$$

$$(3-37)$$

$$dlogY_j^U = \frac{\dfrac{\gamma_j^K}{(A_j^K K_j)^{1/\eta_j^U}}(A_j^K dK_j + K_j dA_j^K) + \dfrac{\gamma_j^L}{(A_j^L L_j)^{1/\eta_j^U}}(A_j^L dL_j + L_j dA_j^L)}{\gamma_j^K (A_j^K K_j)^{(\eta_j^U - 1)/\eta_j^U} + \gamma_j^L (A_j^L L_j)^{(\eta_j^U - 1)/\eta_j^U}}$$

$$= \theta_j^K dlogK_j + \theta_j^K dlogA_j^K + \theta_j^L dlogL_j + \theta_j^L dlogA_j^L$$

$$(3-38)$$

对式（3-30）取自然对数后进行全微分，可以得到：

$$B_{1A}dlogA_1^M - B_{2A}dlogA_2^M + C_{1A}dlogY_1^A - C_{2A}dlogY_2^A - \frac{1}{\eta_1^A}dlogx^m +$$

$$\frac{1}{\eta_2^A}dlog(1-x^m) + D_A dlogM = B_{1U}dlogA_1^L - B_{2U}dlogA_2^L + C_{1U}dlogY_1^U$$

$$- C_{2U}dlogY_2^U - \frac{1}{\eta_1^U}dlogx^l + \frac{1}{\eta_2^U}dlog(1-x^l) + D_U dlogL$$

$$(3-39)$$

在式（3-39）中，$B_{ij} = (\eta_i^j - 1)/\eta_i^j$，$C_{ij} = 1/\eta_i^j - 1/\sigma_i$，$D_j = 1/\eta_2^j - 1/\eta_1^j$，$i = 1, 2$，$j = A, U$，显然，$C_{ij} < 0$。结合式（3-36）~式（3-38），可以将式（3-39）简化为：

$$V_{x^m}\frac{dlogx^m}{1-x^m} + V_{x^k}\frac{dlogx^l}{1-x^l} = V_M dlogM + V_{A_1^M}dlogA_1^M + V_{A_2^M}dlogA_2^M + V_K dlogK$$

$$+ V_L dlogL + V_H dlogH + V_{x^h}dlogx^h + V_{A_1^K}dlogA_1^K +$$

$$V_{A_1^L}dlogA_1^L + V_{A_1^H}dlogA_1^H + V_{A_2^K}dlogA_2^K + V_{A_2^L}dlogA_2^L$$

$$+ V_{A_2^H}dlogA_2^H$$

$$(3-40)$$

式（3-40）较为复杂，在此只列出后文需要的参数，表达如下：

$$V_{x^m} = \frac{1-x^m}{\eta_1^A} + \frac{x^m}{\eta_2^A} - C_{1A}\theta_1^M (1-x^m) - C_{2A}\theta_2^M x^m$$

$$V_{x^l} = \left[\frac{1-x^k}{\eta_1^U} + \frac{x^k}{\eta_2^U} \right]^{-1} \left\{ \begin{array}{l} \left[C_{1U}\theta_1^K \ (1-x^k) \ + C_{2U}\theta_2^K x^k \right] \times \left[\frac{1-x^l}{\eta_1^U} + \frac{x^l}{\eta_2^U} \right] \\[2mm] + \left[C_{1U}\theta_1^L \ (1-x^l) \ + C_{2U}\theta_2^L x^l \right] \times \left[\frac{1-x^k}{\eta_1^U} + \frac{x^k}{\eta_2^U} \right] \\[2mm] - \left[\frac{1-x^l}{\eta_1^U} + \frac{x^l}{\eta_2^U} \right] \times \left[\frac{1-x^k}{\eta_1^U} + \frac{x^k}{\eta_2^U} \right] \end{array} \right\}$$

$$V_M = C_{1A}\theta_1^M - C_{2A}\theta_2^M + D_A$$

$$V_{A1}^M = B_{1A} + C_{1A}\theta_1^M, \ \ V_{A_2}^M = -B_{2A} - C_{2A}\theta_2^M$$

$$V_{A1}^L = -B_{1U} - C_{1U}\theta_1^L - \left[\ (1-x^k) \ / \eta_1^U + x^k/\eta_2^U \right]^{-1} \times$$

$$\left\{ \left[\ (\eta_1^U - 1) \ / \eta_1^U \right] \left[C_{1U}\theta_1^L \ (1-x^k) \ + C_{2U}\theta_2^L x^k \right] \right\}$$

$$V_{A2}^L = B_{2U} + C_{2U}\theta_2^L + \left[\ (1-x^k) \ / \eta_1^U + x^k/\eta_2^U \right]^{-1} \times$$

$$\left\{ \left[\ (\eta_2^U - 1) \ / \eta_2^U \right] \left[C_{1U}\theta_1^L \ (1-x^k) \ + C_{2U}\theta_2^L x^k \right] \right\}$$

根据式（3-2）~式（3-5）可以得到产出弹性 φ_j^i，表示第 j 中间品生产部门的第 i 生产要素的产出弹性，其中，j = 1，2，i = M，H，K，L，将增加值投入 CES 生产函数代入式（3-2）和式（3-3），可以得到：

$$dlogQ_j = \varphi_j^M dlogM_j + \varphi_j^M dlogA_j^M + \varphi_j^H dlogH_j + \varphi_j^H dlogA_j^H + \\ \varphi_j^K dlogK_j + \varphi_j^K dlogA_j^K + \varphi_j^L dlogL_j + \varphi_j^L dlogA_j^L \quad (3-41)$$

将式（3-31）取自然对数后进行全微分，可得：

$$C_{1A}dlogY_1^A - C_{2A}dlogY_2^A + \frac{1}{\sigma_2}dlog \ (1-x^m) \ - \frac{1}{\sigma_1}dlogx^m + \left(\frac{1}{\sigma_1} - \frac{1}{\varepsilon}\right)dlogQ_1$$

$$- \left(\frac{1}{\sigma_2} - \frac{1}{\varepsilon}\right)dlogQ_2 = \frac{\sigma_2-1}{\sigma_2}dlogA_2^M - \frac{\sigma_1-1}{\sigma_1}dlogA_1^M + \left(\frac{1}{\eta_1^A} - \frac{1}{\eta_2^A}\right)dlogM$$

$$(3-42)$$

根据式（3-36）和式（3-41），则式（3-42）可变为：

$$U_{x^m}\frac{dlogx^m}{1-x^m} + U_{x^k}\frac{dlogx^l}{1-x^l} = U_M dlogM + U_{A1}^M dlogA_1^M + U_{A2}^M dlogA_2^M + \\ U_K dlogK + U_L dlogL + U_H dlogH + U_{x^h}dlogx^h \\ + U_{A1}^K dlogA_1^K + U_{A1}^L dlogA_1^L + U_{A1}^H dlogA_1^H +$$

$$U_{A_2}^K dlogA_2^K + U_{A_2}^L dlogA_2^L + U_{A_2^H} dlogA_2^H \qquad (3-43)$$

式（3-43）较为复杂，令 $E_i = 1/\sigma_i - 1/\varepsilon$，显然，$E_i < 0$。与式（3-40）做法相同，在此，只列出后文需要的参数，表达如下：

$$U_{x^m} = C_{1A}\theta_1^M (1-x^m) + C_{2A}\theta_2^M x^m + E_1\varphi_1^M (1-x^m) +$$
$$E_2\varphi_2^M x^m - x^m/\eta_2^A - (1-x^m)/\eta_1^A$$

$$U_{x^l} = \left[\frac{1-x^k}{\eta_1^U} + \frac{x^k}{\eta_2^U}\right]^{-1} \left\{ \begin{array}{l} \left[E_1\varphi_1^K (1-x^k) + E_2\varphi_2^K x^k\right] \times \left[\frac{1-x^l}{\eta_1^U} + \frac{x^l}{\eta_2^U}\right] \\ \\ + \left[E_1\varphi_1^L (1-x^l) + E_2\varphi_2^L x^l\right] \times \left[\frac{1-x^k}{\eta_1^U} \times \frac{x^k}{\eta_2^U}\right] \end{array} \right\}$$

$$U_M = -C_{1A}\theta_1^M + C_{2A}\theta_2^M - E_1\varphi_1^M + E_2\varphi_2^M - D_A$$

$$U_{A_1^M} = -B_{1A} - C_{1A}\theta_1^M - E_1\varphi_1^M, \quad U_{A_2^M} = B_{2A} + C_{2A}\theta_2^M + E_2\varphi_2^M$$

$$U_{A_1^L} = -E_1\varphi_1^L - \left[(1-x^k)/\eta_1^U + x^k/\eta_2^U\right]^{-1} \times$$

$$\{\left[(\eta_1^U - 1)/\eta_1^U\right] \left[C_{1U}\theta_1^L (1-x^k) + C_{2U}\theta_2^L x^k\right]\}$$

$$U_{A_2^L} = E_2\varphi_2^L + \left[(1-x^k)/\eta_1^U + x^k/\eta_2^U\right]^{-1} \times$$

$$\{\left[(\eta_2^U - 1)/\eta_2^U\right] \left[C_{1U}\theta_1^L (1-x^k) + C_{2U}\theta_2^L x^k\right]\}$$

联立式（3-40）和式（3-43），可以得到：

$$\frac{dlogx^l}{dlogM} = \frac{V_{x^m}U_M - U_{x^m}V_M}{V_{x^m}U_{x^l} - U_{x^m}V_{x^l}} (1-x^l) \qquad (3-44)$$

显然，$V_{x^m} > 0$，$U_{x^m} < 0$，$U_{x^k} < 0$。将 V_{x^l} 进行转换，得到如下：

$$V_{x^l} < \left[\frac{1-x^k}{\eta_1^U} + \frac{x^k}{\eta_2^U}\right]^{-1} \left\{ \begin{array}{l} \left[\frac{\theta_1^K (1-x^k)}{\eta_1^U} + \frac{\theta_2^K x^k}{\eta_2^U}\right] \times \left[\frac{1-x^l}{\eta_1^U} + \frac{x^l}{\eta_2^U}\right] \\ \\ + \left[\frac{\theta_1^L (1-x^l)}{\eta_1^U} + \frac{\theta_2^L x^l}{\eta_2^U}\right] \times \left[\frac{1-x^k}{\eta_1^U} + \frac{x^k}{\eta_2^U}\right] \\ \\ - \left[\frac{1-x^l}{\eta_1^U} + \frac{x^l}{\eta_2^U}\right] \times \left[\frac{1-x^k}{\eta_1^U} + \frac{x^k}{\eta_2^U}\right] \end{array} \right\}$$

$$= -\left[\frac{1-x^k}{\eta_1^U} + \frac{x^k}{\eta_2^U}\right]^{-1} \left[\frac{1}{\eta_1^U\eta_2^U} (\theta_1^K - \theta_2^K) (x^k - x^l)\right] < 0$$

可以得到 $V_{x^m}U_{x^l} - U_{x^m}V_{x^l} < 0$。通过计算可知：

$$V_{x^m}U_M - U_{x^m}V_M = \tau_1 \left(\frac{1}{\sigma_1} - \frac{1}{\varepsilon}\right)\left(\frac{1}{\eta_2^A} - \frac{1}{\sigma_2} - \frac{1}{\theta_2^M\sigma_1}\right) -$$

$$\tau_2 \left(\frac{1}{\sigma_2} - \frac{1}{\varepsilon}\right)\left(\frac{1}{\eta_1^A} - \frac{1}{\sigma_1} - \frac{1}{\theta_1^M\sigma_2}\right)$$

其中，$\tau_j = \varphi_j^M / \theta_j^M$。因此，根据式（3-44）可知：

$$\frac{d\log x^1}{d\log M} > 0 \Leftrightarrow \tau_1 (\sigma_1 - \varepsilon) \left(\frac{\sigma_2}{\eta_2^A} - 1 - \frac{\sigma_2}{\theta_1^M \sigma_1} \right) > \tau_2 (\sigma_2 - \varepsilon) \left(\frac{\sigma_1}{\eta_1^A} - 1 - \frac{\sigma_1}{\theta_2^M \sigma_2} \right)$$

$$(3-45)$$

根据前面假定 $\sigma_j \leqslant \eta_j^U$，$\eta_j^A$，因此，$\dfrac{\sigma_2}{\eta_2^A} - 1 - \dfrac{\sigma_2}{\theta_1^M \sigma_1} < 0$，$\dfrac{\sigma_1}{\eta_1^A} - 1 - \dfrac{\sigma_1}{\theta_2^M \sigma_2}$ < 0，则：

$$\frac{d\log x^1}{d\log M} > 0 \Leftrightarrow \frac{d\log x^k}{d\log M} > 0 \Leftrightarrow \tau_1 (\sigma_1 - \varepsilon) < \tau_2 (\sigma_2 - \varepsilon) \quad (3-46)$$

可知，随着智能资本的不断增加，劳动力结构主要由增加值投入的产出弹性 τ、生产部门间的产品替代弹性 ε 和智能资本与低技能劳动力的替代弹性 σ 共同决定。由式（3-28）和式（3-32）可得：

$$\frac{d\log (rK/\omega^L L)}{d\log M} > 0 \Leftrightarrow (x^k - x^1) \left[\tau_1 \left(\frac{1}{\sigma_1} - \frac{1}{\varepsilon} \right) \left(\frac{1}{\eta_2^A} - \frac{1}{\sigma_2} - \frac{1}{\theta_2^M \sigma_1} \right) \right.$$
$$\left. - \tau_2 \left(\frac{1}{\sigma_2} - \frac{1}{\varepsilon} \right) \left(\frac{1}{\eta_1^A} - \frac{1}{\sigma_1} - \frac{1}{\theta_1^M \sigma_2} \right) \right] < 0$$

$$(3-47)$$

$$\frac{d\log D_{12}}{d\log M} > 0 \Leftrightarrow (\eta_1^U - \eta_2^U) \frac{d\log (rK/\omega^L L)}{d\log M} > 0 \quad (3-48)$$

随着智能资本不断提高，劳动和资本在两个产业部门间转移，转移方向由部门间增加值投入产出弹性 τ、智能资本与低技能劳动力的替代弹性 σ 和生产部门间产品替代弹性 ε 决定。因为假定部门 1 资本密集性比部门 2 资本密集性更高，则 $x^k - x^1 > 0$，所以，劳动收入份额的影响因素和劳动—资本转移的影响因素相同。本节开始假定 $\eta_1^U < \eta_2^U$，即部门 2 的劳动—资本替代弹性大于部门 1，则产业升级由劳动收入份额决定，也与劳动—资本转移的影响因素相同。若智能资本促进生产要素向部门 1 转移，则劳动收入份额下降，部门 1 产业升级；反之则反是。为了更清晰地理解智能资本 M 对产业升级 D_{12} 的内在影响机理，在此讨论两个特殊情况。

情形 1：$\sigma_1 = \sigma_2 = 1$

根据假定可知，$\tau_j = \lambda_j$，即智能资本与低技能劳动力的替代弹性为 1，

参数 λ_j 衡量智能资本的使用密度和产出弹性。则式（3 – 46）、式（3 – 47）和式（3 – 48）变为：

$$\frac{\text{dlog}\ (rK/\omega^L L)}{\text{dlogM}} < 0 \Leftrightarrow \frac{\text{dlogx}^l}{\text{dlogM}} > 0 \frac{\text{dlogx}^k}{\text{dlogM}} > 0 \Leftrightarrow \lambda_1\ (1-\varepsilon)\ < \lambda_2\ (1-\varepsilon)$$

$$\frac{\text{dlog}\ D_{12}}{\text{dlogM}} > 0 \Leftrightarrow \lambda_1\ (\eta_1^U - \eta_2^U)\ (1-\varepsilon)\ > \lambda_2\ (\eta_1^U - \eta_2^U)\ (1-\varepsilon)$$

可以看到，假设 $\varepsilon > 1$，即两部门的产品替代弹性大于 1，随着智能资本的提升，低技能劳动力 L 和生产性物质资本 K 将会流向智能资本所生产增加值投入的产出弹性更大的生产部门。随着智能化提升，产出弹性 τ 更高的中间品生产部门能够生产更多中间品，导致中间品价格下降，从而会让这一中间品生产部门的中间品替代另一中间品生产部门的中间品。产出弹性大的中间品生产部门因产出增加，导致该部门的生产规模不断扩大，低技能劳动力和生产性物质资本就会流向该部门。而资本密集度变大，导致该部门的资本相对劳动力的需求变高，劳动收入份额下降。该部门相对于另一个部门的资本密集度变大，该部门产业更高级，而另一个部门的产业结构不变甚至下降，仍为劳动密集型部门。当 $\varepsilon < 1$ 时，随着产出提高，产出弹性 τ 更高的部门的中间品价格下降，利润下降，生产规模逐渐萎缩，低技能劳动力和生产性物质资本流出该部门。资本密集度变小，导致该部门对劳动力需求变低，劳动收入份额提高，该部门相对于另外一个部门的资本密集度变小，因此，该部门产业结构退化，而另一个部门产业升级。

情形 2：$\sigma_1 = \varepsilon = 1$

根据假定可知，两个中间品生产部门、中间品生产部门 1 的智能资本与低技能劳动力的替代弹性都为 1。与情形 1 类似，可以得到：

$$\frac{\text{dlog}\ (rK/\omega^L L)}{\text{dlogM}} > 0 \Leftrightarrow \frac{\text{dlogx}^l}{\text{dlogM}} > 0 \frac{\text{dlogx}^k}{\text{dlogM}} > 0 \Leftrightarrow \sigma_2 > 1$$

$$\frac{\text{dlog}\ D_{12}}{\text{dlogM}} > 0 \Leftrightarrow\ (\eta_1^U - \eta_2^U)\ (1-\sigma_2)\ < 0$$

可以看出，当智能资本提升，低技能劳动力和生产性物质资本流向 τ 值更大的中间品生产部门。随着智能资本投入量的提升，其相对成本下降，低技能劳动力和生产性物质资本会被智能资本替代，被替代的生产要素会转移到 τ 值低的中间品生产部门，劳动收入份额降低，而部门 1 的资本密集度相对于部门 2 变大，部门 1 产业升级。

（二）智能技术 A_j^M 的比较静态分析

上面分析了智能资本对劳动力结构、劳动收入份额和产业升级的影响，然而，不仅智能资本投入量会影响产业升级，而且智能技术 A_j^M 也会影响产业升级，参照上面的做法，由式（3 - 40）和式（3 - 43）可以得到：

$$\frac{d\log x^1}{d\log M} = \frac{V_{x^m}U_{A_1^M} - U_{x^m}V_{A_1^M}}{V_{x^m}U_{x^1} - U_{x^m}V_{x^1}}\ (1 - x^1) \qquad (3 - 49)$$

根据第一部分可知，$V_{x^m}U_{x^1} - U_{x^m}V_{x^1} < 0$，则式（3 - 49）可以简化为：

$$\frac{d\log x^1}{d\log A_1^M} > 0 \Leftrightarrow \frac{d\log x^k}{d\log A_1^M} > 0 \Leftrightarrow \varphi_1^M\left(\frac{1}{\varepsilon} - \frac{1}{\sigma_1}\right) < \psi \qquad (3 - 50)$$

$$\frac{d\log x^1}{d\log A_2^M} > 0 \Leftrightarrow \frac{d\log x^k}{d\log A_2^M} > 0 \Leftrightarrow \varphi_2^M\left(\frac{1}{\varepsilon} - \frac{1}{\sigma_2}\right) > \psi \qquad (3 - 51)$$

$$\frac{d\log D_{12}}{d\log A_j^M} > 0 \Leftrightarrow (\eta_1^U - \eta_2^U)\ \frac{d\log\ (rK/\omega^L L)}{d\log A_j^M} > 0 \Leftrightarrow\ (x^k - x^1)\ \frac{d\log x^1}{d\log A_j^M} < 0$$

$$(3 - 52)$$

其中，$\psi = x^m\big[\varphi_2^M(1/\sigma_2 - 1/\varepsilon)(1/\sigma_1 - 1)(1 - \theta_1^M) + \varphi_1^M(1/\sigma_1 - 1/\varepsilon)(1/\sigma_2 - 1)(1 - \theta_2^M)\big]$。可以看出，智能资本技术 A_j^M 也会促使低技能劳动力和生产性物质资本在两个中间品生产部门间流动，取决于两部门的智能资本的产出弹性 φ_j^M、智能资本的增加值弹性 θ_j^M、智能资本与低技能劳动的替代弹性 σ_j 和两个中间品生产部门的产品替代弹性 ε。为了更清晰地理解内在影响机理，在此同样讨论两种特殊情形。

情形 1：$\sigma_1 = \sigma_2 = 1$

根据假定可知，智能资本与低技能劳动力的替代弹性为 1。则式（3 - 50）、式（3 - 51）和式（3 - 52）变为：

$$\frac{d\log x^1}{d\log A_1^M} > 0 \Leftrightarrow \frac{d\log x^k}{d\log A_1^M} > 0 \Leftrightarrow \varepsilon > 1, \quad \frac{d\log x^1}{d\log A_2^M} > 0 \Leftrightarrow \frac{d\log x^k}{d\log A_2^M} > 0 \Leftrightarrow \varepsilon < 1$$

当 $\varepsilon > 1$ 时，低技能劳动力和生产性物质资本将会转移到智能资本技术 A_j^M 提高的中间品生产部门，从而会提升该部门智能化的增加值投入，进一步改善中间品生产部门产量，降低该部门的相对价格，企业规模扩张。对于资本密集度更大的部门1，其对资本的需求更大，劳动收入份额降低，促进产业升级。对于部门2而言，资本更多地流出，导致产业结构不变或下降。当 $\varepsilon < 1$ 时，低技能劳动力和生产性物质资本将会转移出智能资本技术 A_j^M 提高的部门，虽然资本密集度更大的部门1产量提升，但是，替代弹性小于1，导致生产部门1生产规模萎缩，资本更多地流出部门1，则劳动收入份额提高，产业结构不变或下降，而部门2产业升级。

情形2：$\sigma_1 = \varepsilon = 1$

根据假定可知，两个中间品生产部门、中间品生产部门1的智能资本与低技能劳动力的替代弹性都为1。与情形1类似，可以得到：

$$\frac{\mathrm{dlog}x^l}{\mathrm{dlog}A_1^M} > 0 \Leftrightarrow \frac{\mathrm{dlog}x^k}{\mathrm{dlog}A_1^M} > 0 \Leftrightarrow \sigma_2 < 1, \frac{\mathrm{dlog}x^l}{\mathrm{dlog}A_2^M} > 0 \Leftrightarrow \frac{\mathrm{dlog}x^k}{\mathrm{dlog}A_2^M} > 0 \Leftrightarrow \sigma_2 > 1$$

当 $\sigma_2 > 1$ 时，代表部门2智能资本与低技能劳动力的替代弹性大于部门1，当部门2智能资本技术提高后，其生产率也得到提升，更多低技能劳动力和生产性物质资本被智能资本替代，则这些生产要素转移到了部门1，资本相对劳动的需求提升，劳动收入份额提高，部门2产业升级。当 $\sigma_2 < 1$ 时，部门1智能资本与低技能劳动力的替代弹性大于部门2，随着智能资本技术水平提高，部门1的产出提高，更多生产要素被智能资本替代，相对于资本密集度更大的部门1，其对资本的需求大于对劳动的需求，劳动收入份额下降，部门1产业升级。

第五节　本章小结

本章在梳理智能化和产业升级相关理论和文献的基础上，利用产业要素流动理论、资本—技能互补理论和产业组织理论等构建了智能化对产业升级的理论分析框架，为后续的实证研究提供思路和方向。具体工作有四点：（1）本章按照"宏观层面—空间溢出"的路径建立了统一的分析框架，勾勒出智能化行为影响产业升级的基本思路；（2）从地区内要素流动效应、产业前后向关联效应、产业竞争示范效应和产业集聚效应四个视角，探讨了智能化企业如何关联到地区内同行业和其他行业的发展，从而影响宏观层面的产业升级；（3）从地区间知识溢出效应、产业转移效应和产业竞争效应三条影响机理出发，研究了本地区智能化企业的发展如何通过空间溢出作用影响周边地区的产业升级；（4）使用比较静态分析，考虑高技能劳动力、低技能劳动力、智能化资本和生产性物质资本的替代性，用数理方法验证了智能化资本对产业升级的作用效果。

第四章 智能化与产业升级：宏观层面的实证检验

本章通过宏观视角分析智能化对本地区产业升级的作用，将地区产业升级定义为企业绩效在宏观层面的表现，即地区生产要素的分配和产业生产率的变动，关注智能化企业通过地区内产业的关联性、要素流动等作用影响其他企业的发展，通过加总不同类型企业绩效指标探讨智能化对产业升级的影响。基于第三章的理论分析，本章提出主要验证的研究假设，通过典型事实描述初步分析智能化和产业升级的关系，然后，使用计量经济学模型和方法，对智能化和产业升级之间的关系进行规范性的实证检验，分析劳动力结构和收入分配如何影响智能化和产业升级的关系。本书将产业升级定义为产业结构高级化和产业结构合理化，通过动态、静态两个视角研究智能化对产业升级的影响，并进一步研究地区异质性如何作用于智能化和产业升级之间的关系。

第一节 假设提出

一、智能化与产业升级

（一）智能化与产业结构高级化

智能化作为一种新的技术进步，能够降低对低技能劳动力的需求，提高对高技能劳动力的需求，缩短劳动时间，提升劳动力生产率。产业升级是指地区产业结构、产品质量、价值链等方面的提升，本书将产业升级定义为产业结构升级，具体包括产业结构高级化和产业结构合理化。产业结构高级化是指，产业生产从低技术向高技术转型的过程，由劳动密集型转变为资本密集型和技术密集型，这都意味着产业结构高级化是生产率提升的过程，因此，智能化通过以下三条途径推动产业结构高级化的演进过程。

第一，地区内要素转移效应。根据智能化理论基础可知，智能化能够替代劳动力，影响不同技能型劳动力。对于地区内智能化企业，其释放大量低技能劳动力并补充了部分高技能劳动力，以此让智能化技术发挥最大作用，缩短劳动力生产时间，提高生产效率。并且，智能化技术还能提高企业创新效率，推动企业全要素生产率的持续提升，技术创新和生产率的不断提高会带动当地产业升级（李爱和盖骁敏，2019）。智能化企业释放的大量低技能劳动力转移到了非智能化企业，扩大了非智能化企业的生产规模，规模经济效应带来生产率水平的提高，但生产率水平的提升幅度不如智能化带来的技术进步大，并且，地区内高技术人才需求的增加，也会给非智能化企业带来知识溢出效应，提高生产效率，因此，地区产业的生产率不断提高（杜传忠和许冰，2017）。

第二，地区内产业关联效应。企业实行智能化可以提高生产效率，扩大生产规模，对上下游关联企业产品的质量和数量的要求更高，关联企业被迫提高生产效率，提升地区生产率，促进产业结构高级化。对于上游智能化企业而言，生产率的提升会给下游企业带来更多中间产品和原材料，并且质量进一步提高，下游企业生产更多、质量更好的最终产品，有效地提高了市场竞争力，提高生产率。对于下游智能化企业而言，生产率提升要求上游企业生产更多的原材料，并且对质量把关更高，因此，下游企业会加强中间产品和原材料的监督，并提供更高的技术以支持上游企业发展，保证本企业正常运行，扩大市场规模（周振华，2004；邓子云和何庭钦，2019）。智能化能够带动上下游关联企业的发展，提高地区生产率，促进产业结构高级化。

第三，产业竞争效应和产业示范效应。企业在进行智能化的同时，能够获得产量更大的最终产品，并释放大量低技能劳动力，降低劳动成本，高科技技术和高技能劳动力也可以带来生产技术和管理技术的提升，带动和提升企业其他员工的生产技术和劳动素质，提高企业的国内竞争力和国际竞争力，有利于提高生产效率（黄阳华，2015）。智能化也会给非智能化企业带来更激烈的竞争压力，为了保证市场占有率，这些企业会引进生产技术，合理配置资源，保证生产效率最大化。与此同时，非智能化企业也会模仿智能化企业的生产技术和管理经验，以此缩短劳动时间，并与智能化企业进行竞争，提高生产效率（王媛媛和宗伟，2016）。

基于以上三个效应，本章提出如下假设：

假设4-1：智能化能够提高地区内产业结构高级化水平。

（二）智能化与产业结构合理化

智能化可以改变企业对不同技能劳动力和资本的需求，低技能劳动力被替代会增加非智能化企业的就业压力，而智能化企业市场竞争力的提升会使其扩大生产规模，提高对资本的需求，资本深化水平更高，这些都会导致生产要素在智能化企业和非智能化企业间的分配不均等（王瑞瑜和王森，2020）。并且，中国不同行业发展不均等，资本和高技能劳动力会集中在智能化企业，生产要素错配，不同行业间的发展差距会拉大，产业结构合理化降低。虽然地区内产业向更高级化发展，但产业间极化现象也更明显，下面通过以下三点来说明。

第一，地区内生产要素转移效应。与产业结构高级化相似，智能化会产生劳动力替代效应和劳动力互补效应，被替代的低技能劳动力会增加市场的劳动力供给，低技能劳动力的价格会下降，并且智能化企业生产效率的提升会增加上下游企业产品的需求，因此，与此相关联的非智能化企业会增加劳动力，扩大生产规模，提高自身市场容量，导致劳动力的分化（石喜爱等，2017）。并且，智能化技术和智能化设备的使用会提高劳动生产率，智能化企业对资本的需求增加，虽然非智能化企业通过增加劳动力扩大生产规模从而提高资本需求，但生产率更高的智能化企业拥有先进的技术水平，比非智能化企业竞争力更强，因此，资本的极化现象也较为严重。

第二，地方政府的政策效应。地方政府为了能够促进本地区高新技术产业发展，会进行大量投资、政府补贴以及人才引进，而智能化处于发展初期，并不成熟，过度的资本和劳动投入一方面，会造成资源浪费，形成产能过剩；另一方面，资本和劳动力集中在地方政府持股和控股的企业，造成吸引过来的其他企业并未获得相应的补助、资本和劳动力，而现有智能化企业主要集中在汽车、医药、信息技术以及航空航天行业，生产要素分配严重失衡，不利于产业结构合理化发展。

第三，中国经济发展的核心在于制造业，制造业技术水平相比国外还稍显不足，市场竞争力较差，而以信息技术产业为主的服务业相比美国、欧洲等发达国家更为不足。智能化技术绝大多数存在于信息技术产业，这会导致资本和劳动力向该行业靠拢，过度的生产要素并不能够带来相应的产业生产总值和市场竞争力，除非中国信息产业能够达到世界顶尖水平并占有大部分市场，将智能化发展重点放在信息技术产业才能有效地利用生产要素。否则，中国应该倡导制造业发展智能化，并通过提高资本和劳动力促进生产率提升，推动国内生产总值增长。

基于以上分析，本章得到如下假设：

假设 4 - 2：智能化会对产业结构合理化产生负向影响。

二、智能化、劳动力结构与产业升级

作为技术进步的智能化对就业的影响犹如一把"双刃剑"，即造成劳动力破坏效应和劳动力创造效应。一方面，在提升劳动生产率和资本生产率的同时，形成智能化资本对劳动力的替代，"机器代替人"现象对就业造成冲击；另一方面，智能化又能创造新的就业岗位，譬如机器的维修和运营、物流、技术研发等，对就业产生正向的影响。总而言之，智能化是代替人的脑力劳动的过程，地区内劳动力总量和就业结构会作用于智能化企业雇用高、低技能劳动力的数量，改变资本生产率和劳动生率，进而对产业结构高级化产生影响。并且，智能化企业对资本和高低技能劳动力的需求发生变化，就业结构同样会影响本地区不同产业生产要素的分布，改变产业结构合理化。下面，从就业结构分析智能化对产业结构高级化和产业结构合理化的影响。

第一，从地区内就业结构对产业结构高级化影响的角度进行分析。奥托等（Autor et al.，2003）、苯等（Benzell et al.，2015）指出，机器人、电子信息等智能化技术能够完全替代低技能劳动力，并替代部分高技能劳动力，这会导致劳动力需求和工资下降。而中国老龄化问题会导致智能化企业对高技能劳动力的需求增加，适应新技术的使用（陈永伟，2018）。合理的劳动力结构能够满足企业对不同技能型劳动力的需求，高技能劳动力不断增加，既满足了智能化企业对高技能劳动力的需求，有效发挥智能化资本的作用，促进资本深化和技术创新，提高劳动生产率，又满足了非智能化企业雇用高技能劳动力，提高企业技术创新水平和劳动力之间的知识溢出效应，并获得先进的管理技术，低技能劳动力素质受到高技能人才的溢出效应而提高，高、低技能劳动力之间的经验交流促进劳动生产率的提升，因此，产业生产率得到改善。而女性劳动力有着和男性劳动力不同的思维方式，更具有想象力的认知能力，能够胜任智能化无法完成的创新思维工作，并且女性更细心，男女性劳动力合理的搭配能够促进劳动力效率最大化，促进产业结构高级化（史桂芬和黎涵，2018；蔡啸和黄旭美，2019）。

第二，仍然从高、低技能劳动力结构和男女劳动力结构视角分析地区内就业结构对产业结构合理化的影响：（1）智能化企业对高技能劳动力的需求依赖于智能化资本的数量和生产规模，当地区内高技能劳动力比例不断提高，智能化企业为了降低劳动力成本及提高生产效率并不会无限制地增加高技能劳动力。而剩余的高技能劳动力会流向非智能化企业，高技能劳动力能够带给企业和劳动力新的管理技术和技术创新，提高企业的生产率从而扩大生产规模。虽然智能化企业通过工业机器人、人工智能、物联网等技术获得更高的生产效率，但非智能化企业拥有更多劳动力，并且随着高技能劳动力比例提高，非智能化企业的高技能劳动力比例也会提高，增加非智能化企业对资本、原材料和中间投入的需求，有利于生产要素在不同产业部门间的均衡分配，促进产业结构合理化（王瑞瑜和王森，2020）。（2）随着技术水平的不断提升，"机器替代人"的现象不断深化，现阶段企业需要更具脑力思维的创造性工作，并且女性可以获得和男性同样的学历，因此，随着女性劳动力占总就业比例的提高，智能化企业为了获得管理技术、创造性思维，会提高对女性劳动力的需求（刘铠豪和刘渝琳，2014）。而非智能化企业通过学习新技术、模仿智能化企业的生产模式，对体力劳动的需求降低，反而会增加思维性工作岗位，男女就业极化现象减少，劳动力结构分配均衡，降低智能化对产业结构合理化的负向作用。

基于以上分析，本章提出如下假设：

假设 4-3：劳动力结构作用于智能化对产业升级的影响，高、低技能劳动力比例的提高和男女比例的下降都会促进智能化对产业结构高级化的正向作用，缓解智能化对产业结构合理化的负向作用。

三、智能化、收入分配不均等与产业升级

大卫（David，2015）指出，人工智能、自动化会代替一部分低技能劳动力，导致劳动力变得多余，主要的经济问题应该是收入分配而不是稀缺。贝格等（Berg et al.，2016）指出，智能化设备会变得更便宜，人均智能化资本会增加导致总产出提高，资本占总收入的比重将会增加，劳动者收入会更低。并且，智能化企业增加熟练劳动力的需求使熟练劳动力的工资稳步提升，低技能劳动力会受到损失，收入不均等现象就会恶化。以上收入不均等现象都会影响资本和劳动力在不同产业间的分配，改变产业结构，影响产业升级进程。本节通过以下两方面进行分析。

第一，从高、低技能劳动力收入差距进行分析。（1）对于智能化企业，工业机器人、自动化、互联网等新技术必须由高技能人才操作，熟练劳动力是刚需，熟练劳动力和非熟练劳动力差距的增大会提高企业雇用高技能劳动力的成本，企业为了维持利润最大化会降低对高技能人才和智能化设备的使用，降低劳动生产率，阻碍产业结构高级化。而对于非智能化企业，生产率不如智能化企业，随着收入差距的拉大，会增加对低技能劳动力的使用，扩大生产规模，生产技术和管理技术得不到改善，不利于生产效率提升，因此，会降低产业结构高级化水平（申广军等，2017）。（2）高、低技能劳动力收入差距的加剧会提高非智能化企业对非熟练劳动力的需求，而智能化企业因为新设备的使用，也会降低低技能劳动力需求，成本更高的高技能劳动力无法弥补生产效率提升带来的效益，所以，劳动力会大量流向非智能化企业，只有少数高技能劳动力被智能化企业利用，劳动力的流向出现极化现象，不利于产业结构合理化发展（Acemoglu and Restrepo，2018）。

第二，从资本—劳动收入份额比进行分析。（1）资本—劳动收入份额比值较大，说明资本报酬比劳动报酬高，意味着企业拥有较高的技术水平、机械设备等，企业生产率水平高。廉价劳动力不再具有优势，而是被资本和自动化挤压，财富流向具有创造能力和创造新产品、服务和管理模式的企业，即本地区产业的生产率随着资本—劳动收入份额比值的增加而不断提高，产业结构向高级化发展。（2）资本—劳动收入份额比值较大，也说明资本占有率较高，地区内企业使用资本进行生产的比重大，因此，资本作为一种生产要素在企业之间的分布较为分散。智能化水平高意味着企业都会使用工业机器人、自动化技术、信息技术替代劳动力，因此，资本的极化现象会降低（朱巧玲和李敏，2018）。劳动收入份额较低意味着劳动力不多，劳动力主要集中于企业管理、技术创新、设备维修等日常刚需工作岗位，分布较为均匀，不存在极化现象，有利于产业结构合理化演进（杨晓锋，2018）。

基于此，本章提出如下假设：

假设4-4：高、低技能劳动力收入差距的增加会降低智能化对产业结构高级化的正向影响并加剧智能化对产业结构合理化的负向影响，而资本—劳动收入份额比的增加会促进智能化对产业结构高级化的正向影响并缓解智能化对产业结构合理化的负向影响。

第二节　模型设定与变量选取

一、模型设定

为了验证智能化对地区产业升级的影响，本章参照付宏等（2013）、李虹和邹庆（2018）的方法构建如下计量模型：

$$ISU_{it} = \alpha + \beta IAI_{it} + \sum \gamma X_{it} + \mu_i + \lambda_t + \varepsilon_{it} \qquad (4-1)$$

$$ISR_{it} = \alpha + \beta IAI_{it} + \sum \gamma X_{it} + \mu_i + \lambda_t + \varepsilon_{it} \qquad (4-2)$$

在式（4-1）和式（4-2）中，ISU_{it}表示i省（区、市）在t年份的产业高级化水平，ISR_{it}表示i省（区、市）在t年份的产业合理化水平，用来反映i省（区、市）的产业升级水平；IAI_{it}为本章的核心解释变量，表示i省（区、市）在t年份的智能化水平；X_{it}表示控制变量，下文将会具体介绍本章使用的控制变量。μ_i表示i省（区、市）的个体固定效应，用来表示不随时间变化的地区异质性的影响；λ_t表示时间固定效应，用来表示不随i省（区、市）变化的由系统性风险、政策冲击带来的不可观测的影响；ε_{it}表示随机扰动项，并且服从正态分布。

式（4-1）和式（4-2）只研究了智能化对产业升级的直接影响，考虑到劳动力结构和收入分配能够影响智能化与产业升级之间的关系，因此，本章在式（4-1）和式（4-2）的基础上，分别加入了劳动力结构和收入分配与智能化的交互项，得到如下模型：

$$ISU_{it} = \alpha + \beta IAI_{it} + \delta Z_{it} IAI_{it} + \chi Z_{it} + \sum \gamma X_{it} + \mu_i + \lambda_t + \varepsilon_{it}$$

$$(4-3)$$

$$ISR_{it} = \alpha + \beta IAI_{it} + \delta Z_{it} IAI_{it} + \chi Z_{it} + \sum \gamma X_{it} + \mu_i + \lambda_t + \varepsilon_{it}$$

$$(4-4)$$

在式（4-3）和式（4-4）中，Z_{it}表示劳动力结构或者收入分配指标，式（4-3）和式（4-4）将劳动力结构和收入分配指标作为影响机制，分析其如何作用于智能化和产业结构升级之间的关系。

以上模型都只研究了智能化对产业升级的静态影响，但考虑到经济发展存在一定的滞后性和动态性，产业结构的变化也会受到之前产业结构的影响，存在一定路径依赖。因此，本章在式（4-1）和式（4-2）的基础上，分别加入了产业结构高级化和产业结构合理化的一阶滞后项，控制模型存在的滞后性和动态性。本章所使用的动态模型如下：

$$ISU_{it} = \alpha + \phi ISU_{it-1} + \beta IAI_{it} + \sum \gamma X_{it} + \mu_i + \lambda_t + \varepsilon_{it} \quad (4-5)$$

$$ISR_{it} = \alpha + \phi ISR_{it-1} + \beta IAI_{it} + \sum \gamma X_{it} + \mu_i + \lambda_t + \varepsilon_{it} \quad (4-6)$$

其中，ISU_{it-1}和ISR_{it-1}分别表示产业结构高级化的一阶滞后项和产业结构合理化的一阶滞后项。

在式（4-5）和式（4-6）的基础上，本章加入劳动力结构和收入分配与智能化的交互项，分析劳动力结构和收入分配在动态模型中如何影响智能化和产业升级的关系，具体模型如下：

$$ISU_{it} = \alpha + \phi ISU_{it-1} + \beta IAI_{it} + \delta Z_{it} IAI_{it} + \chi Z_{it} + \sum \gamma X_{it} + \mu_i + \lambda_t + \varepsilon_{it}$$

$$(4-7)$$

$$ISR_{it} = \alpha + \phi ISR_{it-1} + \beta IAI_{it} + \delta Z_{it} IAI_{it} + \chi Z_{it} + \sum \gamma X_{it} + \mu_i + \lambda_t + \varepsilon_{it}$$

$$(4-8)$$

二、变量选取与测算方法

（一）被解释变量

产业升级通常是指，产业内和产业间各生产要素在时间、空间和层次之间的关系，是产业高附加值产品的增加、产品质量的提升以及生产率提高等；而产业结构升级则是指，地区内企业向高科技、服务业等高水平产业转型，上下游企业合理关联，地区内和地区间的生产要素得到有效整合，因此，产业升级是地区内的产业内和产业间产业类型占比、生产要素占比以及生产技术等发生的变化。按照干春晖等（2011）、李虹和邹庆（2018）的研究，本章将产业升级分为产业结构高级化和产业结构合理化。产业结构高级化是指，地区内产业由劳动密集型向资本密集型和技术密集型转变或者由第一产业向第二产业和第三产业转变的过程，即产业结构从低级形态不断向高级形态演化的过程。产业结构合理化则是指，促进地区内产业发展的最优产业结构，通过调整上下游产业、产业规模等因素促使产业间的比例向均衡和协调发展。本章参考既有研究，建立产业结构高级化指数（ISU）和产业结构合理化指数（ISR），具体的指标构建见下文。

1. 产业结构高级化

传统的产业结构高级化来源于配第—克拉克定理，该理论指出，经济发展是产业结构不断从低级形态向高级形态转型的过程，在此转型过程中，劳动力和资本向高级化产业集聚，这是产业升级的表现。根据配第—克拉克定理，既有研究绝大多数都以非农产业产值比重或劳动力比重、第三产业产值与第二产业产值比重、现代化部门与传统部门的比例等指标衡量产业升级（田新民和韩端，2012；李虹和邹庆，2018）。部分文献通过使用产业结构层次法、摩尔（Moore）结构变动指数和夹角余弦法来测度产业结构高级化（刘智勇等，2017；茶洪旺和左鹏飞，2017）。而刘伟等（2008）指出，产业升级不仅包括产业间生产要素的静态变化和份额改变，而且应该涵盖劳动生产率的提升。吕明元和陈维宣（2016）提出产业结构高级化的两个内涵，即比例关系的演进和要素生产率的提升，并指出产业升级需要有效地提升要素生产率并完善分配效应和环境效应。基于以上研究，本章参照刘伟等（2008）、吕明元和陈维宣（2016）、章志华和唐礼智（2019）的研究，将产业结构高级化指数（ISU）定义为：

$$ISU_{it} = \left[\prod_{k=1}^{m} \left(\sum_{j=1}^{n} \frac{Y_{ijt}}{Y_{it}} \times \frac{Y_{ijt}}{F_{ijkt}} \right) \right]^{1/m} \qquad (4-9)$$

在式（4-9）中，ISU_{it} 表示 i 省（区、市）在 t 年份产业结构的高级化水平，Y_{it} 表示 i 省（区、市）在 t 年份的总产值，Y_{ijt} 表示 i 省（区、市）在 t 年份 j 产业的总产值，则 Y_{ijt}/Y_{it} 表示 t 时期 i 省（区、市）j 产业在本省（区、市）产业结构中所占的份额，F_{ijkt} 表示 t 时期 i 省（区、市）j 产业 k 生产要素的数量，则 Y_{ijt}/F_{ijkt} 表示 t 时期 i 省（区、市）j 产业 k 生产要素的生产率水平。从式（4-9）可以看出，i 省（区、市）要素生产率高的企业比重越大，则 i 省（区、市）的平均生产率水平越高，产业高级化指数 ISU_{it} 越大。

劳动生产率有量纲，而产业份额却没有。不同类型制造业的人均产出比农业高，但并不能说明制造业比农业生产率高，原因在于它们制造的产品不同。为了克服量纲带来的问题，本章根据钱纳里的标准化方法将要素生产率进行修改，主要包括以下两种方法：

刘伟等（2008）将要素生产率的标准化方法定义为：

$$FP_{ijt}^{S} = \left(FP_{ijt} - FP_{j}^{L} \right) / \left(FP_{j}^{H} - FP_{j}^{L} \right) \qquad (4-10)$$

韩永辉等（2017）将要素生产率的标准化方法定义为：

$$FP_{ijt}^{S} = FP_{ijt} / FP_{j}^{H} \qquad (4-11)$$

在式（4-10）和式（4-11）中，FP_{ijt}^{S} 表示经过标准化处理后的要素生产率（Y_{ijt}/F_{ijkt}），FP_{j}^{L} 表示工业化起点阶段 j 产业的要素生产率，而 FP_{j}^{H} 表示工业化完成阶段 j 产业的要素生产率，FP_{j}^{L} 和 FP_{j}^{H} 的衡量主要以钱纳里提出的标准化结构为准，而该指标体系中主要以劳动生产率为研究对象，因此，本章的生产要素只考虑劳动力数量，并借鉴刘伟等（2008）总结的标准化系数。钱纳里工业进程中劳动生产率的标准化系数，见表4-1。式（4-10）和式（4-11）表明，两种算法的思路基本相同，两种方法最后得到的区间不同，采用任意方法均不会对本章实证分析产生实质性影响，因此，本章采用式（4-11）的方法计算产业结构高级化指数（ISU_{it}）。

表4-1 钱纳里工业进程中劳动生产率的标准化系数

产业	工业化起点 FP^L（2005 年人民币）	工业化终点 FP^H（2005 年人民币）
第一产业	2524.55	52199.84
第二产业	10564.83	138542.23
第三产业	12287.82	48566.80

注：本章根据消费者物价指数（consumer price index，CPI）和平减指数将 2005 年的指标体系换算为以 2004 年为基准的指标体系。

资料来源：刘伟等. 中国产业结构高度与工业化进程和地区差异的考察 [J]. 经济学动态，2008（11）：4-8。

2. 产业结构合理化

资源配置理论和结构动态均衡理论认为，产业结构合理化主要是指要素投入和要素产出之间的耦合程度，本章认为产业结构合理化是生产要素在地区内产业间的优化配置、转移和流动，实现产业内和产业间的协调和关联。现有关于研究衡量产业结构合理化指数的方法主要有产业的要素偏离度和泰尔指数，下面，介绍这两种方法。

第一种方法为基于劳动与资本多要素条件下的产业偏离度水平，计算方法如下：

$$E_{ijt} = \sqrt{\left(\frac{Y_{ijt}/Y_{it}}{F_{ijkt}/F_{ikt}} - 1\right)^2} \tag{4-12}$$

在式（4-12）中，E_{ijt} 表示 i 省（区、市）在 t 年份 j 产业的偏离程度，相关指标的定义和产业结构高级化的定义相同。从式（4-12）中可以看出，产出结构和要素结构越吻合，则不同产业单位生产要素带来的产出越接近，说明要素得到更好地优化配置。因此，产业结构的要素偏离程度低，E_{ijt} 越接近于 0。而传统的产业结构偏离程度没有考虑产业规模差异，若某个产业在 i 省（区、市）的占比很大，但该产业的要素分配不合理，则会造成 i 省（区、市）产业结构不合理，因此，需要考虑不同产业规模大小，将其作为 i 省（区、市）内不同产业偏离程度的权重，计算公式如下：

$$ISR_{it} = \left[\prod_{k=1}^{m}\left(\sum_{j=1}^{n}\frac{Y_{ijt}}{Y_{it}} \times E_{ijt}\right)\right]^{1/m} \tag{4-13}$$

ISR_{it}表示 i 省（区、市）在 t 年份产业结构合理化的指数，可以看出，若产业结构和要素结构的吻合程度越高，则 E_{ijt} 越小，并且，若该产业的份额比较大，则会导致 i 省（区、市）产业结构合理化指数下降，产业结构越合理。产业结构合理化指数和产业结构是否更加合理的方向相反，为了便于分析，本章使用韩永辉等（2017）的方法，对式（4-13）的符号进行调整，如下所示：

$$ISR_{it} = - \left[\prod_{k=1}^{m} \left(\sum_{j=1}^{n} \frac{Y_{ijt}}{Y_{it}} \times E_{ijt} \right) \right]^{1/m} + 1.4 \qquad (4-14)$$

第二种方法是泰尔（Theil，1967）提出的泰尔指数，傅元海等（2016）、吴万宗等（2018）将产业结构合理化指数进行改善，得到：

$$ISR_{it} = \left[\prod_{k=1}^{m} \left(\sum_{j=1}^{n} \frac{Y_{ijt}}{Y_{it}} \times \ln \left(\frac{Y_{ijt}}{F_{ijkt}} \bigg/ \frac{Y_{it}}{F_{ikt}} \right) \right) \right]^{1/m}$$

$$= \left[\prod_{k=1}^{m} \left(\sum_{j=1}^{n} \frac{Y_{ijt}}{Y_{it}} \times \ln \left(\frac{Y_{ijt}/Y_{it}}{F_{ijkt}/F_{ikt}} \right) \right) \right]^{1/m} \qquad (4-15)$$

式（4-14）和式（4-15）的计算方法较类似，即都是通过测算 i 省（区、市）内产业产出结构和要素投入结构的耦合程度，并都考虑了产业规模。第一种方法是通过各产业产值作为权重，加总产业结构要素偏离程度来计算产业结构合理化水平；第二种方法同样使用各产业产值权重，不同的是用其加总泰尔指数计算产业结构合理化水平。两种方法的本质基本相同，其对产业结构要素偏离程度的测算基本一致（宿伟健和赵婧，2019），因此，本章采用式（4-14）的方法计算产业结构合理化水平，并且，使用劳动力数量和资本数量作为投入要素。

（二）核心解释变量

按照本章之前对智能化的定义可知，智能化是一种让企业在研发、生产、管理和服务等方面更加智能的生产方法，其中，包括生产要素智能化、生产过程智能化、仓储物流智能化和服务智能化，具体可分为人工智能、"互联网+"、物联网、机器设备等方面。因此，本章将智能化的衡量分为机器人、生产系统、数字化智能化工厂（车间）、智能制造相关部件和装置、软件和硬件等方面（王影和冷单，2015）。但因相关数据的局限性，本章借鉴李丫丫和潘安（2017）、杨晓锋（2018）、孙早和侯玉琳（2019）等的算法，构建智能化相关指标，并借用樊纲等（2003）计算市场化指数的方法，采用主成分分析法计算各省（区、市）所有产业的智能化指数（IAI）：（1）软件使用程度，使用各省（区、市）基础软件、嵌入式软件、支撑软件和应用软件的进口额占本省（区、市）总产值的比重；（2）智能仪器设备使用程度，使用各省（区、市）计算机、电子元件、电子器件和电子仪器的进口总额占该省（区、市）总产值的比重；（3）机器人使用程度，该指标采用各省（区、市）机器人进口总额和出口总额占该省（区、市）生产总值的比重；（4）数据处理水平，该指数采用各省（区、市）信息技术咨询设计服务、数据服务和运营服务收入占该省（区、市）生产总值的比重；（5）信息平台维护情况，使用各省（区、市）信息系统集成业务、电子商务平台服务和运营维护服务收入占该省（区、市）生产总值的比重；（6）信息采集水平，本章通过计算各省（区、市）互联网使用人数占该省（区、市）总人口的比重衡量；（7）智能化企业创新水平，该指标使用各省（区、市）智能化企业的专利总数，[①] 需要指出以上大部分指标均来自 2004～2016 年《中国电子信息产业统计年鉴》《中国信息产业年鉴》和《中国统计年鉴》，工业机器人进出口数据来源于 2004～2016 年海关进出口数据库，[②] 智能化企业数据来源于智能制造网。部分智能化指标未呈现，本章秉承最大化反映智能化水平的原则构建该指标。

（三）调节变量

1. 劳动力结构（LSI）

产业发展的基础是劳动力和资本，劳动力的结构决定本地区企业能否匹配到合适的劳动力，会影响企业生产效率和技术创新水平，进而影

---

① 本章工业智能化相关企业的数据来源于智能制造网（https：//www.gkzhan.com/），专利数通过和佰腾网（https：//www.baiten.cn/）匹配而得。

② 海关进出口数据库来自清华大学购买的 resset 数据库（http：//www.sem.tsinghua.edu.cn/tzgg2cn/14386.html）。

响产业升级。江鹃等（2018）指出，劳动力年龄结构、劳动力素质结构和劳动力性别结构都会影响产业发展。老龄化带来的劳动力年龄增长虽然能够带来经验和知识溢出，但"机器代替人"正逐渐削弱老年劳动力的生产效率。人力资本理论认为，劳动力教育水平越高，其拥有的知识水平和劳动素质越高，越能够使用新技术并带来知识溢出。智能化带来的劳动力替代效应和互补效应直接影响本地区的劳动力，因此，一个地区劳动力结构是否合理、地区内和地区间劳动力能否自由流动等因素是决定智能化能否发挥作用并带动产业升级的关键（张雅，2017）。为了衡量劳动力结构对产业升级的影响及其在智能化和产业升级之间如何发挥作用，本章使用技能劳动力与非技能劳动力的比值（LSI1）和男女劳动力的比值（LSI2），计算公式为：

$$LSI1 = LS/LUS = LS/（1 - LS） \tag{4-16}$$

$$LSI2 = ML/FL \tag{4-17}$$

在式（4-16）和式（4-17）中，LS 表示技能劳动力就业人数占比，即大专及以上学历就业人数占全国就业人数的比值，LUS 表示其余劳动力所占比值，ML 表示 15 岁以上男性人口，FL 表示 15 岁以上女性人口（Darity，1995；Gaddis and Pieters，2017；江鹃等，2018；朱巧玲和李敏，2018）。

2. 收入分配不均等（IM）

罗宾逊（Robinson，1976）指出，若一个国家有两个及以上经济部门，则部门间的收入必定存在差异，劳动力会在部门间流动，引起收入差距的变化。如果某本地区高技能劳动力的收入较高，那么，其周边地区劳动力就会流入本地区，促进产业升级。智能化技术需要大量高技能人才，也会淘汰低技能劳动力，加大高技能人才和低技能人才的收入差距，如果地区的高、低技能劳动力收入超过智能化成本，则会促进智能化发展，改变产业结构，影响产业升级。因此，本章使用城乡收入差距（IM1）作为收入分配不均等的指标，即泰尔指数（邓金钱，2017）：

$$IM1_{it} = \sum_{j=1}^{2} \left(\frac{I_{ijt}}{I_{it}}\right) \ln\left(\frac{I_{ijt}}{I_{it}} \bigg/ \frac{P_{ijt}}{P_{it}}\right) \tag{4-18}$$

其中，j = 1 表示城镇地区，j = 2 表示农村地区，I_{ijt} 指 i 省（区、市）t 年份城镇地区或农村地区的收入额，I_{it} 指 i 省（区、市）t 年份的总收入额，P_{ijt} 代表 i 省（区、市）t 年份城镇地区的人口数量或农村地区的人口数量，P_{it} 代表 i 省（区、市）t 年份的总人口，由于 2004 年《中国统计年鉴》未披露城镇地区的人口数量和农村地区的人口数量，本章使用线性插值进行填充。

收入分配的另一个表现，是要素收入分配的不均等，周茂等（2018）指出，产业升级是物质资本深化导致的，有偏技术进步能够挤出劳动力，尤其是低技能劳动力，降低劳动收入份额，并且，对高技能劳动力的互补会改变技能劳动结构，引起劳动收入份额变化，引发产业升级。于泽等（2015）指出，企业可支配收入或利润水平的提高主要源自工人的劳动报酬长期保持在低水平，企业的储蓄动机大于居民的储蓄动机，当企业的资本收入较高时，会拉动全社会的储蓄率，带动产业升级。因此，本章使用要素收入分配不均等（IM2）衡量收入不均等（刘志恒和王林辉，2015）：

$$IM2_{it} = r_{it}k_{it} / \omega_{it}L_{it} \tag{4-19}$$

在式（4-19）中，$r_{it}k_{it}$ 表示 i 省（区、市）的资本要素收入，$\omega_{it}L_{it}$ 表示 i 省（区、市）的劳动要素收入，以上数据均来自《中国统计年鉴》的各省（区、市）生产总值的收入法构成要素，并将政府收入份额（生产税净额）作为资本并入资本要素收入（潘文卿等，2017；邓晓兰和鄢伟波，2019）。

（四）控制变量

产业升级不仅受到智能化的作用，还受到其他控制变量的影响，为了能够最大化地拟合模型，本章补充了相关控制变量，涉及金融、创新、贸易水平等方面，参照既有研究，本章选取 8 个变量：（1）消费水平（consp）；（2）外商直接投资（FDI）；（3）投融资水平（finance）；（4）创新效率水平（PR）；（5）基础设施程度（instra）；（6）市场化程度（market）；（7）政府支出水平（GR）；（8）进出口水平（EX）。以上指标的具体定义如下。

1. 消费水平（consp）

随着人均收入水平的不断提升，消费者的需求也在发生改变。恩格尔效应表示，消费者对不同类型产品的需求弹性不同，当收入水平低时，农产品的需求弹性大于其他产品，而当收入水平不断提高，农产品的需求弹性会降低，促进对其他产品的需求，需求增加会带动非农部门的发展。福尔密和兹维穆勒（Foellmi and Zweimüller，2008）也认为，需求结构改变是经济发展转型和产业转型的关键，并且，技术进步也会引发消费水平提升，提高对农产品和非农产品的总体需求，但非农产品的增长速度更快。因此，本章参照王雪琪等（2016）做法，使用中国各省（区、市）城镇居民家庭人均消费支出占可支配收入的比重衡量居民消费水平。

2. 外商直接投资（FDI）

外商直接投资一方面，能够给国内企业带来新的生产技术、管理经验、先进装备仪器等，提高国内产品质量，扩大国家产品市场，使消费者对产品需求不断提高，改善产业结构；另一方面，外商直接投资带来的新知识、管理技能等都能够促进产业内、产业间的知识溢出效应和示范效应，企业生产率的提升也会带动产业升级（Sinani and Meyer，2004）。但一些地方政府为了提高业绩，盲目吸引外商直接投资，造成东部地区产业升级水平远远强于中部地区、西部地区，并且，外资企业获得了过度的政府补贴和资源，形成资源错配现象，不利于产业升级。因此，外商直接投资对产业升级的作用有正有负，本章使用章志华和唐礼智（2019）的方法，将中国各省（区、市）外商直接投资占该省（区、市）生产总值的比重作为外商直接投资水平。

3. 投融资水平（finance）

需求追随理论认为，金融发展能够在需求侧促进产业升级，通过推动经济增长和居民收入以改变对产品的需求。并且，金融机构和消费者投资倾向的提高也会给企业带来丰富的资金来源，带动新兴产业和高新技术产业的发展，还能引进新技术、高技能人才和设备等，改善企业发展，通过溢出效应带动其他产业发展，促进产业由劳动密集型向技术密集型和资本密集型转变。罗超平等（2015）认为，金融发展水平的提升能够促进企业规模经济，带动企业创新并降低交易费用。因此，本章借鉴刘孝斌和钟坚（2018）的方法，使用中国各省（区、市）年末存贷款余额占该省（区、市）生产总值的比重。

4. 创新效率水平（PR）

内生增长理论认为，经济发展的主要源泉是技术进步和创新投入，技术创新能够缩短单位劳动生产时间，提高生产效率。技术创新对产业升级的影响主要从微观和宏观两方面说明：（1）技术创新能够拓宽新市场，扩大企业规模，推动规模经济的形成，而这会给其他行业带来技术溢出效应和技术示范效应，带动产业结构转型；（2）相比于原有生产工艺和生产技术，技术创新能够有效地利用资源，使劳动和资本等生产要素由生产率低的部门转移到生产率高的部门，推动产业升级（Drucker，2015）。创新投入具有一定滞后性，因此，本章使用中国各省（区、市）有效专利数和滞后两期研发投入的比值衡量创新效率水平（冯照桢等，2016）。

5. 基础设施程度（instra）

中心—外围理论指出，劳动力和资本的流动存在地域成本，若劳动力转移后的工资不能弥补交通成本和当地生活成本，则劳动力就不会转移。而生产要素流动的成本则与基础设施建设水平密切相关（汪伟等，2015）。地区基础设施不足会造成拥挤效应，阻碍生产要素流动。因此，本章借鉴孙海波等（2017）的方法，使用人均城市道路面积衡量基础设施水平。

6. 市场化程度（market）

市场化程度主要反映在各地的价格、竞争、市场等方面是否自由。市场机制能够有效地发挥"看不见的手"的作用，促进资源的有效配置，较好的市场化水平更能够促进供求关系有效调整，合理引导资源流动和优化配置，促进劳动力转移和技术创新发展（孙早等，2014）。樊纲等（2011）使用主成分分析法，将市场化相关指标合并成市场化指数，虽然该指数截至2007年，但王小鲁和樊纲编著的《中国分省份市场化指数报告》更新到2016年，因此，本章继续沿用该市场化指数。

7. 政府支出水平（GR）

在财政分权的背景下，地方政府能够通过干预地区经济、产业、进出口等方式促进短期经济发展，但是，这种经济增长是以长期经济结构失衡、产业结构失衡为代价（王文甫等，2014）。因此，本章使用中国各省（区、市）政府支出与该省（区、市）生产总值的比值作为政府支出水平。

8. 进出口水平（EX）

李嘉图的比较优势理论认为，一国（地区）的经济发展取决于其资源禀赋、产业结构、技术水平等，这也是国际化分工不断深化的原因。一国（地区）不断发展优势产业，而原材料和中间投入品则需要其他国家（地区）上下游企业的供给，一国（地区）和其他国家（地区）联系越紧密，其原材料和中间投入品的数量和质量也增加，进出口份额也越大，而这也是产业结构专一化发展的关键（孙晓华和王昀，2013）。因此，本章使用中国各省（区、市）进出口额占该省（区、市）生产总值的比重来衡量进出口水平（李波和杨先明，2018）。

三、数据来源与描述性统计分析

（一）数据来源

中国海关进出口数据只能获取到 2016 年，本章选取 2004～2016 年中国的 30 个省（区、市）① 的面板数据。产业结构高级化和产业结构合理化的数据来自《中国统计年鉴》和《中国劳动统计年鉴》，智能化指标来源于《中国统计年鉴》《中国科技统计年鉴》《中国电子信息产业统计年鉴》及佰腾网和中国海关进出口数据库。所有控制变量均来自《中国统计年鉴》《中国劳动统计年鉴》《中国科技统计年鉴》和各省（区、市）统计年鉴，其中，2004 年劳动力结构的数据缺失，本章采用线性差值对其进行填充。

（二）描述性统计分析

1. 智能化与产业升级的相关性分析

相关性分析是指两个变量之间的关系，这是回归的基础，能够发现两组数据之间的规律。为了研究智能化和产业升级之间的关系，本节首先，对智能化和产业结构高级化的关系进行相关性分析，探索两变量之间的方向和关系强弱，并探索不同省（区、市）之间关系的差异；其次，

---

① 由于数据可得性，中国的 30 个省（区、市）的数据，未包括西藏自治区和港澳台地区的数据。

研究智能化和产业结构合理化之间的相关性和各省（区、市）之间的差异，以此为下文的回归分析奠定基础。

第一，全国及东部地区、中部地区、西部地区智能化与产业结构高级化，见图4-1。图4-1展示了样本期内智能化和产业结构高级化之间的散点图和拟合直线。从全国视角来看，智能化与产业结构高级化均处于较低水平，并且，随着智能化的发展，产业结构高级化也在不断发展，两者呈现较强的正向关系，拟合直线的斜率为正，因此，本节认为在不考虑其他变量时，智能化水平越高，该区域的产业结构高级化水平也就越高，即智能化与产业结构高级化呈正向关系。进一步可以发现，在不考虑其他变量的前提下，不同区域智能化和产业结构高级化的关系也为正向，但东部地区拟合直线的斜率最大，而中部地区拟合直线的斜率最小，意味着东部地区智能化对产业结构高级化的正向作用要大于中部地区、西部地区。

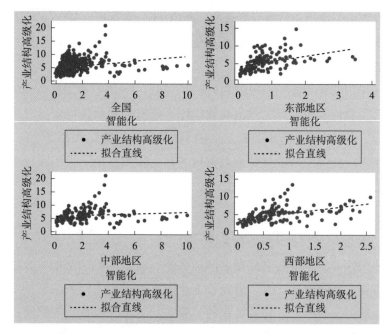

图4-1　全国及东部地区、中部地区、西部地区智能化与产业结构高级化

资料来源：笔者根据2004～2016年《中国统计年鉴》《中国劳动统计年鉴》《中国科技统计年鉴》《中国电子信息产业统计年鉴》及佰腾网和中国海关进出口数据库的相关数据整理绘制而得。

第二，全国及东部地区、中部地区、西部地区智能化与产业结构合理化，见图4-2。图4-2描述了样本期内智能化与产业结构合理化之间的散点图和拟合直线。从全国视角来看，除了部分离群点智能化和产业结构合理化的关系为正外，其他样本点都呈负向趋势，并且拟合直线的斜率也为负，更验证了智能化降低产业结构合理化的进程。通过观察分区域样本点可知，东部地区、中部地区、西部地区智能化水平的提高都会降低地区产业结构合理化水平，其中，中部地区负向关系最大，而西部地区智能化和产业结构合理化的负向关系不明显，这说明智能化对产业结构合理化的区域性差异。需要注意的是，本节研究的是两个变量之间的相关关系，并未考虑其他变量的影响，这会高估智能化对产业升级的影响，无法做出变量之间的因果关系，下文将使用多元线性回归分析，考虑更科学的实证方法，更全面地发现智能化和产业升级之间的关系。

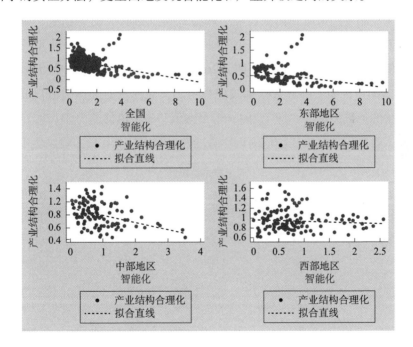

图4-2 全国及东部地区、中部地区、西部地区智能化与产业结构合理化

资料来源：笔者根据2004~2016年《中国统计年鉴》《中国劳动统计年鉴》《中国科技统计年鉴》《中国电子信息产业统计年鉴》及佰腾网和中国海关进出口数据库的相关数据整理绘制而得。

2. 变量的描述性统计分析

以上分析了智能化与产业升级等核心变量的全国分布情况和相关性。变量描述性统计，见表4-2。

从表4-2的描述性统计可以看出，除了基础设施、产业结构高级化和资本—劳动收入份额比的标准差较大以外，其他变量的标准差均小于2，这说明本章所选数据具有较小的波动性。产业结构高级化（ISU）的最小值为0.922，最大值为21.204，最大值和最小值差距为20.282，而标准差为2.522，说明产业结构高级化的数据较为集中，变化不大。产业结构合理化（ISR）的最小值和最大值相差3.122，而标准差为0.339，与产业结构高级化类似，数据也较为集中。同理可知，智能化的变化也不大，并集中在某个区间范围内，这说明中国不同区域内智能化发展速度较慢，因此，呈现较小的波动性。

从控制变量来看，高低技能劳动力比值、男女劳动力比值、城乡收入比值和资本—劳动收入份额比值的波动性都不大，其中，资本—劳动收入份额比值的标准差最大，即2.261，但该指标的最小值和最大值的差为44.900，说明大部分数据都较为集中。其他变量的分析类似，虽然基础设施的标准差最大，即4.294，但最大值和最小值的差为21.780，说明绝大多数数值均集中在均值附近，两端的极端值较少，分布较为集中。

表4-2 变量描述性统计

变量	均值	标准差	最小值	最大值
ISU	5.045	2.522	0.922	21.204
ISR	0.658	0.339	-0.729	2.393
IAI	1.359	1.470	0.000	10.000
LSI1	0.550	1.099	0.010	8.542
LSI2	0.063	0.079	-0.002	0.596
IM1	0.123	0.185	0.001	1.834
IM2	0.762	2.261	0.339	45.239
consp	0.728	0.049	0.598	0.894
FDI	0.398	0.523	0.048	5.857

续表

变量	均值	标准差	最小值	最大值
finance	0.047	0.075	0.003	0.606
PR	0.008	0.004	0.002	0.026
instra	12.970	4.294	4.040	25.820
market	6.319	1.777	2.530	10.920
GR	0.063	0.088	0.001	0.356
EX	0.330	0.406	0.032	1.784

资料来源：笔者根据 2004~2016 年《中国统计年鉴》《中国劳动统计年鉴》《中国科技统计年鉴》《中国电子信息产业统计年鉴》及佰腾网和中国海关进出口数据库的相关数据计算整理而得。

第三节　实证结果分析

在进行回归分析之前，需要对面板数据进行单位根检验和变量的协整检验，避免出现回归结果的偏误，甚至伪回归现象。单位根检验和协整检验都有一个较强的假设，即面板数据的各个截面之间相互独立，否则，单位根检验和协整检验会失效，因此，本章借鉴布伦南等（Brennan et al.，1998）的方法进行截面数据的相关性检验，之后，使用 LLC 方法检验面板数据的单位根，最后，对变量进行协整检验。

一、平稳性检验和模型设定选取

面板数据的平稳性是进行计量回归分析的基础，非平稳数据会造成回归结果失真和伪回归现象。本章在进行平稳性检验前，对不同截面的相关性进行检验。现有的截面相关检验主要有 CD 检验，面板数据的平稳性检验是单位根检验，主要包括 LLC 检验、IPS 检验、HT 检验和 Fisher 检验等，参照既有文献，本章选取 LLC 方法检验面板数据的平稳性（Pesaran et al.，2008；Westerlund and Blomquist，2013）。

截面相关性检验和面板单位根检验，见表 4 - 3。表 4 - 3 描述了各变量的截面相关性检验和面板单位根检验结果，可以看出，所有变量 CD 检验的 P 值均小于 10% ，而 CD 检验的原假设为变量的各截面是不相关的，因此，本章所有变量的 CD 检验的原假设均被显著拒绝，即所有变量的截面都存在相关性。因此，需要借鉴配萨然（Pesaran，2007）提出的考虑截面相关性的第二代单位根检验，即 CIPS 检验以验证变量是否平稳。通过表 4 - 3 不难发现，部分变量的 LLC 检验的 P 值大于 10% ，变量是非平稳的，但一阶差分中只有城乡收入比的 LLC 检验在 10% 的水平上不显著，即绝大多数变量是一阶单整序列。对于一阶单整序列变量，需要使用协整检验判断因变量和自变量之间是否存在长期均衡关系。协整检验，见表 4 - 4。CIPS 检验的 P 值都小于 1% ，说明考虑截面相关性的单位根检验显著地拒绝原假设，即面板数据是平稳的。

表 4 - 3 截面相关性检验和面板单位根检验

| 变量 | 截面相关性检验 | | 面板单位根检验 | | | | 第二代面板单位根检验 | |
| | 原值 | | 原值 | | 一阶差分值 | | 滞后一期 | |
	CD 检验	P 值	LLC 检验	P 值	LLC 检验	P 值	CIPS 检验	P 值
ISU	70.411	0.00	-0.620	0.27	-2.212	0.01	-3.622	0.00
ISR	7.393	0.00	-4.116	0.00	-3.745	0.00	-2.965	0.00
IAI	61.013	0.00	-7.500	0.00	-9.237	0.00	-1.801	0.00
LSI1	54.005	0.00	-6.379	0.21	-1.294	0.09	-2.339	0.00
LSI2	70.358	0.00	-5.111	0.00	-2.477	0.01	-2.121	0.00
IM1	14.198	0.00	-4.445	0.00	-1.031	0.11	-2.654	0.00
IM2	20.976	0.00	-14.823	0.00	-6.008	0.00	-4.060	0.00
consp	31.745	0.00	-4.181	0.00	-6.096	0.00	-3.659	0.00
FDI	38.696	0.00	-4.426	0.11	-6.857	0.00	-1.763	0.01
finance	74.304	0.00	-11.339	0.00	-11.266	0.00	-2.334	0.00
PR	24.215	0.00	-4.126	0.25	-2.965	0.01	-2.565	0.00
instra	50.916	0.00	-6.458	0.00	-10.242	0.00	-2.965	0.00
market	51.157	0.00	-13.519	0.32	-5.932	0.00	-3.006	0.00
GR	74.878	0.00	-6.815	0.00	-33.100	0.00	-4.232	0.00
EX	22.336	0.00	-6.226	0.00	-6.165	0.00	-3.958	0.00

注：LLC 检验为偏差校正的 t 值。

资料来源：笔者根据 2004 ~ 2016 年《中国统计年鉴》《中国劳动统计年鉴》《中国科技统计年鉴》《中国电子信息产业统计年鉴》及佰腾网和中国海关进出口数据库的相关数据计算整理而得。

产业升级包含两个因素，即产业结构高级化和产业结构合理化，因此，本节将这两个变量作为因变量，将所有核心解释变量和控制变量作为自变量，验证变量之间的长期均衡关系。本节借鉴韦斯特伦德和埃杰顿（Westerlund and Edgerton，2007）、阿德德吉和桑顿（Adedeji and Thornton，2008）等的研究，使用考（Kao）检验、韦斯特伦德（Westerlund）检验和佩德罗尼（Pedroni）检验，前两种方法属于非参数检验，主要通过计算残差项或估计系数以测算变量之间的关系，而后一种方法则是参数检验方法，考虑截面相关性。如表4-4所示，三种检验方法的统计量均在1%的显著性水平上拒绝了变量之间不存在协整关系的原假设，即本章选取的变量之间存在长期均衡关系。

表4-4 协整检验

因变量	方法	统计量	统计值	P值
ISU	考检验	扩展的迪基—福勒检验	2.641	0.00
	韦斯特伦德检验	方差比	5.302	0.00
	佩德罗尼检验	扩展的迪基—福勒检验 修正的菲利普斯—佩龙检验	-10.387 9.541	0.00 0.00
ISR	考检验	扩展的迪基—福勒检验	2.375	0.01
	韦斯特伦德检验	方差比	4.957	0.00
	佩德罗尼检验	扩展的迪基—福勒检验 修正的菲利普斯—佩龙检验	-12.378 9.916	0.00 0.00

资料来源：笔者根据2004～2016年《中国统计年鉴》《中国劳动统计年鉴》《中国科技统计年鉴》《中国电子信息产业统计年鉴》及佰腾网和中国海关进出口数据库的相关数据计算整理而得。

运用全国省级面板数据对产业结构高级化和产业结构合理化进行分析。Hausman检验，见表4-5。在表4-5中，ISU1、ISU2、ISR1和ISR2是为了进行稳健性检验而使用的因变量，这里的静态面板回归模型采用固定效应估计和随机效应估计，测算豪斯曼（Hausman）检验并进一步选取模型形式。F检验为面板固定效应模型的统计量，可以看出，所有F检验和豪斯曼检验均显著拒绝随机效应模型，因此，本章使用固定效应模型进行估计。

表 4 – 5　　　　　　　　　　　**Hausman 检验**

统计量	产业结构高级化			产业结构合理化		
	ISU	ISU1	ISU2	ISR	ISR1	ISR2
Hausman 检验 （Prob > chi²）	28. 07 （0. 00）	16. 72 （0. 05）	12. 58 （0. 01）	48. 16 （0. 00）	63. 95 （0. 00）	27. 97 （0. 01）
F 检验 （Prob > F）	20. 53 （0. 00）	18. 07 （0. 00）	26. 22 （0. 00）	16. 72 （0. 00）	11. 75 （0. 00）	18. 06 （0. 00）
模型形式	固定效应	固定效应	固定效应	固定效应	固定效应	固定效应

注：括号内数值为 P 值。

资料来源：笔者根据 2004 ~ 2016 年《中国统计年鉴》《中国劳动统计年鉴》《中国科技统计年鉴》《中国电子信息产业统计年鉴》及佰腾网和中国海关进出口数据库的相关数据计算整理而得。

二、基准回归结果分析

本章考虑智能化对产业升级的静态影响，采用固定面板效应（fixed effect regression）进行回归分析。静态固定效应面板回归结果，见表 4 – 6。其中，列（1）~列（3）为产业结构高级化的实证结果分析，列（4）~列（6）为产业结构合理化的实证分析结果，列（1）和列（4）只研究了智能化对产业升级的影响，列（2）和列（5）加入了控制变量但未考虑个体固定效应和时间固定效应，列（3）和列（6）考虑了个体固定效应和时间固定效应。

表 4 – 6　　　　　　　　　　　**静态固定效应面板回归结果**

变量	(1)	(2)	(3)	(4)	(5)	(6)
	ISU	ISU	ISU	ISR	ISR	ISR
IAI	3. 016 *** （17. 92）	1. 541 *** （9. 19）	0. 154 *** （2. 89）	– 0. 056 *** （ – 3. 18）	– 0. 083 *** （ – 3. 14）	– 0. 092 *** （ – 2. 76）
consp		0. 569 （1. 32）	3. 968 ** （2. 25）		– 0. 015 ** （ – 2. 05）	– 0. 501 ** （ – 2. 47）
FDI		0. 228 （1. 49）	0. 336 *** （2. 74）		– 0. 023 ** （ – 1. 96）	– 0. 012 ** （ – 2. 49）
finance		1. 802 （1. 26）	0. 749 （0. 55）		0. 331 （1. 47）	0. 524 ** （2. 01）
PR		34. 680 （1. 50）	15. 487 *** （2. 80）		0. 649 ** （2. 18）	0. 827 ** （2. 22）

变量	（1）	（2）	（3）	（4）	（5）	（6）
	ISU	ISU	ISU	ISR	ISR	ISR
instra		0.302 ***	0.049 *		0.007 *	0.010 *
		（11.86）	（1.76）		（1.83）	（1.93）
market		0.221 **	0.262 **		0.015	0.050 **
		（2.46）	（2.44）		（1.09）	（2.44）
GR		−5.780 ***	5.040 ***		−0.218 ***	−0.712 **
		（−6.16）	（2.76）		（−3.48）	（−2.02）
EX		−0.077	−0.643		0.187 **	0.178 **
		（−0.14）	（−1.43）		（2.21）	（2.05）
Constant	5.019 ***	0.424	3.452 **	0.660 ***	0.714 ***	1.540 ***
	（66.44）	（0.31）	（2.09）	（83.07）	（3.35）	（4.83）
年份固定效应	否	否	是	否	否	是
个体固定效应	否	否	是	否	否	是
N	390	390	390	390	390	390
adj. R^2	0.428	0.549	0.445	0.254	0.236	0.232

注：括号内数值为 t 值；*** 、** 、* 分别表示在 1%、5%、10% 的水平上显著。

资料来源：笔者根据 2004～2016 年《中国统计年鉴》《中国劳动统计年鉴》《中国科技统计年鉴》《中国电子信息产业统计年鉴》及佰腾网和中国海关进出口数据库的相关数据计算整理而得。

考虑智能化对产业结构高级化的影响，从表 4-6 的列（1）可以看出，智能化对产业结构高级化的正向作用为 3.016，即智能化每增加 1 单位，产业结构高级化水平增加 3.016，并且在 1% 的水平上显著。列（2）加入控制变量以及列（3）在加入控制变量考虑个体固定效应和时间固定效应的情况下，智能化对产业结构高级化的系数显著为正，本章以列（3）为研究对象进行分析，加入控制变量、个体固定效应和时间固定效应之后，IAI 的系数减小，但也在 1% 的水平上显著，即智能化每增加 1 单位，产业结构高级化会提升 0.154。从列（4）～列（6）可以看出，智能化对产业结构合理化（ISR）的作用为负向的，并且，都在 1% 的水平上显著。以列（6）为例，智能化的系数为 −0.092，智能化会加剧产业结构的不协调。在不断加入控制变量及个体固定效应和时间固定效应的同时，智能化对产业结构高级化的正向作用和对产业结构合理化的负向作用均未改变，这说明，宏观经济政策和地区特征均未改变智能化和产业升级的关系，即智能化显著改变产业升级。观察调整后的 R^2 可知，智能化对产业结构高级化的解释力度均超过 40%，而对产业结构合理化的解释力度均超过 20%，说明本章模型构建合理。东部沿海省（市）的劳动力和资本均比中西部地区高，而且，有大量外商直接投资和技术创新增加了东部沿海省（市）的生产效率。高端技术和规模较大的产业都集中在东南沿海省（市），而智能化需要大量高技能人才和成熟的管理体系和生产体系。因此，东南沿海省（市）的智能化发展较快，导致产业结构高级化和智能化之间的正向关系。而东部沿海省（市）智能化进程的推进，造成低技能劳动力转移到非智能化企业和中西部企业，资本也会转移到生产率更高的智能化企业中，并且，东部沿海省（市）竞争力的提升和工业化的实现会促使东部沿海省（市）生产率低的企业转移到中西部地区，加剧各省（区、市）内生产要素的极化。

从控制变量来看，人均消费水平越高，产业结构高级化水平提升，而合理化水平降低，但大部分在 5% 的水平上显著，说明人均消费水平高的省（区、市），劳动力收入越高，意味着劳动生产率越高，产业结构越高级。而生产率越高的省（区、市），其对高技能劳动力和资本的需求更大，生产要素分配的需求更极化（徐春华和刘力，2013）。外商直接投资与人均消费的作用类似，即对产业结构高级化的影响为正，而对产业结构合理化的影响为负，说明外商直接投资以利润最大化为目标，主要集中在生产率较高的企业，导致生产率高的企业和生产率低的企业之间的差距越来越大，不利于产业结构合理化（王丽和张岩，2016）。投融资水平与产业结构高级化和产业结构合理化的系数均为正，但不显著，说明健全的金融市场结构能够促进产业资源优化配置，并为企业生产率的提高提供资金支持。创新效率能够同时促进产业结构高级化和产业结构合理化，技术创新能够提高企业生产率，缩小企业间技术差距，促进生产要素的合理配置（陶长琪和彭永樟，2017）。基础设施水平越高，越有利于产业和上下游企业之间的关联，促进产业内和产业间的"竞争效应"和"学习效应"，企业能够获得更高素质的劳动力和产品质量更高的原材料、中间投入，还能得到先进的技术和管理经验。市场化指数和政府支出水平对产业升级的作用相反，说明市场化水平越高，市场越能发挥"看不见的手"的作用，促进生产要素的合理化配置，并加强市场竞争，有利于产业升级（董洪梅等，2019）。中国出口产品主要以劳动密集型产业产品为主，出口增加说明中国以劳动密集型产业为主，不利于产业结构高级化，而出口增加带来企业生产规模扩大，对劳动力需求提高及劳动力成本的提高使国家不再以劳动力为比较优势，对其他生产要素的需求也会增加。

三、劳动力结构和收入分配不均等的调节作用

（一）劳动力结构的调节作用

阿西莫格鲁和雷斯特雷波（Acemoglu and Restrepo，2018）、弗兰克等（Frank et al.，2019）等发现，智能化对不同技能劳动力的需求不同，高技能人才更能适应新技术，更有利于促进企业生产率提升，而低技能劳动力则会被企业淘汰，因此，劳动力结构影响智能化技术的实施，从而改变地区劳动生产率。本节将高、低技能劳动力比值（LSI1）和男女劳动力比值（LSI2）纳入基准模型。劳动力结构与智能化的产业结构效应，见表4-7。表4-7列（1）~列（4）为产业结构高级化的静态面板回归结果，其中，列（1）和列（2）加入高、低技能劳动力比值（LSI1），列（3）和列（4）加入男女劳动力比值（LSI2）。列（5）~列（8）为产业结构合理化的静态面板回归结果，与产业结构高级化相同，列（5）和列（6）加入高、低技能劳动力比值（LSI1），列（7）和列（8）加入男女劳动力比值（LSI2）。需要指出，在此使用的是面板固定效应回归模型，同时考虑个体固定效应和时间固定效应。

表4-7　劳动力结构与智能化的产业结构效应

变量	因变量:ISU				因变量:ISR			
	(1)	(2)	(3)	(4)	(5)	(6)	(7)	(8)
	LSI1	LSI1	LSI2	LSI2	LSI1	LSI1	LSI2	LSI2
IAI	0.375*** (2.80)	0.443*** (2.96)	0.410*** (2.97)	0.500*** (3.25)	-0.115*** (-4.42)	-0.110*** (-3.77)	-0.117*** (-4.35)	-0.117*** (-3.90)
LSI	0.496*** (3.74)	0.231*** (2.78)	-8.766*** (-3.80)	-4.220** (-2.02)	0.106*** (4.11)	0.127** (2.22)	-1.692*** (-3.75)	-1.671** (-2.06)
LSI×IAI		0.030** (2.01)	-0.769 (-0.49)	-0.498** (-2.32)		0.002*** (3.42)		-0.002*** (-3.03)
consp	3.966** (2.27)	3.948** (2.26)	4.405** (2.52)	4.151** (2.36)	-0.522 (-1.54)	-0.523 (-1.54)	-0.604* (-1.76)	-0.603* (-1.75)
FDI	0.940*** (2.81)	0.891*** (2.63)	1.023*** (3.10)	0.909*** (2.67)	-0.040*** (-2.62)	-0.036** (-2.55)	-0.018 (-0.28)	-0.019 (-0.28)
finance	0.556** (2.35)	0.584** (2.37)		0.670 (0.42)	0.655** (2.13)	0.653** (2.12)	0.697** (2.26)	0.697** (2.25)
PR	23.704** (2.25)	22.683** (2.19)	23.128 (1.22)	22.990 (1.21)	2.855 (0.77)	2.937 (0.79)	2.617*** (2.71)	2.616*** (2.70)
instra	0.047* (1.73)	0.047* (1.73)	0.051* (1.87)	0.048 (1.78)	0.010* (1.95)	0.010 (1.95)	0.011** (2.09)	0.011** (2.08)
market	0.367*** (3.37)	0.356*** (3.27)	0.359*** (3.33)	0.362*** (3.36)	0.077*** (3.66)	0.078*** (3.68)	0.074*** (3.50)	0.074*** (3.49)

续表

变量	因变量:ISU				因变量:ISR			
	(1)	(2)	(3)	(4)	(5)	(6)	(7)	(8)
	LSI1	LSI1	LSI2	LSI2	LSI1	LSI1	LSI2	LSI2
GR	-3.507* (-1.82)	-3.261* (-1.68)	-3.423* (-1.77)	-3.098 (-1.59)	-0.544 (-1.45)	-0.564 (-1.49)	0.548 (1.45)	0.546 (1.43)
EX	0.667 (1.48)	0.669 (1.48)	0.480 (1.04)	0.468 (1.01)	-0.097 (-1.10)	-0.096 (-1.10)	-0.068 (-0.75)	-0.068 (-0.75)
Constant	-3.713** (-2.21)	-3.742** (-2.22)	-3.798** (-2.25)	-3.796** (-2.26)	1.762*** (5.38)	1.760*** (5.37)	1.766*** (5.37)	1.766*** (5.36)
年份固定效应	是	是	是	是	是	是	是	是
个体固定效应	是	是	是	是	是	是	是	是
N	390	390	390	390	390	390	390	390
adj. R^2	0.554	0.514	0473	0.490	0.380	0.377	0.372	0.369

注:括号内数值为 t 值;***、**、* 分别表示在 1%、5%、10% 的水平上显著。

资料来源:笔者根据 2004～2016 年《中国统计年鉴》《中国劳动统计年鉴》《中国科技统计年鉴》《中国电子信息产业统计年鉴》及佰腾网和中国海关进出口数据库的相关数据计算整理而得。

下面，分析产业结构高级化的回归结果，与表4－7类似，智能化显著地促进产业结构高级化。首先，以高、低技能劳动力比值为例，从列（1）可以看出，高低技能劳动力比值对产业结构高级化的作用为0.496，并且在1%的水平上显著，引入交互项后，高、低技能劳动力比值同样促进产业结构高级化，虽然系数有所降低，但均在1%的水平上显著，说明地区高技能劳动力的增加会降低高科技人才的雇用成本，企业雇用更多高技能人才，提高知识溢出效应，促进企业技术创新，有效增加产能利用率和劳动生产率，促进地区产业结构高级化进程。从列（2）可以看出，交互项$LSI \times IAI$的系数也为正，即0.030，并且在5%的水平上显著，说明高、低技能劳动力比值的增加加速了智能化对产业结构高级化的正向影响，即智能化技术和智能化设备需要高技能人才实施，并且企业低技能劳动力数量的下降和高技能劳动力数量的增加会改变传统管理模式，企业需要高素质的管理人才，高技能劳动力的增加会促进智能化的正向影响，提高地区产业劳动生产率，加速产业结构高级化。其次，以男女劳动力比值为例，从列（3）可以看出，男女劳动力比值的系数为－8.766，并且在1%的水平上显著，说明男性劳动力的增加反而减缓了产业结构高级化，列（4）也得到了同样的结论，即男女劳动力比值对产业结构高级化的负向作用为－4.220，说明在当今经济发展中男女劳动力发挥着同样举足轻重的作用，随着重男轻女思想的淡化，女性获得和男性同样的待遇和知识，并且女性拥有更强的创造思维能力，促进劳动生产率的提升。通过观察列（4）可知，$LSI \times IAI$的系数为－0.498，并且在5%的水平上显著，男女劳动力差距加大会降低智能化对产业结构高级化的正向影响，说明智能化对体力技能型劳动力的需求逐步下降，降低男性劳动力的竞争力。而智能化对技能、管理和创造力的要求更高，女性有着和男性不同的创造性思维，并且思维更加缜密（江鹃等，2018）。因此，女性劳动力的增加，会提高智能化对产业结构高级化的正向影响。

上面分析了劳动力结构对产业结构高级化的影响，下面着重讨论劳动力结构和智能化对产业结构合理化的影响，同样可以发现智能化对产业结构合理化的作用显著为负。首先，以高低技能劳动力为例，从列

（5）可以看出，LSI 的系数为正，并且在 1% 的水平上显著，列（6）的系数也显著为正，说明高技能劳动力数量的增加会促进地区劳动市场素质和技能水平的提升，企业的生产技术和生产效率都得到改善，企业的竞争力提升并弱化垄断企业的势力，降低企业间的极化现象，生产要素得到合理分配，会促进产业结构合理化。而 LSI × IAI 的系数也显著为正，为 0.002，高技能劳动力的增加可以减缓智能化对产业结构合理化的负向作用，虽然智能化对高技能劳动力的需求增加，能够提高劳动生产率并推动技术创新，提升市场竞争力，使高、低技能劳动力和生产资本在智能化企业和非智能化企业间出现极化现象，资本偏向于生产率更高的智能化产业，随着高技能劳动力比重的不断增加，非智能化企业能够雇用更多高技术人才，带来知识溢出效应和经验交流，促进企业技术创新，提高产业竞争力，降低生产要素分配不合理的程度。从列（7）可以看出，男女劳动力比值的系数为 −1.692，并且在 1% 的水平上显著，说明男女比例失衡会降低产业结构合理化水平。加入交互项后，LSI × IAI 的系数为 −0.002，并且在 1% 的水平上显著，说明男女比例增加会加剧智能化对产业结构合理化的负向影响，因为智能化会替代一部分体力劳动者，对创造能力和复杂工作的需求增加，而男性比例的增加会造成体力劳动市场供给增长，男性工人的成本下降，加剧企业偏向劳动密集型生产，而智能化企业拥有更高的生产技术和生产率，拉大了其与非智能化企业间的差距，生产要素更聚集在生产率高的企业，所以，产业结构越不合理。

（二）收入分配不均等的调节作用

第二节主要分析了劳动力结构对产业升级的影响，而周禄松（2015）、兰基施等（Lankisch et al.，2017）、曹静和周亚林（2018）指出，智能化会替代低技能劳动力，智能化技术也会变得更加便宜，导致劳动力的作用降低，尤其是低技能劳动力。这部分低技能劳动力的收入将重新分配，并且，资本和劳动收入的极化现象也会加剧，地区收入分配差距的不同会改变智能化对劳动力和其他生产要素成本的影响，引起产业生产率和生产要素需求的变化。本节分别加入城乡收入差距和资本—劳动收入份额比值作为收入分配不均等的指标，研究其在智能化和产业升级之间的作用。收入分配不均等与智能化的产业结构效应，见表4-8。表4-8列（1）~列（4）为产业结构高级化的回归结果，列（5）~列（8）为产业结构合理化的回归结果，列（1）、列（2）、列（5）和列（6）分别加入了城乡收入差距IM1和其与智能化的交互项，而列（3）、列（4）、列（7）和列（8）则加入了资本—劳动收入份额比值IM2和交互项。与本章第二节相同，本节同样采用面板固定效应回归模型进行估计，并且考虑了个体固定效应和时间固定效应。需要指出的是，本节将城镇居民收入作为高技能劳动力收入，将乡镇居民收入作为低技能劳动力收入，考虑到城镇多以工业服务业为主，并且城镇人口能够获得更好的教育，因此，比乡镇居民的生产技能强。

下面，分析收入分配不均等对产业结构高级化的影响，智能化能够促进产业结构高级化，除了列（3）不显著外，其他均在5%的水平上显著。首先，以城乡收入差距为例，从列（1）和列（2）可以看出，城乡收入差距的系数均为负，即城乡收入差距增加不利于产业结构高级化，城市居民人口收入越高意味着城市经济发展越快，而城乡收入差距加剧会导致人口大量聚集在收入水平更高的城镇，其中，包括大量低技能劳动力，低廉的劳动力将会促使企业偏向劳动密集型，这未带来劳动生产率的显著提高，产业结构的高级化进程变慢。列（2）交互项 IM × IAI 的系数为 -0.164，在1%的水平上显著，意味着城乡收入差距会降低智能化对产业结构高级化的正向影响，原因在于收入差距的增加会导致劳动力的大量转移，这也是沿海省（区、市）、省会（首府）城市人口较多的原因，而智能化收入差距扩大意味着高技能劳动力工资增加，企业雇用高技能劳动力的成本提高，低技能劳动力人数的增加也会给就业带来压力，地方政府会加大补贴让企业接纳这部分劳动力，这会减缓智能化进程，阻碍劳动生产率提升（Aghion et al., 2017）。列（3）和列（4）资本—劳动收入份额比值的系数均显著为正，资本收入占比的提高说明产业对劳动力的依赖减弱，单位劳动生产率提高，因此，产业结构高级化水平提高。从列（4）可以看出，交互项 IM × IAI 的系数也为正，即 0.294，并且在10%的水平上显著，资本—劳动收入份额比值的增加会加速智能化对产业结构高级化的正向影响。资本—劳动收入份额比值增加说明，资本在企业生产过程中的作用逐渐提高，企业更愿意使用资本替代低技能劳动力，而对于智能化企业而言，其对自动化设备、电子信息等技术的需求更高，因此，资本收入增加会导致智能化资本供给增加，促进劳动生产率提升，带动产业结构高级化。

分析收入分配不均等对产业结构合理化的影响，可以得出，智能化对产业结构合理化产生显著的负向影响。首先，以城乡收入差距为例，列（5）和列（6）均表明，IM 的系数为负，并且在 5% 的水平上显著，城乡收入差距增加会导致劳动力聚集到收入更高的城镇，使劳动力成本降低，产业会雇用更多劳动力来扩大生产规模。而乡镇地区则以农业为主，资本和劳动力的外流会阻碍本地区产业发展，不利于产业结构合理化。列（6）交互项 IM × IAI 的系数为 −0.002，在 5% 的水平上显著，即城乡收入差距会加剧智能化对产业结构合理化的负向作用。劳动力在城镇地区不断集聚，低技能劳动力成本相对降低，非智能化企业会雇用更多低技能劳动力，而智能化企业因独特的设备和技术需求，对低技能劳动力需求相对降低而对高技能劳动力需求增加，加大了企业对两类生产要素需求的极化现象（Berg et al.，2016）。其次，从资本—劳动收入份额角度分析，列（7）和列（8）IM 的系数分别为 −0.262 和 −0.335，说明资本—劳动收入份额比重不利于产业结构协调化发展。列（8）交互项 IM × IAI 的系数为 0.047，在 1% 的水平上显著，资本收入占比提高意味着本地区更偏重资本深化现象，而智能化企业对生产设备、机器人、技术等方面需求更多，随着智能化企业不断发展，增加了对上下游产业的原材料、中间投入品和最终品市场的需求，地区内产业之间的关联也会增多，有利于技术和管理经验的交流，促进竞争效应和模仿效应的形成。产业不局限于劳动力增长而形成的规模经济，更重视技术创新、自动化、管理绩效等方面带来的生产率提升，企业之间生产率差距的缩小能够避免资本只向智能化企业汇集的"一枝独大"现象，有利于生产要素在企业间的合理分配。

表4-8　收入分配不均等智能化与智能化的产业结构效应

变量	因变量:ISU				因变量:ISR			
	(1) IM1	(2) IM1	(3) IM2	(4) IM2	(5) IM1	(6) IM1	(7) IM2	(8) IM2
IAI	0.146** (2.20)	0.181** (2.46)	0.245 (1.59)	0.319* (1.89)	-0.065*** (-2.75)	-0.065*** (-2.68)	-0.065*** (-2.78)	-0.094** (-2.39)
IM	-0.018 (-1.05)	-0.885** (-2.24)	0.527* (1.89)	0.980** (2.35)	-0.036** (-2.55)	-0.027*** (-3.19)	-0.262** (-2.27)	-0.335** (-2.38)
IM×IAI		-0.164*** (-3.43)		0.294* (1.69)		-0.002** (-2.07)		0.047*** (2.90)
consp	3.809** (2.12)	3.675** (2.05)	3.712** (2.08)	3.431* (1.90)	-0.514 (-1.47)	-0.515 (-1.47)	-0.437 (-1.26)	-0.392 (-1.12)
FDI	-1.230*** (-3.51)	-1.082*** (-2.96)	-1.268*** (-3.80)	-1.319*** (-3.92)	0.035 (0.51)	0.037 (0.51)	0.038 (0.59)	0.047 (0.71)
finance	0.599** (2.37)	0.547** (2.34)	0.505** (2.31)	0.362** (2.22)	0.659** (2.09)	0.659** (2.09)	0.618** (1.97)	0.595* (1.89)
PR	-17.780 (-0.91)	-17.259 (-0.88)	-18.529 (-0.96)	-18.179 (-0.94)	1.188 (0.31)	1.194 (0.31)	2.012 (0.54)	1.956 (0.52)
instra	0.048* (1.75)	0.050* (1.82)	0.049 (1.76)	0.051* (1.84)	0.011** (2.02)	0.011** (2.01)	0.011** (1.98)	0.011** (2.05)
market	0.263** (2.37)	0.257** (2.32)	0.259** (2.42)	0.248** (2.30)	0.052** (2.40)	0.052** (2.39)	0.054** (2.59)	0.052** (2.48)

续表

变量	因变量:ISU				因变量:ISR			
	(1)	(2)	(3)	(4)	(5)	(6)	(7)	(8)
	IM1	IM1	IM2	IM2	IM1	IM1	IM2	IM2
GR	4.439** (2.27)	3.930** (1.98)	-4.426** (-2.27)	-4.279** (-2.19)	-0.750** (-1.97)	-0.756* (-1.95)	-0.736* (-1.94)	-0.712* (-1.88)
EX	-0.988* (-1.86)	-0.913* (-1.72)	-0.877* (-1.86)	-0.911* (-1.93)	0.199* (1.92)	0.199* (1.92)	-0.106 (-1.16)	-0.111 (-1.21)
Constant	-3.099* (-1.81)	-3.047* (-1.78)	-3.256* (-1.90)	-3.229* (-1.88)	1.645*** (4.92)	1.646*** (4.91)	1.707*** (5.13)	1.703*** (5.11)
年份固定效应	是	是	是	是	是	是	是	是
个体固定效应	是	是	是	是	是	是	是	是
N	390	390	390	390	390	390	390	390
adj. R^2	0.468	0.497	0.516	0.533	0.161	0.161	0.173	0.175

注:括号内数值为 t 值;***、**、* 分别表示在 1%、5%、10% 的水平上显著。

资料来源:笔者根据 2004～2016 年《中国统计年鉴》《中国劳动统计年鉴》《中国科技统计年鉴》《中国电子信息产业统计年鉴》及佰腾网和中国海关进出口数据库的相关数据计算整理而得。

表4-9

智能化对产业升级的动态影响

变量	因变量:ISU				因变量:ISR			
	(1)	(2)	(3)	(4)	(5)	(6)	(7)	(8)
	LSI1	LSI2	IM1	IM2	LSI1	LSI2	IM1	IM2
L. ISU	1.052 *** (21.46)	1.049 *** (21.42)	1.057 *** (21.60)	1.072 *** (21.82)				
L2. ISU	0.135 ** (2.35)	0.132 ** (2.26)	0.056 (1.02)	0.074 (1.37)				
L. ISR					0.886 *** (18.75)	0.837 *** (18.06)	0.915 *** (20.87)	0.902 *** (20.99)
L2. ISR					0.038 * (1.81)	0.064 ** (2.38)	0.021 ** (2.44)	0.029 *** (2.62)
IAI	0.268 * (1.78)	0.254 ** (2.49)	0.155 * (1.96)	0.734 *** (2.81)	−0.066 ** (−2.15)	−0.077 *** (−2.61)	−0.064 ** (−2.07)	−0.050 (−1.06)
L. IAI	0.089 (1.47)	0.165 * (1.87)	0.071 ** (2.38)	0.093 ** (2.50)	−0.001 ** (−2.04)	−0.001 ** (−2.02)	0.001 (1.03)	−0.016 (−1.45)
L2. IAI	−0.120 * (−1.75)	−0.110 * (−1.67)	0.084 (1.54)	0.131 * (1.82)	0.021 * (1.64)	−0.007 (−1.23)	0.031 ** (2.00)	0.029 * (1.92)
LSI	0.613 *** (3.19)	−3.277 (−1.38)			0.048 (1.34)	−1.587 *** (−3.66)		
LSI ×IAI	0.092 *** (3.81)	−0.848 *** (−2.79)			0.004 * (1.92)	−0.078 * (−1.75)		

续表

变量	因变量:ISU				因变量:ISR			
	(1) LSI1	(2) LSI2	(3) IM1	(4) IM2	(5) LSI1	(6) LSI2	(7) IM1	(8) IM2
IM			-0.795 (-1.34)	2.318*** (2.98)			-0.003 (-0.03)	-0.341** (-2.52)
IM×IAI			-0.140 (-1.42)	0.800*** (3.05)			-0.007** (-2.38)	0.007** (2.16)
consp	3.150** (2.16)	3.170** (2.17)	2.299 (1.59)	1.767 (1.22)	-0.268 (-1.07)	-0.124 (-0.50)	-0.270 (-1.06)	-0.414* (-1.67)
FDI	0.543* (1.72)	0.687** (2.20)	0.610* (1.75)	0.806** (2.57)	0.049 (0.93)	0.061 (1.18)	-0.083 (-1.38)	-0.063 (-1.20)
finance	2.967 (1.54)	3.237* (1.68)	-2.552 (-1.30)	-2.666 (-1.37)	0.146** (2.46)	0.145** (2.47)	0.098 (0.30)	-0.008 (-0.03)
PR	13.970 (0.79)	16.672 (0.94)	16.927 (0.96)	18.990 (1.07)	4.887 (1.47)	6.303* (1.93)	-4.498 (-1.35)	-5.307 (-1.62)
instra	0.007*** (3.26)	0.004*** (3.14)	0.012 (1.45)	0.025* (1.92)	0.003 (0.75)	-0.001 (-0.16)	0.003* (1.74)	0.004* (1.91)
market	0.027 (0.44)	0.015 (0.24)	0.017** (2.26)	0.048** (2.78)	0.024** (2.30)	0.028*** (2.76)	0.024** (2.24)	0.018* (1.76)
GR	1.264** (2.29)	1.191** (2.15)	0.845 (1.54)	0.083 (0.13)	-0.532*** (-4.76)	-0.498*** (-4.56)	-0.542*** (-4.80)	-0.361*** (-2.86)

续表

变量	因变量:ISU				因变量:ISR			
	(1)	(2)	(3)	(4)	(5)	(6)	(7)	(8)
	LSI1	LSI2	IM1	IM2	LSI1	LSI2	IM1	IM2
EX	-1.357*** (-4.73)	-1.322*** (-4.37)	-0.712** (-2.20)	-0.764*** (-3.00)	0.026 (0.56)	0.045 (0.97)	-0.008 (-0.13)	0.064 (1.37)
Constant	2.868*** (2.64)	2.781** (2.54)	2.030* (1.90)	0.085 (0.07)	-0.254 (-1.31)	-0.132 (-0.68)	-0.264 (-1.35)	-0.128 (-0.60)
年份固定效应	是	是	是	是	是	是	是	是
个体固定效应	是	是	是	是	是	是	是	是
N	330	330	330	330	330	330	330	330
AR(2)	0.135	0.261	0.222	0.389	0.410	0.198	0.318	0.109
Sargan	0.965	1.000	0.865	0.659	1.000	0.717	0.669	1.000

注:(1)以上模型均采用系统 GMM 进行估计;(2)括号内数值为 t 值;(3)AR(2)和 Sargan 检验对应的均是 P 值;(4)***、**、* 分别表示在 1%、5%、10% 的水平上显著。

资料来源:笔者根据 2004～2016 年《中国统计年鉴》《中国劳动统计年鉴》《中国科技统计年鉴》《中国电子信息产业统计年鉴》及佰腾网和中国海关进出口数据库的相关数据整理计算而得。

四、动态模型回归结果分析

经济增长往往存在一定的滞后性和动态性，并且当期的经济状况会影响未来的经济增长（赵云鹏和叶娇，2018），因此，本章在静态模型的基础上，加入产业升级的一阶滞后项和二阶滞后项，捕捉前几期产业结构对当期产业升级的影响。智能化对产业升级的动态影响，如表4－9所示。其中，列（1）~列（4）为产业结构高级化的动态回归结果，列（5）~列（8）为产业结构合理化的动态回归结果，本章动态模型均采用系统广义矩估计（system-generalized method of moments，SYS-GMM）方法进行回归。为了解决产业结构高级化、产业结构合理化与产业结构智能化之间的内生性问题，将这些变量的滞后项作为工具变量。本节既解决了动态回归模型包含因变量一阶滞后项的偏误，也考虑了因变量和自变量之间因反向因果关系带来的内生性问题，为了避免样本容量的损失和弱工具变量问题，本章及后文均使用内生变量一阶滞后项和内生变量二阶滞后项作为工具变量。表4－9中列（1）和列（5）考虑了高、低技能劳动力比值，列（2）和列（6）加入了男女劳动力比值，列（3）和列（7）分析了城乡收入差距的影响，列（4）和列（8）讨论了资本—劳动收入份额比值的影响。

分析产业结构高级化的动态影响，观察ISU的一阶滞后项可知，列（1）~列（4）的系数均为正，并且在1%的水平上显著，而ISU滞后两期的系数下降，但仍均为正，并且列（3）和列（4）不显著，说明产业结构高级化存在一定的惯性，随着时间推移，这种惯性作用会降低。IAI滞后一期的系数为正，并且在10%的水平上显著，而滞后两期的系数显著性下降，列（1）和列（2）的系数变为负，说明滞后一期智能化对当期产业结构高级化有正向作用，但滞后两期智能化的作用不显著，甚至不利于产业结构高级化。其他调节变量的结果为：第一，列（1）交互项LSI×IAI的系数为0.092，并且在1%的水平上显著，即高低技能劳动力比值能够促进智能化和产业结构高级化之间的正向作用；第二，列（2）

LSI×IAI 的系数显著为负，即 – 0. 848，说明男女比例不利于智能化促进产业结构由低级形态向高级形态转变；第三，列（3）交互项 IM×IAI 对产业结构高级化的影响为负，即 – 0. 140，但不显著，即城乡收入差距在智能化与产业结构高级化之间的负向作用不明显；第四，列（4）交互项 IM×IAI 的系数为 0. 800，在 1% 的水平上显著，说明资本—劳动收入份额比值能够增加智能化对产业结构高级化的正向作用。

分析产业结构合理化的动态回归结果，可以看出，列（5）~ 列（8）ISR 滞后一期和滞后两期的系数大于 0，并且在 10% 的水平上显著，但滞后两期的系数明显小于滞后一期，说明产业结构合理化存在时间依赖性，随着时间的推移，产业结构合理化的惯性将会减弱。而智能化滞后一期的系数大部分显著为负，即上一期智能化水平不利于当期产业结构协调化演进，智能化提高会加剧企业间生产率的差异，扭曲生产要素的配置。滞后两期 IAI 的系数绝大多数为正，并且显著性水平下降，其绝对值高于滞后一期，原因可能在于，智能化能够提高技术水平，促进上下游企业交流，"知识溢出效应"和"模仿效应"随着时间推移会缩小企业间生产率的差距，长期对产业结构合理化作用下降。其他调节变量的结果为：第一，从列（5）可以看出，交互项 LSI×IAI 系数为 0. 004，在 10% 的水平上显著，高技能人才的增加会提高劳动力素质和技能水平，有利于消除企业间的极化现象，促进生产要素合理分配；第二，列（6）LSI×IAI 的系数为 – 0. 078，说明男性比例增加会加速智能化对产业结构合理化的负向影响；第三，列（7）交互项 IM×IAI 显著为负，说明城乡收入差距对智能化的调节作用为负，会扭曲产业结构；第四，列（8）表明，交互项 IM×IAI 的系数显著为正，资本—劳动收入份额比值的增加会提高对资本的使用，劳动生产率差距缩小，有利于企业之间的合理竞争，发挥市场的作用，促进生产要素向最优资源禀赋状态调整。

五、地区异质性的回归结果分析

考虑到中国不同区域经济发展、政策实施和生产要素等因素存在差异，本节进一步探讨地区异质性条件下智能化如何影响产业升级以及劳动力结构和收入分配不均等的调节作用，将其划分为东部地区、中部地区和西部地区，分别使用系统 GMM 方法估计智能化对产业升级的动态影响，将智能化、产业结构高级化和产业结构合理化的滞后两期作为工具变量。

（一）东部地区、中部地区、西部地区智能化对产业结构高级化的动态影响

东部地区、中部地区、西部地区智能化对产业结构高级化的动态回归结果，见表 4-10。列（1）~列（4）为东部地区的回归结果，列（5）~列（8）为中部地区的回归结果，列（9）~列（12）为西部地区的回归结果，每个地区分别加入 LSI1、LSI2、IM1、IM2 和交互项，分析劳动力结构和收入分配不均等的调节作用。

以东部地区为例，ISU 滞后一期的系数显著为正，并且滞后二期的系数小于滞后一期，但还在 10% 的水平上显著，说明东部地区产业结构高级化存在滞后性和路径依赖。观察 IAI 的系数可知，虽然智能化对产业结构高级化的作用为正，但仅在 10% 的水平上显著，说明智能化能够促进东部地区产业结构由低级形态向高级形态发展。列（1）高、低技能劳动力比值的交互项 LSI × IAI 为 0.113，在 1% 的水平上显著，东部地区高技能劳动力的增加加速了智能化对产业结构高级化的演进。列（2）男女劳动力比值的交互项 LSI × IAI 为 -1.363，女性劳动力比值过低不利于智能化产业进行创造性工作和复杂性工作，阻碍劳动生产率提升。列（3）城乡收入差距的交互项 IM × IAI 的系数为 -0.097，东部地区经济发展水平较高，收入差距的增加会吸引大批劳动力，使劳动力成本下降，并且政府为了解决就业问题，会推动企业通过雇用低廉劳动力扩大生产规模，不断提高劳动生产率。列（4）资本—劳动收入份额比值的交互项 IM × IAI 对产业结构高级化的作用为 0.180，但不显著，即资本收入占比的增加会提高劳动生产率，促进资本深化，有利于智能化企业通过"知识溢出效应"和"示范效应"提升产业结构高级化。

表4-10　东部地区、中部地区、西部地区智能化对产业结构高级化的动态回归结果

变量	东部地区				中部地区				西部地区			
	(1) LSI1	(2) LSI2	(3) IM1	(4) IM2	(5) LSI1	(6) LSI2	(7) IM1	(8) IM2	(9) LSI1	(10) LSI2	(11) IM1	(12) IM2
L.ISU	0.731*** (8.66)	0.716*** (8.29)	0.767*** (9.03)	0.814*** (9.61)	1.170*** (11.50)	1.160*** (11.20)	1.111*** (10.79)	1.161*** (11.66)	1.203*** (14.08)	1.191*** (13.53)	1.132*** (12.57)	1.183*** (14.01)
L2.ISU	0.070* (1.72)	0.077* (1.79)	0.004** (2.04)	0.017** (2.18)	0.222* (1.76)	0.210* (1.67)	0.183** (2.51)	0.167** (2.38)	-0.181 (-1.50)	-0.145 (-1.14)	0.089 (0.73)	0.112 (0.92)
IAI	0.356* (1.78)	0.369* (1.69)	0.120* (1.82)	0.326** (2.06)	0.030** (2.08)	0.228** (2.04)	0.246* (1.70)	0.121** (2.18)	-0.004 (-0.02)	-0.180 (-0.84)	-0.089 (-0.54)	-0.708 (-1.17)
LSI	0.796*** (2.64)	8.901** (2.07)			0.757 (1.19)	-10.493* (-1.65)			0.392 (1.64)	-4.284*** (-2.70)		
LSI×IAI	0.113*** (3.09)	-1.363*** (-2.88)			0.054** (2.14)	-3.893* (-1.99)			0.325 (0.80)	-2.978* (-1.73)		
IM			1.032 (1.20)	1.986 (1.10)			-3.025* (-1.72)	1.139 (1.27)			1.185 (1.10)	-1.666 (-1.26)
IM×IAI			-0.097* (-1.73)	0.180 (1.27)			-0.333 (-0.40)	0.543*** (2.62)			0.524** (2.49)	1.071** (2.10)
consp	1.168*** (3.39)	1.536*** (3.50)	-0.562** (-2.18)	-0.410** (-2.14)	1.583 (0.74)	1.722 (0.78)	1.731* (1.81)	1.351 (1.64)	-2.238* (-1.82)	-2.298* (-1.83)	-2.089* (-1.70)	-2.241* (-1.80)
FDI	0.392* (1.87)	0.201 (1.45)	-0.247** (-2.52)	-0.178** (-2.40)	1.654 (1.29)	2.163* (1.66)	1.809 (1.28)	1.526 (1.24)	2.053** (2.02)	1.873* (1.84)	1.451 (1.37)	1.389 (1.30)

续表

变量	东部地区				中部地区				西部地区			
	(1) LSI1	(2) LSI2	(3) IM1	(4) IM2	(5) LSI1	(6) LSI2	(7) IM1	(8) IM2	(9) LSI1	(10) LSI2	(11) IM1	(12) IM2
finance	7.088 (1.37)	8.119 (1.55)	6.070 (1.14)	5.101 (0.94)	50.382*** (3.04)	42.927** (2.53)	−24.892 (−1.43)	37.287** (2.29)	−2.475 (−1.53)	1.988 (1.24)	1.031 (0.56)	1.829 (1.15)
PR	77.542** (2.28)	78.143** (2.20)	71.512** (2.12)	51.657 (1.50)	28.362* (1.98)	21.625* (1.72)	21.286* (1.72)	27.604* (1.96)	19.773 (1.12)	23.192** (2.27)	5.915 (0.33)	18.345 (1.06)
instra	0.065 (1.45)	0.055 (1.22)	0.086* (1.95)	0.079* (1.78)	0.105* (1.94)	0.125** (2.08)	−0.054 (−0.98)	−0.087* (−1.65)	0.062* (1.89)	0.069** (2.01)	0.047 (1.51)	0.037 (1.09)
market	0.025** (2.27)	0.036** (2.37)	0.019** (2.19)	0.071*** (2.75)	−0.124 (−1.12)	−0.143 (−1.26)	−0.040 (−0.31)	−0.114 (−1.06)	−0.032** (−2.35)	0.112** (2.22)	−0.009 (−0.11)	0.088 (1.09)
GR	−1.936 (−1.12)	−1.853 (−1.06)	0.434 (0.25)	−1.367 (−0.62)	−1.651* (−1.75)	−1.891* (−1.96)	1.411 (1.50)	1.400 (1.54)	0.944* (1.92)	1.016** (2.08)	0.626 (1.24)	1.501** (2.45)
EX	−1.425*** (−2.96)	−1.452*** (−2.93)	0.409 (0.80)	1.002** (2.10)	−1.362*** (−2.63)	−1.729*** (−2.79)	2.185 (1.02)	2.042 (0.93)	−0.213** (−2.23)	0.546*** (2.62)	0.248 (0.26)	−0.332 (−0.35)
Constant	1.607* (1.75)	1.849* (1.83)	−0.091** (−2.04)	−1.493 (−0.63)	1.781 (1.02)	1.419* (1.79)	0.311 (0.18)	0.663** (2.36)	0.982* (1.95)	1.452 (1.37)	1.245 (1.26)	2.521* (1.95)
年份固定效应	是	是	是	是	是	是	是	是	是	是	是	是
个体固定效应	是	是	是	是	是	是	是	是	是	是	是	是

续表

变量	东部地区				中部地区				西部地区			
	(1)	(2)	(3)	(4)	(5)	(6)	(7)	(8)	(9)	(10)	(11)	(12)
	LSl1	LSl2	IM1	IM2	LSl1	LSl2	IM1	IM2	LSl1	LSl2	IM1	IM2
N	110	110	110	110	110	110	110	110	110	110	110	110
AR（2）	0.448	0.255	0.291	0.498	0.211	0.302	0.193	0.375	0.556	0.504	0.199	0.238
Sargan	0.905	0.899	1.000	0.989	1.000	1.000	1.000	0.654	1.000	0.996	1.000	1.000

注：（1）以上模型均采用系统 GMM 方法进行估计；（2）括号内数值为 t 值；（3）AR（2）和 Sargan 检验对应的均是 P 值；（4）***、**、* 分别表示在 1%、5%、10% 的水平上显著。

资料来源：笔者根据 2004～2016 年《中国统计年鉴》《中国劳动统计年鉴》《中国科技统计年鉴》《中国电子信息产业统计年鉴》及佰腾网和中国海关进出口数据库的相关数据计算整理而得。

以中部地区为例，同样可以得到产业结构高级化滞后项的系数为正，并且系数的绝对值降低，随着时间推移，产业调整作用下降。智能化对产业结构高级化也起到了显著的正向作用，即智能化水平越高，越能促进产业结构高级化。列（5）表明，高、低技能劳动力的比值会提高智能化对产业结构高级化的正向影响，并且 LSI×IAI 正向作用小于东部地区。列（6）男女比例的增加会减缓智能化的产业结构高级化进程，并且 LSI×IAI 的绝对值大于东部地区。列（7）城乡收入差距的交互项 IM×IAI 的系数为 −0.333，说明高、低技能劳动力收入差距的增加会减缓智能化对中部地区产业结构高级化的促进作用，原因在于，高技能劳动力收入增加会阻碍企业雇用高技能人才，影响智能化企业的生产率。列（8）表明，资本—劳动收入份额比值的交互项对产业结构高级化的影响为 −0.543，并且在 1% 的水平上显著，即中部地区资本增加会提高智能化带来的产业结构高级化。

以西部地区为例，产业结构高级化仍然存在动态性，但随着时间推移，产业调整的滞后作用会降低甚至不显著，原因可能在于西部地区相比东部地区缺少高技能劳动力、技术以及融资条件等，短期的产业调整并不能带来技术水平的持续提升。而智能化对产业结构高级化的作用为负，但都不显著。一方面，西部地区智能化发展水平较低，而且当地以劳动密集型产业为主，对智能化发展不够重视；另一方面，西部地区没有大量高技能劳动力和技术，不适合智能化技术和机器设备的推广使用。从列（9）可以看出，高、低技能劳动力比值的交互项 LSI×IAI 的系数为 0.325，在 5% 的水平上显著，高技能劳动力的提高有助于智能化促进产业结构向高级化演进。列（10）表明，男女比例的增加会加速智能化对产业结构高级化的负向作用。列（11）可以得到，城乡收入差距的交互项 IM×IAI 的系数为 0.524，在 5% 的水平上显著，西部地区产业发展较为缓慢，随着智能化不断发展，收入差距的增加会促进劳动力不断转移到城镇，促进城镇产业发展，而西部地区的经济增长以农业为主，智能化和城镇产业的发展会迅速提高工业和服务业的占比，提高地区生产率水平。列（12）则表明，资本—劳动收入份额比值的增加会减缓智能化对产业结构高级化的负向影响。

（二）东部地区、中部地区、西部地区智能化对产业结构合理化的动态影响

考虑到中国东部地区、中部地区、西部地区产业生产率不同，并且劳动、资本、技术等生产要素存在地域差异，不同区域、不同行业对生产要素的需求不同，因此，本节讨论不同地区智能化对产业结构合理化的动态影响。东部地区、中部地区、西部地区智能化对产业结构合理化的动态回归结果，见表4－11。表4－11描述了最终的实证结果，与表4－10类似。

以东部地区为例，ISR 滞后一期的系数均显著为正，滞后二期的系数绝对值显著下降，产业结构合理化受到产业结构调整的惯性作用，随着时间推移作用下降。IAI 的系数绝大多数显著为负，说明智能化会扭曲东部地区产业结构合理化。表4－11列（1）表明，交互项 LSI×IAI 的系数为 0.002，高、低技能劳动力比值能促进智能化对产业结构合理化的正向影响。列（2）LSI×IAI 的系数为 －0.029，在5%的水平上显著，男女比例增加不利于东部地区产业结构协调化。从列（3）可以看出，城乡收入差距也不利于智能化的产业结构高级化演进，城乡收入差距增加会加剧劳动密集型产业和技术密集型产业的差距，不利于资源优化配置。列（4）IM×IAI 的系数为 0.060，资本—劳动收入份额比值的提高会加速智能化促进产业结构合理化，东部地区资本深化消除了企业生产率极化现象，加速了生产要素的合理分配。

以中部地区为例，产业结构合理化也存在滞后性和动态性，但滞后二期的系数不显著，说明上一期产业结构调整对产业结构合理化作用最大。IAI 的系数绝大部分在5%的水平上显著为负，智能化不能改善中部地区生产要素的合理配置。列（5）交互项 LSI×IAI 的系数为 0.087 且大于东部地区，在1%的水平上显著，说明高技能劳动力对中部地区智能化调整产业结构合理化的影响更大。列（6）表明男女比例失衡加速智能化对产业结构合理化的负向作用。列（7）IM×IAI 的系数为 －0.260 且大于东部地区，城乡收入差距扩大会扭曲智能化造成的产业结构失调。列（8）表明，资本—劳动收入份额比值的增加会减缓智能化对产业结构合理化的负向作用，交互项系数小于东部地区，原因在于中部地区以劳动密集型产业为主。

表4-11　东部地区、中部地区、西部地区智能化对产业结构合理化的动态回归结果

变量	东部地区				中部地区				西部地区			
	(1) LSI1	(2) LSI2	(3) IM1	(4) IM2	(5) LSI1	(6) LSI2	(7) IM1	(8) IM2	(9) LSI1	(10) LSI2	(11) IM1	(12) IM2
L.ISR	0.615*** (7.89)	0.608*** (8.32)	0.631*** (8.32)	0.684*** (9.44)	0.783*** (9.26)	0.771*** (9.37)	0.798*** (10.17)	0.783*** (10.08)	0.702*** (8.44)	0.660*** (7.54)	0.680*** (8.20)	0.680*** (8.37)
L2.ISR	0.121** (2.43)	0.121** (2.48)	0.116 (1.38)	0.149* (1.84)	0.030 (0.36)	0.030 (0.38)	0.017 (0.21)	0.013** (2.17)	0.117** (2.40)	0.122 (1.47)	0.118 (1.45)	0.106*** (3.26)
IAI	-0.051** (-2.29)	-0.082*** (-2.94)	-0.037** (-2.22)	-0.082 (-1.34)	-0.144** (-2.37)	-0.193*** (-2.79)	-0.138*** (-2.85)	-0.062 (-1.58)	-0.030 (-0.58)	-0.048 (-0.81)	0.023 (0.52)	0.013 (0.10)
LSI	0.039 (0.86)	1.121* (1.80)			0.012** (2.10)	-0.099** (-2.10)			0.266** (2.05)	-0.816 (-0.62)		
LSI×IAI	0.002 (0.39)	-0.029** (-2.50)			0.087*** (3.24)	-1.132* (-1.79)			0.209** (2.36)	1.444* (1.70)		
IM			0.082 (0.59)	-0.807*** (-3.32)			-0.300* (-1.85)	-0.223** (-2.47)			-0.254** (-1.99)	0.093 (0.33)
IM×IAI			-0.014*** (-3.67)	0.060 (1.60)			-0.260* (-1.71)	0.020** (2.53)			-0.051 (-0.19)	0.037** (2.18)
consp	0.319* (1.68)	-0.491 (-1.04)	-0.314* (-1.67)	-0.275 (-1.64)	0.642** (2.45)	0.632** (2.44)	-0.506 (-1.12)	-0.618 (-1.41)	0.818*** (3.10)	0.817*** (2.91)	1.098*** (3.92)	0.900*** (3.29)
FDI	0.066 (0.88)	0.072 (0.99)	-0.083 (-1.11)	-0.156** (-2.05)	0.022 (0.11)	0.047 (0.25)	-0.045** (-2.21)	0.097** (2.53)	0.149 (0.66)	-0.148 (-0.64)	-0.441* (-1.90)	-0.217 (-0.91)

续表

变量	东部地区				中部地区				西部地区			
	(1)	(2)	(3)	(4)	(5)	(6)	(7)	(8)	(9)	(10)	(11)	(12)
	LSI1	LSI2	IM1	IM2	LSI1	LSI2	IM1	IM2	LSI1	LSI2	IM1	IM2
finance	0.653** (1.99)	0.835** (2.29)	0.655** (1.97)	1.012 (1.55)	2.698 (1.22)	1.989 (0.89)	3.302 (1.38)	3.974* (1.80)	0.628* (1.78)	0.638* (1.79)	1.052*** (3.00)	0.940*** (2.88)
PR	19.850*** (4.35)	17.514*** (3.82)	20.873*** (4.62)	18.892*** (4.28)	8.499 (1.57)	7.279 (1.33)	6.817 (1.28)	10.969** (2.13)	-1.147 (-0.31)	-0.134 (-0.03)	1.967 (0.51)	2.920 (0.76)
instra	0.004 (1.50)	0.006* (1.78)	0.003 (1.47)	-0.000 (-0.05)	0.019** (2.56)	0.017** (2.03)	0.021*** (2.90)	0.019*** (2.70)	0.002 (1.38)	0.009** (2.24)	0.011** (2.03)	0.009* (1.69)
market	0.014 (0.86)	0.007 (0.48)	0.017 (1.03)	0.013 (0.84)	0.044** (2.49)	0.046*** (2.69)	0.059*** (2.68)	0.035** (2.02)	0.007 (0.43)	0.014 (0.93)	0.033** (2.06)	0.018 (1.24)
GR	-0.532 (-1.58)	-0.458 (-1.39)	-0.569* (-1.71)	0.007 (0.02)	-0.391* (-1.92)	-0.436** (-2.12)	-0.436** (-2.08)	-0.251 (-1.28)	-0.286** (-2.25)	-0.279** (-2.17)	-0.332** (-2.53)	-0.347** (-2.37)
EX	0.020 (0.25)	0.030 (0.37)	0.024 (0.27)	0.073 (0.92)	-1.286*** (-3.44)	-1.114*** (-2.95)	1.248*** (3.26)	1.210*** (3.09)	-0.470* (-1.77)	-0.442* (-1.66)	-0.429 (-1.53)	-0.525* (-1.98)
Constant	0.666* (1.74)	0.841** (2.16)	0.609* (1.66)	0.934** (2.54)	-0.691** (-2.02)	-0.649* (-1.92)	-0.671* (-1.96)	-0.595* (-1.69)	-0.457** (-2.17)	-0.404* (-1.76)	-0.691*** (-3.15)	-0.617** (-2.49)
年份固定效应	是	是	是	是	是	是	是	是	是	是	是	是
个体固定效应	是	是	是	是	是	是	是	是	是	是	是	是

续表

变量	东部地区				中部地区				西部地区			
	(1)	(2)	(3)	(4)	(5)	(6)	(7)	(8)	(9)	(10)	(11)	(12)
	LSI1	LSI2	IM1	IM2	LSI1	LSI2	IM1	IM2	LSI1	LSI2	IM1	IM2
N	110	110	110	110	110	110	110	110	110	110	110	110
AR(2)	0.315	0.480	0.304	0.221	0.245	0.177	0.228	0.324	0.421	0.291	0.304	0.109
Sargan	1.000	1.000	1.000	1.000	0.788	1.000	0.897	0.991	0.875	1.000	0.894	1.000

注：(1) 以上模型均采用系统 GMM 方法进行估计；(2) 括号内数值为 t 值；(3) AR(2) 和 Sargan 检验对应的均是 P 值；(4) ***、**、* 分别表示在 1%、5%、10% 的水平上显著。

资料来源：笔者根据 2004～2016 年《中国统计年鉴》《中国劳动统计年鉴》《中国科技统计年鉴》《中国电子信息产业统计年鉴》及佰腾网和中国海关进出口数据库的相关数据计算整理而得。

以西部地区为例，产业结构合理化的滞后作用仍然存在，滞后一期均在 1% 的水平上显著为正，滞后二期的系数绝对值下降。IAI 作用不确定且均不显著，西部地区智能化水平不高，对产业升级的影响不大。列 (9) 交互项 LSI × IAI 的系数为 0.209，显著大于东部地区、中部地区，高技能劳动力对西部地区作用最大，可以减缓智能化对产业结构合理化的负向影响。从列 (10) 发现，交互项的系数为 1.444，男女差距的提高会扭曲智能化对产业结构的合理化调整。列 (11) 城乡收入差距的交互项系数为负，但不显著，原因在于西部地区经济发展水平不高，城乡收入差距的增加会加快区域间产业发展的不协调，生产要素会聚集到经济发展更快的区域，不利于产业结构合理化。列 (12) 则表明，资本—劳动收入份额比值的交互项 IM × IAI 的系数显著为正，即 0.037，西部地区资本收入增加代表资本的作用增加，劳动生产率提高，降低企业间生产率差距，避免资本只聚集到某些产业而带来的产业结构失衡。

第四节　稳健性检验

为了保证实证结果的稳健性，本节通过改变因变量和核心解释变量、估计方法等途径，验证能否得到与以上回归结果相类似的结论。

一、核心变量的改变

（一）产业结构高级化衡量方式的改变

前述按照式 (4-9) 的方法，通过计算不同行业劳动生产率的占比衡量产业结构高级化，并用式 (4-11) 对产业结构高级化进行无量纲化处理，得到本章的产业结构高级化指标 (ISU)。为了进行稳健性检验，本节采用两种产业结构高级化的衡量方法：（1）使用式 (4-9) 的方法计算考虑劳动生产率的产业结构高级化，按照式 (4-10) 的标准化方法，采用钱纳里标准化人均产出进行无量纲化处理，得到产业高级化指标 ISU1；（2）按照干春晖等 (2011)、吴万宗等 (2018) 提出的方法，为了能够更好地反映产业结构变迁向"服务化"转型，本节采用第三产业产值与第二产业产值的比值衡量产业结构高级化水平（ISU2）。稳健性检验：核心变量改变，见表4-12。

表4-12的列（1）和列（2）描述了两种产业结构高级化衡量方法的实证结果，可以看出，产业结构高级化的滞后项为正，绝大多数系数均在5%的水平上显著，并且滞后二期系数的绝对值显著小于滞后一期的绝对值，说明随着时间推移产业结构调整的惯性作用在降低。列（1）和列（2）的IAI的系数分别为0.031和0.064，在5%的水平上显著，说明智能化水平提升促进了知识溢出效应和模仿效应，有利于提升劳动力技能和劳动素质，缩短劳动生产时间，提高劳动生产率。因此，本章结论不会随着因变量衡量方式的改变而发生变化，本章结论是合理的、可信的。

（二）产业结构合理化衡量方式的改变

本章参照韩永辉等（2017）的研究，使用资本和劳动两种生产要素，通过不同行业生产产值的加权构造产业结构偏离度。为了稳健性检验，本节采用两种衡量方式构造产业结构合理化：（1）使用式（4-15）的泰尔指数，考虑资本和劳动两种生产要素，重新构造产业结构合理化指标（ISR1）；（2）根据式（4-12）的产业结构偏离度，将资本和劳动加入，通过算数平方根求得产业结构合理化 ISR2。需要指出的是，以上两种指标均是反向指标，即该值越小，产业结构越合理。

表4-12的列（3）和列（4）描述了两种产业结构合理化衡量指标的回归结果，可以看出，产业结构合理化的滞后一期的系数均在1%的水平上显著为正，滞后二期的系数绝对值减少，而且显著性水平下降，与前述结论相同。产业结构合理化存在惯性特征，随着时间的推移，惯性作用越小。列（3）的IAI的系数为正，即0.019，但不显著，而列（4）的智能化的系数在5%的水平上显著为正，即0.089，说明智能化水平越高，产业结构越扭曲。再一次证明，产业结构合理化衡量方式的改变不会影响基准回归模型的结论，本章结论稳定可靠。

（三）智能化衡量方式的改变

在本章基准回归模型中，采用樊纲等（2011）、孙早和侯玉琳（2019）的主成分分析方法构造各省（区、市）智能化指数，为了进行稳健性检验，本节采用饶扬德（2004）提出的熵权法重新对智能化相关指标进行降维，得到智能化指标 IAI1 稳健性检验：核心变量改变，见表4－12。从回归结果可以看出，列（5）和列（6）产业结构高级化和产业结构合理化均存在滞后性，并且滞后一期的作用显著大于滞后二期。列（5）IAI 的系数为0.140，在1%的水平上显著，说明采用熵权法求得的智能化同样可以促进产业结构由低级形态向高级形态演进。列（6）可以看出，IAI 的系数为－0.076，在1%的水平上显著，即智能化不利于产业结构协调化发展，这与本章基准回归模型的结论一致。由此可以说明，本章结论不会随着智能化衡量方式的改变而改变，是稳健、有效的。

表4－12　　　　　　　　　稳健性检验：核心变量改变

变量	产业结构高级化变量改变		产业结构合理化变量改变		智能化变量改变	
	（1）	（2）	（3）	（4）	（5）	（6）
	ISU1	ISU2	ISR1	ISR2	ISU	ISR
L. ISU	1.191 *** （23.85）	1.119 *** （21.12）			1.061 *** （21.51）	
L2. ISU	0.030 ** （2.48）	－0.071 （－1.31）			－0.095 * （－1.71）	
L. ISR			0.873 *** （18.32）	0.940 *** （21.07）		0.882 *** （19.20）
L2. ISR			－0.031 （－0.65）	0.058 ** （2.13）		0.023 （0.47）
IAI	0.031 ** （2.25）	0.064 *** （2.61）	0.019 （0.72）	0.089 *** （4.80）	0.140 *** （3.54）	－0.076 *** （－5.06）
consp	－6.722 *** （－3.87）	0.707 * （1.71）	－1.343 ** （－2.51）	－0.425 （－1.62）	3.710 ** （2.41）	0.305 （1.14）
FDI	1.145 *** （2.91）	0.188 ** （2.15）	－0.429 *** （－4.39）	－0.064 （－0.99）	0.924 *** （2.67）	0.055 （0.99）

续表

变量	产业结构高级化变量改变		产业结构合理化变量改变		智能化变量改变	
	（1）	（2）	（3）	（4）	（5）	（6）
	ISU1	ISU2	ISR1	ISR2	ISU	ISR
finance	1.635	1.496***	0.376	-0.092	-3.350*	0.153
	(0.71)	(2.69)	(0.54)	(-0.28)	(-1.67)	(0.47)
PR	4.639	4.230	14.082**	2.410	18.423	-1.198
	(0.20)	(0.80)	(2.02)	(0.62)	(0.92)	(-0.32)
instra	0.060*	0.003	-0.003	0.012**	0.052	0.003
	(1.65)	(0.47)	(-0.34)	(2.55)	(1.59)	(0.64)
market	0.005	0.018	0.080***	0.028***	0.049	0.041***
	(0.08)	(1.12)	(4.05)	(2.69)	(0.81)	(3.88)
GR	-1.569**	-0.461***	-0.595***	-0.561***	0.916*	-0.454***
	(-2.45)	(-2.77)	(-2.67)	(-4.77)	(1.70)	(-4.06)
EX	-0.622*	-0.223**	0.236***	-0.013	-0.634**	0.021
	(-1.73)	(-2.14)	(2.77)	(-0.22)	(-1.98)	(0.36)
Constant	5.078***	-0.595**	-0.610	0.506***	2.540**	-0.357*
	(4.07)	(-1.98)	(-1.52)	(2.57)	(2.32)	(-1.76)
年份固定效应	是	是	是	是	是	是
个体固定效应	是	是	是	是	是	是
N	330	330	330	330	330	330
AR（2）	0.145	0.387	0.224	0.197	0.314	0.406
Sargan	0.998	0.965	1.000	0.943	1.000	1.000

注：（1）以上模型均采用系统 GMM 方法进行估计；（2）括号内数值为 t 值；（3）AR（2）和 Sargan 检验对应的均是 P 值；（4）***、**、*分别表示在1%、5%、10%的水平上显著。

资料来源：笔者根据 2004～2016 年《中国统计年鉴》《中国劳动统计年鉴》《中国科技统计年鉴》《中国电子信息产业统计年鉴》及佰腾网和中国海关进出口数据库的相关数据计算整理而得。

二、模型设定的改变

本节将使用差分 GMM 方法来验证基准回归模型的稳健性，采用张志强（2007）的方法，将因变量和核心解释变量滞后二期作为工具变量来解决内生性问题。稳健性检验：差分 GMM 方法回归结果分析，见表 4-13。

表4-13 稳健性检验:差分GMM方法回归结果分析

变量	因变量:ISU				因变量:ISR			
	(1) LSI1	(2) LSI2	(3) IM1	(4) IM2	(5) LSI1	(6) LSI2	(7) IM1	(8) IM2
L.ISU	0.942*** (11.27)	0.978*** (11.25)	0.992*** (12.24)	1.008*** (12.66)				
L2.ISU	0.050* (1.73)	0.053* (1.77)	-0.029 (-0.41)	-0.048 (-0.70)				
L.ISR					0.728*** (10.02)	0.696*** (9.67)	0.753*** (10.75)	0.737*** (10.74)
L2.ISR					0.105* (1.73)	0.112* (1.90)	0.086 (1.43)	0.095 (1.64)
IAI	0.247** (2.40)	0.206** (2.13)	0.055 (1.39)	0.327* (1.65)	-0.057*** (-2.62)	-0.065*** (-2.78)	-0.068*** (-3.64)	-0.099*** (-3.22)
LSI	0.564** (2.13)	1.674 (0.44)			0.047 (1.11)	1.377** (2.39)		
LSI×IAI	0.067** (2.00)	-0.411* (-1.93)			0.007 (1.49)	-0.162*** (-2.62)		
IM			-0.991 (-1.59)	2.103*** (2.68)			0.047 (0.40)	-0.433*** (-3.13)
IM×IAI			-0.181* (-1.75)	0.439* (1.87)			-0.014* (-1.74)	0.051 (1.26)

续表

变量	因变量:ISU				因变量:ISR			
	(1) LSI1	(2) LSI2	(3) IM1	(4) IM2	(5) LSI1	(6) LSI2	(7) IM1	(8) IM2
consp	3.200** (2.05)	3.192** (2.01)	3.111* (1.95)	3.017* (1.92)	-0.044 (-0.17)	-0.037 (-0.14)	0.018 (0.07)	0.028 (0.11)
FDI	0.052 (0.14)	0.142 (0.38)	0.036** (2.09)	-0.004** (-2.01)	-0.049 (-0.81)	-0.073 (-1.20)	-0.053* (-1.83)	-0.052* (-1.89)
finance	0.028*** (3.01)	-0.050*** (-3.02)	0.667** (2.30)	0.735** (2.34)	0.372** (2.02)	0.268* (1.74)	0.433 (1.16)	0.546 (1.51)
PR	35.308* (1.71)	40.115* (1.88)	46.327** (2.29)	48.644** (2.41)	3.075 (0.82)	2.499 (0.68)	3.268* (1.87)	2.555* (1.69)
instra	0.005** (2.16)	0.007** (2.20)	0.008** (2.25)	0.020 (1.63)	0.005* (1.94)	0.001** (2.09)	0.007 (1.37)	0.006 (1.23)
market	0.080 (1.25)	0.062* (1.92)	0.047* (1.70)	0.077 (1.22)	0.035*** (3.16)	0.030*** (2.59)	0.037*** (3.20)	0.037*** (3.47)
GR	-0.996** (-2.44)	-1.039** (-2.49)	-0.904 (-1.28)	0.302 (0.40)	-0.444*** (-3.80)	-0.424*** (-3.69)	-0.426*** (-3.57)	-0.275** (-2.18)
EX	-1.068** (-2.33)	-1.235** (-2.56)	-0.830 (-1.54)	-1.254*** (-2.66)	0.094 (1.13)	0.105 (1.27)	0.031 (0.31)	0.154* (1.80)
Constant	3.199*** (2.79)	3.081*** (2.59)	2.917** (2.51)	1.596 (1.27)	-0.180 (-0.90)	-0.061 (-0.30)	-0.166 (-0.82)	0.089 (0.42)

续表

变量	因变量:ISU				因变量:ISR			
	(1)	(2)	(3)	(4)	(5)	(6)	(7)	(8)
	LSI1	LSI2	IM1	IM2	LSI1	LSI2	IM1	IM2
年份固定效应	是	是	是	是	是	是	是	是
个体固定效应	是	是	是	是	是	是	是	是
N	300	300	300	300	300	300	300	300
AR(2)	0.339	0.418	0.207	0.661	0.101	0.368	0.404	0.295
Sargan	1.000	1.000	0.988	0.864	1.000	0.897	1.000	1.000

注:(1)括号内数值为 t 值;(2)***、**、* 分别表示在 1%、5%、10% 的水平上显著。

资料来源:笔者根据 2004~2016 年《中国统计年鉴》《中国劳动统计年鉴》《中国科技统计年鉴》《中国电子信息产业统计年鉴》及佰腾网和中国海关进出口数据库的相关数据计算整理而得。

其中，列（1）~列（4）为产业结构高级化的差分 GMM 方法回归结果，列（5）~列（8）为产业结构合理化的动态回归结果，并且，每一个因变量都加入高、低技能劳动力比值，男女劳动力比值，城乡收入差距和资本—劳动收入份额比值的交互项作为调节变量。

第一，观察产业结构高级化的实证结果，产业结构高级化滞后一期的系数显著为正，在1%的水平上显著，而滞后二期的系数的绝对值较小，并且显著性下降，说明产业调整存在滞后性，时间越长作用越小。IAI 的系数全都为正，绝大部分都较为显著，即智能化促进产业结构向高级化发展。而列（1）和列（2）的交互项表明，高低技能劳动力比值能够促进智能化对产业结构高级化的正向作用，但男女比例的作用相反。列（3）和列（4）的交互项则说明，城乡收入差距会降低智能化的产业结构高级化作用，资本—劳动收入份额加速智能化促进了产业结构由低级形态向高级形态演进。

第二，产业结构合理化滞后期的系数全部为正，滞后二期的系数显著大于滞后一期的系数，说明随着时间推移，产业结构调整的惯性作用下降。智能化的系数全部在1%的水平上显著为正，说明智能化会加剧生产要素在产业间的不合理配置。从列（5）和列（6）的交互项系数可以看出，高、低技能劳动力比值能够缓解智能化对产业结构合理化的负向作用，而男女比例不协调则会加速产业结构不协调。列（7）和列（8）表明，城乡收入差距交互项的系数显著为负，而资本—劳动收入份额比值的交互项系数为正。以上结论均与基准回归模型的结论一致，说明模型回归方法的调整不会造成结论的实质性变化，本章结论具有稳健性和可靠性。

第五节　本章小结

本章立足于全球"工业4.0"的背景，研究了智能化对产业升级的影响机理。从产业升级的内涵出发，将产业升级划分为产业结构高级化和产业结构合理化两个方面，使用 2004～2016 年中国 30 个省（区、市）的面板数据，采用面板固定效应模型分析智能化对产业升级的静态影响，并进一步通过系统 GMM 方法模型探讨两者之间的动态效应，最后，研究劳动力结构和收入分配不均等在智能化和产业升级之间的作用机理。

综合来看，本章得到五个结论：（1）智能化对产业结构高级化产生正向作用，但对产业结构合理化的作用为负，说明中国智能化一方面，可以促进产业结构由低级形态向高级形态演进；另一方面，会加速生产要素在产业之间的错配。（2）智能化对产业结构高级化和产业结构合理化都存在长期作用，并且，产业结构调整也会带来产业升级的累积效应，随着时间推移，产业调整的惯性下降。（3）劳动力结构在智能化与产业升级之间存在调节作用，高、低技能劳动力比例增加能够加速智能化的产业结构高级化进程并缓解其带来的资源错配现象，而男女劳动力差距扩大会降低智能化对产业结构高级化的正向作用并加速生产要素在产业间的不合理分配。（4）收入分配不均等也会改变智能化对产业升级的作用，城乡收入差距阻碍智能化带来的产业结构高级化，加速其带来的产业结构不合理，资本—劳动收入份额比值的增加则会促进智能化对产业结构高级化的正向影响并缓解生产要素错配。（5）智能化带来的产业升级存在地域差异，智能化对东部地区、中部地区产业升级作用显著，但对西部地区产业升级的影响不明显，并且对劳动力结构和收入分配不均等的调节作用强度不同。

第五章　智能化与产业升级：空间溢出的实证检验

本章基于各省（区、市）之间产业升级的空间关联性和智能化的空间溢出性，实证检验智能化对产业升级的空间效应，分析劳动力结构和收入分配不均等与智能化的互动对产业升级的影响。首先，基于理论分析得出产业升级和智能化空间效应的研究假设，并提出劳动力结构和收入分配不均等的调节作用的影响机理；其次，使用2004～2016年的省级面板数据探讨产业结构高级化、产业结构合理化和智能化的空间属性和聚集特征，为实证研究提供事实基础；再次，通过构建基于产业结构相似度的空间权重矩阵，采用考虑空间滞后项、空间误差项和空间杜宾项的面板空间模型，使用极大似然估计方法研究智能化对产业升级的静态影响和动态影响；最后，将劳动力结构和收入分配不均等纳入面板空间模型，分析智能化如何通过劳动力结构和收入分配不均等的空间效应影响产业升级。

第一节　假设提出

一、产业升级的空间关联性

各地区不断以经济增长为目标发展产业、基础设施、创新水平等，而这些因素取决于生产要素的数量和质量。根据新经济地理学理论，本地区的经济增长会带来生活水平、工资收入等方面的提升，造成资本和劳动力的转移，因此，经济增长越来越受到周边地区的空间影响。产业发展作为经济增长的基础，其合理程度和高质量程度决定着生产要素的生产率，地方政府为了促进产业调整，制定各类补贴、税收政策，吸引周边地区劳动力和资本，促进本地区产业向高技术水平转型。地区间为了竞争，都会推动产业向技术密集型和资本密集型发展，这造成了产业同构现象，加上高素质人才和技术创新的外溢性，本地区产业会受到周边地区的影响。

从产业结构高级化视角来看，主要有三个方面形成空间效应：其一，地方政府会促使产业向高技术水平转型，大量的高新技术产业、战略性新兴产业、服务业拔地而起，因此，产业同构现象不断深化，虽然生产要素的稀缺性在未来会造成大量产业闲置甚至倒闭，但短期内各地区的产业结构相似度较高，都偏向高技术、高资本；其二，周边地区产业结构高级化意味着人均生产率更高，技术创新更新速度快，拥有更高素质的技术人员，高低技能劳动力的交流会形成知识溢出效应，劳动力在地区间的转移也会加速本地区劳动力技能和素质的提高，促进劳动生产率提升，推动产业结构高级化；其三，周边地区产业结构高级化会形成资本深化，劳动时间的缩短会扩大生产规模，提高对本地区上下游企业中间投入与原材料数量和质量的要求，提高本地区生产效率。并且，企业严格的监督也会推动产品数量和产品质量的提升，加快本地区产业结构高级化（纪玉俊和李超，2015）。

从产业结构合理化视角，生产要素的稀缺性使得劳动力、资本和能源等生产要素的供给水平都是固定的，如果本地区的产业结构合理化较高，那么，该地区不同类型产业对生产要素的分配是合理的，而多余的生产要素就会向周边地区转移，避免周边地区形成高技能劳动力和资本的过度供给。而本地区对某类型生产要素的过度需求会造成周边地区该生产要素供给的下降，带来产业结构不合理的连锁反应（陶长琪和彭永樟，2017）。

因此，本章提出研究假设 5 - 1：

假设 5 - 1：各地区产业升级有着较高的相似度，产业结构高级化和产业结构合理化存在正向的空间关联性。

二、智能化的空间关联性

智能化的主要特征是，对低技能劳动力的替代和对高技能劳动力的互补，并且随着区域间开放程度、交通基础设施以及信息化水平的不断提高，地区间劳动力、资源、信息技术以及设备的流动越来越方便，智能化的发展不仅会对本地区劳动力和资本产生影响，也会造成周边地区生产要素需求的变化，改变劳动生产率和不同类型产业的生产要素配置水平，影响产业升级。

第一，智能化对产业结构高级化的空间影响为正。智能化能够提高高技能劳动力的需求，改善劳动生产率，扩大生产规模。一方面，智能化会增加周边地区上游产业中间投入品和原材料的需求，加大与上游产业的技术交流和技术监督，提供技术指导和人员培训，促进知识溢出效应，有利于改善资本使用率，提高周边地区的产业结构高级化水平（林春艳和孔凡超，2016）；另一方面，智能化企业最终产品数量和产品质量的提高也会增加市场供给，周边地区下游企业获得更多、质量更好的中间投入品，提高这部分产业的生产效率和市场竞争力，生产规模的增加带动利润增长，有利于进行技术研发、管理技术的培训和高技能人才的雇用，促进产业结构由低级形态向高级形态转变（Bretschger，2001）。总之，智能化能够通过知识溢出效应和空间联动效应带动周边企业生产规模的扩大，促进企业技术创新水平的提升，推动地区间产业结构向高级化演进。

第二，智能化对产业结构合理化的空间影响为负。智能化对高技能劳动力互补的同时，会对大量低技能劳动力形成替代，这部分失业人群会转移到周边地区，低技能劳动力供给的增加会带来劳动力成本下降，周边地区会雇用成本更低的低技能劳动力，导致周边地区产业为了扩大生产规模、获取高额利润而过度雇用低技能劳动力，造成劳动力在周边地区的分配不合理，不利于资本利用率的提升。而智能化发展快的地区资本深化现象更普遍，加上生产周期和技术创新研发周期的降低，产业生产率显著提高，其对资本的需求越来越高，资本大量聚集在智能化发展快的地区。而周边地区资本供给的降低满足不了大量低技能劳动生产力，造成生产要素的极化现象，不利于产业结构合理化（段瑞君，2018）。

基于以上分析可知，智能化对产业升级的影响存在空间性，本章提出假设5-2：

假设5-2：智能化对产业结构高级化造成正向的空间溢出效应，而对产业结构合理化的空间影响为负。

三、劳动力结构对智能化与产业升级的空间调节作用

根据上文可知，智能化能够对不同技能型劳动力产生迥异的影响，并且，智能化主要是应用工业机器人、5G、物联网、智能车间等生产技术进行全自动生产，其对高技能劳动力的要求更高，提高了对创造性思维、复杂劳动的需求，因此，智能化的实施受到劳动力结构的影响。周边地区的劳动力结构会影响高、低技能劳动力，男女劳动力甚至老龄化劳动力在地区间的转移，改变了本地区智能资本对不同类型劳动力的需求，人员流动会造成知识溢出效应，改变劳动生产率，也就是说，智能化能够通过劳动力结构对产业升级产生空间影响。

考虑不同类型技能劳动力在智能化和产业升级之间的空间作用。其一，以产业结构高级化为例，本地区高技能劳动力占比的提高可以促使智能化企业雇用更多的高技能人才，劳动时间的有效缩短会提高生产率和扩大生产规模，企业为了获得充足的生产资料会加大与周边地区上下游产业的交流，而高技能劳动力数量的增加有利于企业派遣他们去周边地区上游企业产业进行指导监督，保证这些企业原材料和中间投入品的顺利生产，高技术人才会给这些企业带来先进的技术和企业文化，促进

知识溢出效应，提高劳动生产率。其二，以产业结构合理化为例，智能化对高技能劳动力的互补行为尤为明显，随着本地区高技能劳动力占比的提高，智能化企业雇用高技能劳动力的成本降低，企业生产规模逐渐扩大，资本和劳动力等生产要素流向本地区的趋势更明显。本地区智能化企业生产规模和技术的提升会降低周边地区产业的竞争力，造成生产要素在地区间的极化现象，不利于产业结构合理化的空间效应（杜群阳和俞航东，2019）。

分析男女劳动力比例如何通过区域间的空间效应影响智能化对产业升级的作用。其一，以产业高级化为例，杜凤莲和高文书（2004）指出，中国的男性人口流动数量和流动距离要显著高于女性人口，随着本地区男性劳动力比例的提高，智能化企业雇用的男性劳动力的更换速度加快，男性劳动力在区域间的频繁流动能够提高与周边地区劳动力之间的交流，不仅能够带来先进的生产技术和企业文化，而且能够带来融资和客户，这有利于周边地区提高管理效率和劳动生产率，加快企业研发能力，有效地促进周边地区产业结构向高级化转变（Mazzolari and Ragusa，2013）；其二，男性劳动力的优势是体力劳动，自由度更高，现阶段企业更愿意雇用男性劳动力，导致企业更偏重劳动密集型生产，生产规模的增加会加大劳动力需求，周边地区的劳动力会不断转移到该地区，造成劳动力的极化现象，不利于产业结构合理化。

本章认为，劳动力结构能够改变智能化在周边地区产业升级的空间影响，据此提出假设5-3：

假设5-3：周边地区高低技能劳动力和男女比例的提高都会加速智能化对产业结构高级化的正向溢出效应，但也会加剧对产业结构合理化的负向溢出效应。

四、收入分配不均等对智能化与产业升级的空间调节作用

布鲁姆（Blum，2008）指出，只有实现均等的收入分配，才能促使国内商品市场需求的最大化，有利于工业化进程。收入分配能够通过消

费者收入变动、劳动力市场变化以及厂商收入影响地区内产业和地区间产业的生产要素供需水平和投资水平，造成产业升级。而智能化作为一种有偏型技术进步，对劳动造成冲击，降低劳动力的作用，资本创造的收入价值更高，导致智能化相关劳动与其他劳动收入差距的扩大、资本与劳动收入差距的扩大，影响地区间资本和劳动力的分布（张刚和孙婉璐，2020）。

第一，从产业结构高级化和产业结构合理化两个视角分析城乡收入差距对智能化的空间调节作用。其一，假定商品和服务的相对价格不发生变化，随着城乡收入差距的扩大，必然导致消费者购买力变化，城镇消费者收入水平的提高会促使其结合自身喜好进行储蓄与消费的选择，选择发展前景较好的智能化技术进行投资，投资的溢出性会推动周边地区产业升级。并且，城镇收入的增加会导致周边地区低技能劳动力向本地区聚集，虽然智能化企业会选择低成本的低技能劳动力进行规模化生产，但生产规模的扩大会加大周边地区关联企业原材料和中间投入品需求和质量的提升，促进周边地区产业进行技术创新，提高劳动生产率。其二，智能化作为一种提高国际竞争力的战略性措施，主要由部分制造业和服务业实施，随着智能化产业不断发展以及城乡收入差距的扩大，周边地区以农业和低生产率制造业为主的乡镇产业劳动力会转移到智能化发展快的地区，造成周边地区农业劳动力和部分制造业劳动力缺失，产业结构失调（Fang et al.，2008）。

第二，资本—劳动收入份额比值的增加意味着产业资本深化现象更普遍，劳动力的作用下降，而智能化对低技能劳动力的替代和高技能劳动力的互补使其对劳动力的需求总量下降，更能够提高产业生产率并促进规模扩大，加大与周边地区上下游关联产业的技术交流力度和生产监督，带来正向溢出效应，有利于产业结构向高级化转变（Eeckhout and Jovanovic，2002）。但是，资本深化现象也会导致本地区对劳动力的需求下降，尤其是对低技能劳动力的冲击最大，这部分失业的低技能劳动力会转移到其他地区的产业，加剧周边地区产业对劳动力的过度使用，不利于产业结构合理化（Lankisch et al.，2017）。

因此，智能化能够通过收入分配不均等对周边地区产业结构高级化和产业结构合理化产生影响，本章提出假设 5 – 4：

假设 5 – 4：周边地区城乡收入差距和资本—劳动收入份额比值会增加智能化对产业结构高级化的空间促进作用，而加速对产业结构合理化的空间负向作用。

第二节　模型设定与权重选取

一、动态面板空间模型的设定

为了验证智能化对地区间产业升级的空间影响，本章参照陶长琪和杨海文（2014）、马丽梅等（2016）、哈桑（Hassan，2017）等的方法，考虑产业升级的空间滞后性、智能化的空间溢出性以及其他不可观测因素的空间相关性，构建如下静态面板空间模型：

$$Y_{it} = \alpha W_1 Y_t' + \beta_1 IAI_{it} + \beta_2 W_2 IAI_t' + \sum \gamma X_{it} + \mu_i + \lambda_t + \varepsilon_{it}$$

$$(5-1)$$

$$\varepsilon_{it} = \rho W_3 \varepsilon_t' + \zeta_{it} \qquad (5-2)$$

在式（5 – 1）和式（5 – 2）中，（1）Y_{it} 表示 i 省（区、市）在 t 年份产业升级的测度指标，包括产业结构高级化水平 ISU_{it} 和产业结构合理化水平 ISR_{it} 两个因素。（2）Y_t' 表示 t 年份所有省（区、市）产业升级指标，即 30×1 的向量。W_1 表示产业升级的空间权重，即 30×30 的矩阵，矩阵中每一个元素代表两省（区、市）距离的远近，相同省（区、市）的距离为 0 是为了避免与 Y_{it} 产生完全共线性。因此，$W_1 Y_t'$ 表示其他省（区、市）产业升级指标的空间加权，系数 α 表示产业升级在各省（区、市）之间的互相影响，α > 0 表示正向溢出效应，即其他省（区、市）产业升级对本省（区、市）产业优化有促进作用，α < 0 表示负向溢出效应，即其他省（区、市）产业升级不利于本省（区、市）产业升级。

（3）IAI_{it} 为本章的核心解释变量，表示 i 省（区、市）在 t 年份的智能化水平，IAI'_t 表示 t 年份所有省（区、市）的智能化水平，即 30×1 的向量。W_2 表示智能化的空间权重，其定义与 W_1 相同。$W_2 IAI'_t$ 是指，其他省（区、市）智能化的空间加权，β_1 表示本地智能化对产业升级的直接影响，而 β_2 表示其他省（区、市）智能化对本省（区、市）产业升级的空间溢出效应。$\beta_2 > 0$，表示其他省（区、市）的智能化对本省（区、市）产业升级的作用为正向，相反，$\beta_2 < 0$，表示其他省（区、市）智能化不利于本省（区、市）产业升级。（4）X_{it} 为控制变量，选取的变量与第四章相同，具体参考本书第四章表 4-2。μ_i 为 i 省（区、市）的个体固定效应，用来表示不随时间变化的地区异质性的影响；λ_t 为时间固定效应，用来表示不随省（区、市）变化的由系统性风险、政策冲击所带来的不可观测的影响。（5）ε_{it} 为干扰项，产业升级的部分影响因素无法观测，并且，这些因素可能是空间相关的，因此，本章构建 $W_3 \varepsilon'_t$ 表示误差项的空间效应，W_3 为空间权重，与 W_1 和 W_2 的定义相同。ζ_{it} 为随机扰动项，并且服从正态分布。

式（5-1）和式（5-2）只研究了智能化对产业升级的静态影响，而产业升级存在动态性和滞后性，即产业升级也会受到前几期产业结构的影响，存在路径依赖，因此，本章在上述模型的基础上构建如下动态模型：

$$Y_{it} = \lambda Y_{it-1} + \alpha W_1 Y'_t + \beta_1 IAI_{it} + \beta_2 W_2 IAI'_t + \sum \gamma X_{it} + \mu_i + \lambda_t + \varepsilon_{it}$$

$$(5-3)$$

$$\varepsilon_{it} = \rho W_3 \varepsilon'_t + \zeta_{it} \qquad (5-4)$$

在式（5-3）和式（5-4）中，Y_{it-1} 表示产业升级指标的一阶滞后项，包含产业结构高级化 ISU_{it-1} 和产业结构合理化 ISR_{it-1}。

为了考虑智能化如何通过劳动力结构和收入分配对产业升级造成空间影响，本章在式（5-3）和式（5-4）的基础上，加入劳动力结构和收入分配与智能化的交互项，得到如下模型（许和连和邓玉萍，2016；戴一鑫等，2018）：

$$Y_{it} = \lambda Y_{it-1} + \alpha W_1 Y'_t + \beta_1 IAI_{it} + \delta_1 Z_{it} + \chi_1 Z_{it} IAI_{it} + \beta_2 W_2 IAI'_t$$

$$+ \delta_2 W_2 Z'_{it} + \chi_2 W_2 Z'_t IAI'_t + \sum \gamma X_{it} + \mu_i + \lambda_t + \varepsilon_{it}$$

$$(5-5)$$

$$\varepsilon_{it} = \rho W_3 \varepsilon'_t + \zeta_{it} \qquad\qquad (5-6)$$

在式（5-5）和式（5-6）中，Z_{it} 表示劳动力结构或者收入分配指标，Z'_t 表示所有省（区、市）劳动力结构或收入分配指标 30×1 的向量。式（5-5）和式（5-6）将劳动力结构和收入分配作为空间效应的影响机制，分析其他省（区、市）劳动力结构和收入分配如何作用于本省（区、市）智能化和产业升级之间的关系。

二、动态面板空间模型的检验

式（5-1）和式（5-2）是空间模型的普遍形式，包含空间滞后项、空间误差项和空间杜宾项，是多种空间基准模型的组合：（1）如果 $\beta_2 = 0$ 且 $\rho = 0$，则模型只包含空间项 $\alpha W_1 Y'_t$，即因变量的空间滞后项，说明因变量受到其他省（区、市）该变量的空间影响，这种模型称为空间自回归模型（spatial autoregress model，SAR），也被称为空间滞后模型（spatial lag model，SLM）；（2）如果 $\beta_2 = 0$ 且 $\alpha = 0$，则模型只包含随机误差项的空间滞后项，即因变量受到其他省（区、市）不可观测因素的空间影响，这种模型称为空间误差模型（Spatial Error Model，SEM），主要为了处理缺失变量所引起的随机扰动项造成的异方差和截面相关问题；（3）如果 $\rho = 0$ 且 $\alpha = 0$，则模型只包含被解释变量的空间滞后项，即因变量受到其他省（区、市）自变量的空间影响，这种模型称为空间杜宾模型（Spatial Durbin Model，SDM）；（4）若 α、β_2 和 ρ 至少有两项不为 0，则这种模型由多种空间项构成，主要有包含空间自回归和空间误差项的 SARAR 模型、SDEM 模型等。

本章在式（5-3）和式（5-4）的基础上，通过逐步检验法验证空间误差项（spatial error）和空间滞后项（spatial error）是否显著，参考陶长琪和杨海文（2014）的方法：首先，假定模型为空间杜宾模型

（SDM），进行系统 GMM 方法回归，加入空间滞后项 $\alpha W_1 Y'_t$，通过 LM 检验判断空间滞后项是否显著，如果显著，那么，在空间杜宾模型的基础上加入空间滞后项；其次，在上一步的回归结果上，加入空间误差项 $\rho W_3 \varepsilon'_t$，同样检验 LM 统计量是否显著，如果显著，那么，将空间误差项考虑进来；最后，通过以上两个步骤选定最终的空间模型形式。需要指出的是，这里的空间杜宾模型将核心解释变量和控制变量都作为空间项进行回归。

三、动态面板空间模型估计方法的选择

本章的静态面板空间模型考虑了空间滞后项、空间误差项和解释变量的空间项，这往往会造成解释变量与随机误差项相关，导致异方差现象，并且随机误差项之间也可能存在截面相关性，如采用最小二乘法进行估计，会形成估计结果的有偏性和不一致性，统计系数往往会被高估。为了解决静态面板空间模型的内生性、随机误差相关性和截面相关性等问题，本章采用刘贯春等（2016）的方法，使用极大似然法对式（5-1）进行估计。

对于动态面板空间模型，张志强（2017）指出，用于处理动态模型的差分 GMM 方法和系统 GMM 方法在小样本数据下的回归结果具有估计偏差，并且固定效应得到的结果偏差更明显，而偏差修正和极大似然估计方法得到的结果有效性更高，因此，本章同样使用极大似然估计进行参数估计。对于回归方式采用随机效应还是固定效应，本章借鉴安瑟林等（Anselin et al., 1996）的判断原则，对式（5-1）进行豪斯曼检验，选取模型最终形式。

四、空间权重的选取

在进行面板空间计量回归之前，先要验证变量是否存在空间性，通过式（5-1）可知，自变量、因变量以及误差项的空间效用都取决于空间权重 W，W 为各省（区、市）之间的相互依赖和关联程度，如何选择

空间权重尤为重要。假定 i 省（区、市）和 j 省（区、市）的空间距离为 w_{ij}，则所有省（区、市）构成的空间权重矩阵如下所示：

$$W = \begin{bmatrix} w_{1,1} & w_{1,2} & \cdots & w_{1,30} \\ \vdots & w_{ij} & & \vdots \\ w_{30,1} & w_{30,2} & \cdots & w_{30,30} \end{bmatrix} \qquad (5-7)$$

在式（5-7）中，W 表示 30×30 的非负矩阵，并且，$w_{ij} = w_{ji}$，主对角线上代表本省（区、市）到本省（区、市）的距离，这里假设 $w_{ii} = 0$。W 不仅可以代表区域间的直线距离，还可以泛指经济距离，常见的空间权重主要有邻接矩阵、地理距离矩阵、经济距离矩阵等。

（一）邻接矩阵

邻接矩阵是形容省级单元之间依赖关系的最简单形式，即如果 i 省（区、市）和 j 省（区、市）拥有共同的边界，则认为两者之间存在邻接关系，用经济理论解释就是拥有共同边界的省（区、市）之间产业、劳动力、资本等因素的关联性更紧密，则这些省（区、市）之间存在着较强的空间性，公式表达如下：

$$w_{ij} = \begin{cases} 1 & \text{i 和 j 空间邻接} \\ 0 & \text{i 和 j 空间不邻接（i≠j）} \end{cases} \qquad (5-8)$$

该矩阵又可以称为 0-1 矩阵，对角线上的元素为 0。为了得到各省（区、市）的邻近省（区、市）相关指标的空间加权，需要对该空间权重矩阵进行标准化处理，即每一个元素除以所在行所有元素的总和，保证各行空间权重的总和为 1。但该空间权重矩阵存在两个缺点：（1）只有邻近省（区、市）才会对本地造成空间影响，但现实中即便两个省（区、市）没有共同边界，或者距离较远，也会产生空间相关性，例如，北京、上海和广州等地也会对西部省（区、市）造成经济影响；（2）对于邻近省（区、市），其空间权重的取值都为 1，这意味着，邻近省（区、市）对本省（区、市）影响的权重相同，以广西为例，虽然其与云南、贵州和广州紧邻，但广东对广西的作用可能要强于贵州和云南。

（二）地理距离矩阵

某两个省（区、市）虽然没有共同边界，但是，可能存在经济联系，因此，通过地理距离构建空间权重矩阵的方法应运而生。该方法通过构造各省（区、市）的省会（首府）城市之间的直线距离或者球面距离，分析各省（区、市）之间的关联度，用公式表述如下：

$$w_{ij} = \begin{cases} 1/d_{ij} & i \neq j \\ 0 & i = j \end{cases} \qquad (5-9)$$

需要指出的是，距离是一个反向指标，即两个省（区、市）的距离越远，其空间关联度越小，因此，取距离的倒数，对角线上的元素取值同样为0。虽然该方法解决了两个省（区、市）没有共同边界的问题，但是，还存在缺点，以安徽为例，其与浙江、江苏、上海、江西、河南、湖北等的距离较近，但江西的经济发展水平远不及上海、浙江和江苏，则对安徽的空间效用就远不及上述其他省（市）。

（三）经济距离矩阵

以上说明各省（区、市）之间不仅需要地理距离的邻近，而且，需要经济发展之间的关联性，常见的经济距离矩阵如下：

$$w_{ij} = \begin{cases} 1/\left| PGDP_i - PGDP_j \right| & i \neq j \\ 0 & i = j \end{cases} \qquad (5-10)$$

在式（5-10）中，$PGDP_i$表示i省（区、市）的人均GDP，即两个省（区、市）人均GDP越接近，两个省（区、市）的经济结构越相似，产业结构、就业结构等因素的相似会形成两个省（区、市）之间的竞争，空间关联性就越强。但是，该指标没有突出距离因素，即虽然上海和北京人均GDP相近，但是，距离较远，空间作用可能不如与之相邻的浙江和江苏等。因此，本节同时考虑地理距离和经济因素，得到如下表达式：

$$w_{ij} = \begin{cases} \left(PGDP_i \times PGDP_j \right) / d_{ij} & i \neq j \\ 0 & i = j \end{cases} \qquad (5-11)$$

该矩阵也称为引力模型矩阵，既能够捕捉相邻两个省（区、市）具有完全不同的经济运行模式，也能够考虑距离较远省（区、市）但却拥有相似发展水平的现象（孙国锋等，2018）。

（四）产业结构相似度矩阵

除了以上的空间权重矩阵外，部分学者还考虑了其他经济因素，就具体研究问题构建空间权重。例如，王晓红和冯严超（2019）使用专利申请授权数构建技术距离空间矩阵，而王亮（2019）则将互联网使用率作为研究对象，构建考虑地理距离的互联网距离空间权重矩阵。本章主要研究智能化对产业升级的空间影响，各省（区、市）之间产业结构的相似度会影响空间性，因此，本章借鉴黄亮雄等（2013）提出的摩尔（Moore）结构变动指数，分析区域间产业结构相似度，具体如下：

$$w_{ij} = \begin{cases} T_iT_j / \left(\sqrt{T_iT'_i} \sqrt{T_jT'_j} \right) & i \neq j \\ 0 & i = j \end{cases} \quad (5-12)$$

在式（5-12）中，$T_i = （T_{i1}，T_{i2}，\cdots，T_{in}）$ 表示 i 省（区、市）的产业经济指标统计向量，按照《国民经济行业分类》将产业分为第一产业、第二产业和第三产业，因此，$T_i = （T_{i1}，T_{i2}，T_{i3}）$ 表示 i 省（区、市）三类产业的人均 GDP，该值越大表明两省（区、市）产业结构相似度越高。虽然 Moore 指数能够很好地反映各省（区、市）间的产业结构情况，但地理距离的远近同样会影响各省（区、市）间产业结构带来的空间效应，因此，本章将地理距离纳入 Moore 结构变动指数中，具体如下：

$$w_{ij} = \begin{cases} T_iT_j / \left(d_{ij} \sqrt{T_iT'_i} \sqrt{T_jT'_j} \right) & i \neq j \\ 0 & i = j \end{cases} \quad (5-13)$$

以上分析可知，空间权重矩阵主要通过各省（区、市）间所在的地理位置和经济相关指标构建。以地理位置为例，地理距离权重矩阵要比 0－1 邻接矩阵更合理，其能够反映非邻接省（区、市）的空间影响。以经济距离为例，本章涉及智能化对产业升级的影响，因此，能够捕捉各省（区、市）间产业结构相似度的 Moore 结构变动指数可以更好地研究各省（区、市）间的空间效应，若各省（区、市）间产业结构较为相似，则其对劳动力、资本等生产要素需求的差异不大，产业同构现象也会促使各省（区、市）间政府、企业甚至智能化产业进行竞争。鉴于此，本章的基准模型和延伸模型均采用考虑地理距离的 Moore 结构变动指数衡量空间权重矩阵，为了进一步解决该指数可能带来的偏误，本章在稳健性检验中同样使用经济距离和地理距离来验证智能化对产业升级的空间效应。

第三节　空间自相关的分析

在进行空间面板回归之前，要验证核心变量是否存在空间自相关，检验空间性的基准方法是默然（Moran，1950）提出的 Moran's I 指数，即空间自相关指数，该指数能够反映空间单元属性值的相似度或相关度，衡量各省（区、市）的集聚效应。该值较高的省（区、市）聚集在一起或者该值较低的省（区、市）聚集在一起，表明这些省（区、市）之间容易受到正向的空间溢出作用，即周边省（区、市）产业升级能带来本省（区、市）产业升级；如果该值较高的省（区、市）与较低的省（区、市）聚集在一起，则表明这些省（区、市）之间存在负的空间作用，即周边省（区、市）产业升级阻碍本省（区、市）产业升级；若所有省（区、市）该值的分布呈随机状态，则说明这些省（区、市）之间没有空间关联性。需要指出的是，Moran's I 指数只能得到变量是否存在空间自相关性，但并不能决定空间模型的形式，即是否选择空间滞后项、空间误差项还是解释变量的空间项。本节使用 Moore 结构变动指数作为空间权重矩阵，分析产业结构高级化、产业结构合理化和智能化的空间特征，确定这三个变量是否存在空间性，为实证分析提供特征事实支撑。

一、空间自相关的度量

首先，介绍 Moran's I 指数的衡量方法，借鉴默然（Moran，1950）提出的全局 Moran's I 计算方法，假定基础模型如下：

$$Y = X\beta + \mu \tag{5-14}$$

$$\mu = \rho W \mu + \upsilon \text{ 或 } \mu = \rho W \upsilon + \upsilon \tag{5-15}$$

在式（5-14）和式（5-15）中，μ 表示空间误差项，W 表示空间权重矩阵，则有原假设 H_0：$\rho = 0\,or\,\theta = 0$，Moran's I 检验统计量为：

$$\text{Moran's I} = \frac{\hat{v}'W\hat{v}}{N\hat{\sigma}^2} = \frac{\sum\limits_{i=1}^{n}\sum\limits_{j=1}^{n}w_{ij}(x_i - \bar{x})(x_j - \bar{x})}{S^2\sum\limits_{i=1}^{n}\sum\limits_{j=1}^{n}w_{ij}} \qquad (5-16)$$

在式（5-16）中，x_i 表示 i 省（区、市）的观测值，代表产业结构高级化水平、产业结构合理化水平和智能化水平，S^2 表示 i 省（区、市）观测值的样本方差。可以看出，Moran's I 指数的取值在 -1 和 1 区间，该值大于（小于）0 意味着变量空间正相关（负相关），如果该值不显著，那么，不存在空间相关性，需要指出，该指数服从正态分布。

本节根据 2004～2016 年中国的 30 个省（区、市）的面板数据，分年度计算产业结构高级化、产业结构合理化和智能化的 Moran's I 指数。2014～2016 年全局 Moran's I 指数情况，见表 5-1。产业结构高级化（ISU）的 Moran's I 指数均大于 0，均在 5% 的水平上显著拒绝原假设，并且，Moran's I 指数随着年份推移变得越来越大，说明各省（区、市）之间的产业结构高级化存在明显的空间相关性，即其他省（区、市）产业结构高级化促进了本省（区、市）产业结构高级化，在空间上显示出一定的聚集状态。ISR 的 Moran's I 也都大于 0，除了 2007 年以外，所有年份均在 10% 的水平上拒绝了原假设，说明其他省（区、市）不同产业生产要素的合理使用也会促使本省（区、市）产业生产要素的合理分配，这些省（区、市）间呈现出高度的正向空间效应。最后，虽然 IAI 的 Moran's I 在 2006 年以前为负，但是均不显著，说明早期智能化发展还不完善，政府和相关企业机构等对智能化不够重视，导致区域间空间性不强，但在 2010 年以后，Moran's I 在 10% 的水平上显著为正，并且该值越来越大，说明某省（区、市）智能化不断发展，其对上下游企业的关联性越来越紧密，并且新技术的使用也会带动其他企业进行模仿，带动高技能人才的培养，提升周边省（区、市）的智能化水平，表现出正向的空间作用。

表 5 - 1　2004～2016 年全局 Moran's I 指数情况

年份	ISU			ISR			IAI		
	Moran's I	Z统计量	P值	Moran's I	Z统计量	P值	Moran's I	Z统计量	P值
2004	0.083	1.935	0.05	0.061	2.061	0.04	-0.042	-0.078	0.46
2005	0.091	2.102	0.03	0.071	2.062	0.04	-0.076	-1.19	0.33
2006	0.125	2.159	0.02	0.093	1.682	0.09	-0.015	-0.185	0.41
2007	0.117	2.076	0.04	0.091	1.318	0.19	0.038	0.214	0.23
2008	0.137	2.183	0.02	0.086	2.301	0.02	0.051	0.372	0.18
2009	0.155	2.242	0.00	0.075	2.513	0.01	0.095	0.698	0.13
2010	0.117	2.011	0.04	0.093	2.303	0.02	0.154	1.734	0.08
2011	0.121	2.103	0.03	0.107	3.165	0.00	0.189	1.922	0.06
2012	0.126	2.118	0.01	0.101	3.767	0.00	0.176	1.773	0.02
2013	0.143	2.209	0.00	0.112	3.983	0.00	0.195	2.289	0.00
2014	0.153	2.431	0.00	0.126	3.708	0.00	0.198	2.618	0.00
2015	0.169	2.671	0.00	0.148	5.749	0.00	0.179	2.315	0.01
2016	0.175	2.514	0.00	0.142	5.346	0.00	0.258	3.055	0.00

资料来源：笔者根据 2004～2016 年《中国统计年鉴》《中国劳动统计年鉴》《中国科技统计年鉴》《中国电子信息产业统计年鉴》及佰腾网和中国海关进出口数据库的相关数据库整理计算而得。

2004～2016年全局 Moran's I 指数变动趋势，见图5-1。本节为了更为直观地比较产业结构高级化、产业结构合理化和智能化的 Moran's I 指数的时间趋势，图5-1绘制了折线图来捕捉三个变量之间的差别和时间特征。可以看出，产业结构高级化的 Moran's I 指数较为稳定，并呈现低水平的增长趋势，在2009年以前，该值最大，说明中国各省（区、市）之间产业结构高级化的正向空间作用较为稳定。产业结构合理化在2009年之前介于产业结构高级化和智能化之间，但之后的正向作用最小，主要是这个阶段中国产业经历了变革，并且工业4.0的推出加速了产业两极化发展，生产要素过度集中在高新技术产业和战略性新兴产业，导致各省（区、市）间产业结构合理化的正向作用小于其他变量。智能化经历了较大转变，2004～2011年 Moran's I 指数增速突飞猛进，超过了产业结构高级化和产业结构合理化，主要原因在于智能化作为工业4.0的核心技术，带动了社会、经济、产业的发展，其正向空间作用逐渐加强。

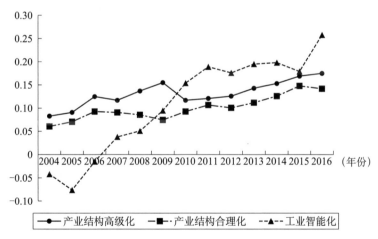

图5-1　2004～2016年全局 Moran's I 指数变动趋势

资料来源：笔者根据2004～2016年《中国统计年鉴》《中国劳动统计年鉴》《中国科技统计年鉴》《中国电子信息产业统计年鉴》及佰腾网和中国海关进出口数据库的相关数据整理绘制而得。

二、空间自相关的特征分析

第二节主要通过构造全局 Moran's I 指数描述中国产业结构高级化、

产业结构合理化和智能化的空间特征。然而,本省(区、市)受到周边省(区、市)的空间效用如何?本节采用局部 Moran's I 指数分别研究 2004 年和 2016 年各省(区、市)产业结构高级化、产业结构合理化和智能化的空间特征,如图 5 - 2、图 5 - 3 和图 5 - 4 所示。以图 5 - 2 为例,横坐标为各省(区、市)的产业结构高级化(ISU),纵坐标为每个省(区、市)对应的周边省(区、市)对该省(区、市)的产业结构高级化的总效应 W_ISU,即周边省(区、市)产业结构高级化的空间加权。可以看出,每个散点图由四个区域或象限组成,代表不同的空间关系和集聚特征。以产业结构高级化为例,第一象限和第三象限是指产业结构高级化水平高的省(区、市)受其他产业结构高级化水平高的省(区、市)的影响,表现为高度的集聚特征,这种现象称为双高区域(HH)或双低区域(LL);第二象限和第四象限是指,产业结构高级化水平高(低)的省(区、市)受其他产业结构高级化低(高)的省(区、市)影响,表现为产业结构高级化水平高低交替的分布特征,这两种现象称为高低区域(HL)和低高区域(LH)。第一象限和第三象限表现出来的聚集特征为正向的空间关联性,第二象限和第四象限表现出来的高低交替特征为负向的空间自相关性。

(一)产业结构高级化的空间特征分析

2004 年和 2016 年产业结构高级化局部 Moran's I 指数分布,见图 5 - 2。从图 5 - 2(a)可以看出,2004 年各省(区、市)Moran's I 指数的分布较为分散,其中,西部省(区、市)大多分散在第二象限和第四象限,包括广西、宁夏、内蒙古和青海等省(区、市),而广东、江苏、上海和北京等沿海发达省(市)分布在第一象限,表现为产业结构高级化的正向空间性,而四川、山东、重庆等省(区、市)产业高级化水平并不高,但受到周边省(区、市)的正向影响。其中,共有 19 个省(区、市)在双高(HH)区域和双低(LL)区域,说明中国 70% 的省(区、市)受到产业结构高级化的正向溢出效应。图 5 - 2(b)描述了 2016 年各省(区、市)产业结构高级化的分布情况,相比 2004 年,可以发现各省（区、市）的 Moran's I 指数分布较为集中，表现为较强的正向溢出效应。其中，北京、上海、浙江等沿海发达省（市）处在第一象限，而广东、江苏、山东和吉林等省（区、市）处在第三象限，西部省（区、市）则处在第二象限和第四象限，包括甘肃、四川等，但共有 22 个省（区、市）落在第一象限和第三象限，即双高（HH）象限和双低（LL）象限，说明中国产业结构高级化处在正向空间溢出效应不断提高的阶段。

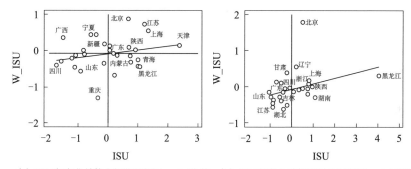

(a) 2004年产业结构高级化局部Moran's I指数   (b) 2016年产业结构高级化局部Moran's I指数

图 5－2 2004 年和 2016 年产业结构高级化局部 Moran's I 指数分布

资料来源：笔者根据 2004～2016 年《中国统计年鉴》《中国劳动统计年鉴》《中国科技统计年鉴》《中国电子信息产业统计年鉴》及佰腾网和中国海关进出口数据库的相关数据整理绘制而得。

（二）产业结构合理化的空间特征分析

2004 年和 2016 年产业结构合理化局部 Moran's I 指数分布，见图 5－3。可以看出，其分布情况与产业结构高级化较相似。以 2004 年为例，中国各省（区、市）产业结构合理化的分布较分散，北京、上海、浙江、江苏等沿海省（市）均落在第一象限，即双高象限（HH），山西、吉林等省（区、市）分布在双低象限（LL），而绝大多数西部省（区、市）均处在第二象限和第四象限，包括甘肃、四川、陕西、青海和新疆等，经统计得出，有 17 个省（区、市）处在双高（HH）象限和双低（LL）象限，意味着60%的省（区、市）产业结构合理化存在正向溢出效应，空间效应效果一般。而 2016 年各省（区、市）Moran's I 指数的分布较为集中，其中，沿海省（区、市）主要分布在第一象限，包括北京、上海、浙江、天津和江苏等经济水平高的省（市），而陕西、黑龙江、湖南等则处在第三象限，说明这些省（区、市）的产业结构合理化存在集聚趋势，而第二象限和第四象限的省（区、市）较少，可以看出，共有22个省（区、市）处在双高（HH）象限和双低（LL）象限，说明2016年中国产业结构合理化的正向溢出效应很显著，从时间趋势来看，这种正向溢出效应随着年份推移不断加强。

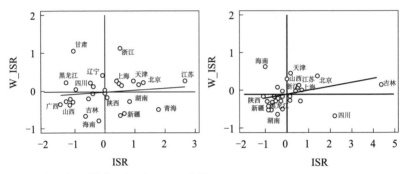

(a) 2004年产业结构合理化局部Moran's I指数　(b) 2016年产业结构合理化局部Moran's I指数

图 5 – 3　2004 年和 2016 年产业结构合理化局部 Moran's I 指数分布

资料来源：笔者根据 2004～2016 年《中国统计年鉴》《中国劳动统计年鉴》《中国科技统计年鉴》《中国电子信息产业统计年鉴》及佰腾网和中国海关进出口数据库的相关数据整理绘制而得。

（三）智能化的空间特征分析

2004 年和 2016 年智能化局部 Moran's I 指数分布，见图 5 – 4。以2004 年为例，可以看出中国智能化基本上呈现出负向的空间效应，其中，只有河南、湖南等在第一象限，而沿海省（区、市）绝大多数分布在第三象限，包括浙江、广东、江苏、天津等省（市），说明这些省（市）智能化受到其他省（区、市）智能化的正向溢出效应，而绝大多数省（区、市），包括西部地区的四川、新疆和云南等，中东部地区的北京、安徽和山东等都处在第二象限和第四象限，这意味着这些省（区、市）处在高低象限（HL）和低高（LH）象限，智能化存在负向的空间效应，并且经过统计可知，只有 13 个省（区、市）处在双高（HH）象限和双低（LL）象限，空间效应不显著。以 2016 年为例，绝大多数省（区、市）

均落在高低（HL）象限和低高（LH）象限，其中，东部沿海发达省（市）的北京、上海和天津分布在第一象限，江苏、广东、山东等处在第三象限，这些省（市）存在智能化的正向溢出效应。而西部地区的青海、云南等则落在第二象限和第四象限，这些省（区、市）存在负向空间作用，可以看出，有 24 个省（区、市）分布在双高（HH）象限和双低（LL）象限，即 80% 的象限均存在空间的正向溢出效应。通过对比 2004 年和 2016 年可知，智能化从不显著的负向空间性逐渐转变为显著的正向溢出效应。

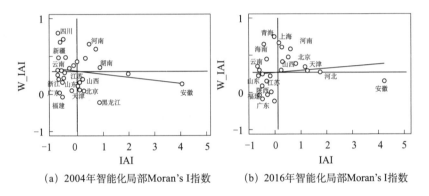

(a) 2004年智能化局部Moran's I指数　　　(b) 2016年智能化局部Moran's I指数

图 5 – 4　2004 年和 2016 年智能化局部 Moran's I 指数分布

资料来源：笔者根据 2004 ~ 2016 年《中国统计年鉴》《中国劳动统计年鉴》《中国科技统计年鉴》《中国电子信息产业统计年鉴》及佰腾网和中国海关进出口数据库的相关数据整理绘制而得。

第四节　实证结果分析

一、模型的合理性检验

从第三节可知，产业结构高级化（ISU）、产业结构合理化（ISR）和智能化（IAI）三个变量均存在空间关联性，因此，有理由采用空间面板模型，然而，空间面板模型是否包含空间滞后项、空间误差项以及解释变量的空间项，采用固定效应回归还是随机效应回归，这些问题都需要展开研究。

在选择模型基本形式的前提下，需要确定面板模型的回归形式，本章采用安瑟林等（Anselin et al.，1996）提出的空间面板数据判断原则，仍然使用 Moore 结构变动指数作为空间权重矩阵，采用静态面板空间杜宾模型使用极大似然法进行估计，求得 Hausman 指数和固定效应模型下的沃尔德（Wald）检验。Hausman 检验和 Wald 检验，见表5－2。可以看出，无论产业结构高级化指标如何选取，Hausman 检验均在5%的水平上显著拒绝了采用随机效用模型的原假设，并且三个不同指标的 Wald 检验也都在1%的水平上显著，说明产业结构高级化（ISU）应该采用固定效应模型。而产业结构合理化（ISR）的所有 Hausman 检验和 Wald 检验均显著拒绝了原假设，因此，本章采用固定效应模型进行极大似然估计。

表5－2　　　　　　　　　　Hausman 检验和 Wald 检验

统计量	产业结构高级化			产业结构合理化		
	ISU	ISU1	ISU2	ISR	ISR1	ISR2
Hausman 检验	40.50	42.60	25.42	18.54	13.48	19.48
（Prob > chi^2）	（0.00）	（0.00）	（0.01）	（0.05）	（0.04）	（0.03）
Wald 检验	1343.61	1234.91	3972.18	978.56	628.03	1028.67
（Prob > F）	（0.00）	（0.00）	（0.00）	（0.00）	（0.00）	（0.00）
模型形式	固定效应	固定效应	固定效应	固定效应	固定效应	固定效应

注：括号内数值为 P 值。

资料来源：笔者根据 2004～2016 年《中国统计年鉴》《中国劳动统计年鉴》《中国科技统计年鉴》《中国电子信息产业统计年鉴》及佰腾网和中国海关进出口数据库的相关数据计算整理而得。

无论产业结构高级化还是产业结构合理化均需要使用固定效应模型进行估计，然而，模型是否包含空间滞后项和空间误差项还需要采用 LM 检验和稳健 LM 检验进行判断，空间模型的设定，见表5－3。其一，以产业结构高级化为例，采用不考虑空间滞后项和空间误差项的静态面板空间杜宾模型的 Moran's I 检验为 0.881，并且，在1%的水平上显著，说明该模型的合理性。加入空间滞后项的 LM 检验和稳健 LM 检验分别为

287.465 和 303.922，均表现出极强的显著性，空间滞后项应纳入基准模型。加入空间误差项的 LM 检验和稳健 LM 检验也都在 1% 的水平上显著，表明将产业结构高级化作为因变量，空间滞后项和空间误差项均可以纳入静态模型和动态模型。其二，以产业结构合理化为例，Moran's I 检验为 0.326，该值小于产业结构高级化的 Moran's I 指数，但还在 1% 的水平上显著，说明空间杜宾模型表现出较强的正向空间溢出效应。分别加入空间滞后项和空间误差项的 LM 检验和稳健 LM 检验也均在 1% 的水平上显著。因此，可以得出，本章的基准模型既包含解释变量的空间项，也包含空间滞后项和空间误差项。

表 5-3　　　　　　　　　　　空间模型的设定

空间模型形式设定	统计量	因变量：ISU		因变量：ISR	
		统计值	P 值	统计值	P 值
空间性检验	全局 Moran's I 检验	0.881	0.00	0.326	0.00
空间滞后	LM 检验 稳健 LM 检验	287.465 303.922	0.00 0.00	15.215 23.7915	0.00 0.00
空间误差	LM 检验 稳健 LM 检验	742.975 348.473	0.00 0.00	101.873 125.512	0.00 0.00

资料来源：笔者根据 2004~2016 年《中国统计年鉴》《中国劳动统计年鉴》《中国科技统计年鉴》《中国电子信息产业统计年鉴》及佰腾网和中国海关进出口数据库中的相关数据计算整理而得。

二、智能化与产业升级的回归结果分析

前面的 Hausman 检验得出本章应使用固定效应模型（fixed-effect regression）进行估计，而 LM 检验和稳健 LM 检验也得出需要考虑空间滞后项、空间误差项和解释变量的空间项，以此研究智能化对产业升级的空间影响。然而，核心解释变量与空间项、因变量的滞后项可能存在异方差、截面相关问题甚至内生性问题，传统的 OLS 估计会产生偏误，因此，本章使用极大似然估计法对基准模型以及加入因变量滞后项的动态模型进行估计。静态面板空间模型估计结果，如表 5-4 所示。

表 5 - 4　　　　　　　　静态面板空间模型估计结果

变量	固定效应模型				随机效应模型	
	ISU	ISU	ISR	ISR	ISU	ISR
	(1)	(2)	(3)	(4)	(5)	(6)
IAI	0.226 *	0.495 ***	- 0.062 ***	- 0.031 *	0.972 ***	- 0.267 ***
	(1.91)	(2.92)	(- 2.73)	(- 1.78)	(7.83)	(- 11.13)
consp	- 1.097	3.477 **	0.056	0.252 **	5.066 ***	0.756 ***
	(- 0.74)	(2.22)	(0.20)	(2.24)	(3.27)	(2.70)
FDI	- 1.109 ***	- 0.951 ***	- 0.110 *	- 0.036	- 0.802 ***	0.093 *
	(- 3.36)	(- 3.13)	(- 1.74)	(- 0.81)	(- 2.78)	(1.78)
finance	1.314	1.349	0.393	0.281 *	2.245 *	1.128 ***
	(0.97)	(0.95)	(1.52)	(1.82)	(1.65)	(4.41)
PR	- 12.834	- 22.554	- 0.821	2.376	- 48.718 ***	- 6.525 **
	(- 0.66)	(- 1.31)	(- 0.22)	(1.08)	(- 2.86)	(- 2.12)
instra	0.080 ***	0.063 ***	0.008	0.009 ***	0.092 ***	0.024 ***
	(2.95)	(2.60)	(1.48)	(2.61)	(3.80)	(5.32)
market	0.096	0.219 **	0.011	0.013 ***	0.291 ***	0.057 ***
	(1.29)	(2.32)	(0.78)	(2.85)	(3.22)	(3.39)
GR	- 0.552	- 3.134 *	- 0.196	- 0.011	- 0.973	0.037
	(- 0.59)	(- 1.88)	(- 1.10)	(- 0.25)	(- 0.61)	(0.12)
EX	0.197	- 0.926 **	0.205 **	0.198 ***	- 1.031 ***	0.176 **
	(0.45)	(- 2.33)	(2.43)	(3.67)	(- 2.68)	(2.51)
W × IAI	3.064 ***	10.872 ***	- 0.023	- 0.058 **	24.095 ***	5.871 ***
	(12.14)	(2.87)	(- 0.47)	(- 2.26)	(11.54)	(13.35)
空间滞后项		1.969 **		0.770 ***	1.121 *	- 0.127
		(1.99)		(16.49)	(1.96)	(- 0.43)
空间误差项		1.128 ***		6.315 ***	3.480 ***	0.946 *
		(21.11)		(11.86)	(3.44)	(1.92)
年份固定效应	是	是	是	是	是	是
个体固定效应	是	是	是	是	是	是
N	390	390	390	390	390	390

变量	固定效应模型				随机效应模型	
	ISU	ISU	ISR	ISR	ISU	ISR
	(1)	(2)	(3)	(4)	(5)	(6)
pseud. R^2	0.644	0.665	0.238	0.296	0.520	0.273
Wald test	200.733	286.991	828.281	962.608	296.477	783.627
P 值	0.00	0.00	0.00	0.00	0.00	0.00
对数似然比	430.278	408.517	165.149	237.668	372.986	283.217

注：括号内数值为 t 值；***、**、* 分别表示在 1%、5%、10% 的水平上显著。

资料来源：笔者根据 2004～2016 年《中国统计年鉴》《中国劳动统计年鉴》《中国科技统计年鉴》《中国电子信息产业统计年鉴》及佰腾网和中国海关进出口数据库中的相关数据计算整理而得。

（一）静态面板空间模型的实证结果分析

本节先考虑智能化对产业升级的空间静态影响，从表 5 - 4 可见，列（1）～列（4）为固定效应回归结果，列（5）和列（6）为随机效应回归结果，列（1）、列（2）和列（5）为产业结构高级化的实证结果，列（2）、列（4）和列（6）为产业结构合理化的实证结果。列（1）和列（3）只考虑解释变量的空间项，而列（2）和列（4）加入了空间滞后项和空间误差项，所有模型都考虑了个体固定效应和时间固定效应。

第一，分析智能化对产业结构高级化的空间影响，可以看出，列（1）和列（2）本省（区、市）IAI 的系数均为正，并且都在 10% 的水平上显著，说明智能化能够提高当地企业的生产效率，缩短劳动时间，促进本省（区、市）产业结构高级化，这与第四章的结论相同。W × IAI 的系数也全部为正，以列（2）为例，参数估计为 10.872，在 1% 的水平上显著，即周边省（区、市）智能化有利于本省（区、市）产业高级化。一方面，智能化作为一种新兴的技术创新，能够使本省（区、市）企业通过学习、模仿、经验交流等方式促进生产率提升，提升市场竞争力，提高周边省（区、市）产业的竞争压力，也会形成示范效应和劳动力流动带来的知识溢出效应，促进其他地区产业结构高级化；另一方面，本省（区、市）智能化提高生产率的同时扩大了生产规模，对周边省（区、市）上下游企业的要求越来越高，本省（区、市）企业会对周边省（区、市）企业进行技术指导和技术监督，提高产能利用率，周边省（区、市）产业结构向高级化转变。空间误差项的系数为 1.128，说明譬如天气、文化等不可观测因素对周边省（区、市）产业结构高级化起到促进作用。空间滞后项的系数为1.969，周边省（区、市）产业结构高级化意味着生产技术先进、管理制度完善和企业文化良好，为本省（区、市）产业结构高级化带来正向溢出效应（赵云鹏和叶娇，2018）。列（1）和列（2）的 R^2 分别为 0.644 和0.665，解释度较高，并且，Wald test 均在 1% 的水平上拒绝原假设，对数似然比的绝对值较大，说明了实证结果的有效性。

第二，分析智能化对产业结构合理化的空间影响，列（3）表明，IAI 对产业结构合理化的影响为 −0.062，即 1 单位智能化的增加会降低0.062 单位产业结构合理化。加入空间滞后项和空间误差项的列（4）可以发现，IAI 的系数为 −0.031，负向作用降低且显著性下降，但还在10% 的水平上拒绝原假设，即本省（区、市）智能化会造成生产要素在不同类型产业间分配的失衡现象，不利于产业结构合理化，与第四章的结论相同。接着，研究智能化的空间影响，以列（4）为例，W × IAI 的系数为 −0.058，在 5% 的水平上显著，而列（3）的系数不显著，但仍为负，说明周边省（区、市）智能化的发展会造成本省（区、市）产业失调。周边省（区、市）智能化的发展可以提高劳动生产率，增加对于高技能劳动力的需求，造成大量低技能劳动力失业，导致极端现象，即周边省（区、市）低技能劳动力会转移到本省（区、市），而本省（区、市）资本和设备也会流向产业生产规模扩大的周边省（区、市），本省（区、市）劳动力使用过度，资本利用不足，造成产业结构不合理。同样地，空间滞后项和空间误差项也都在 1% 的水平上显著为正，说明周边省（区、市）产业结构合理化因素和不可观测因素有利于本省（区、市）生产要素合理分配，促进了产业结构合理化（章志华和唐礼智，2019）。通过观察可知，列（3）和列（4）的 R^2 分别为 0.238 和 0.296，解释度相比产业结构高级化下降，但 Wald test 均在 1% 的水平上拒绝原假设，对数似然比的绝对值也较大，产业结构合理化的实证结果较有效。

第三，列（5）和列（6）为使用随机效应模型得到的实证结果，可以看出：（1）对产业结构高级化而言，IAI 和 W×IAI 的系数均在10%的水平上显著为正，并且，空间滞后项和空间误差项的系数也为正，说明智能化对本省（区、市）产业结构高级化的作用为正，还受到周边省（区、市）产业结构高级化和不可观测因素的正向溢出效应的影响；（2）对产业结构合理化而言，IAI 和 W×IAI 的系数为 -0.267 和 5.871，均在1%的水平上显著，空间滞后项为负但不显著，而空间误差项显著为正，这与列（4）的结论基本相似。

（二）动态面板空间模型的实证结果分析

表 5-4 描述了静态面板空间模型的回归结果，然而，现实中产业结构高级化和产业结构合理化存在滞后性和路径依赖（于斌斌，2017），即曾经的产业结构会影响当期产业升级。因此，本节在基准模型基础上引入产业升级指标的一阶滞后项，同样采用 Moore 结构变动指数作为空间权重矩阵，使用固定效应模型进行极大似然估计。动态面板空间模型估计结果，见表 5-5。在表 5-5 中，所有模型均考虑了个体固定效应和时间固定效应。

表 5-5　　　　　　　动态面板空间模型估计结果

变量	ISU	ISU	ISR	ISR
	(1)	(2)	(3)	(4)
L. ISU	0.808***	0.819***		
	(21.42)	(21.35)		
L. ISR			0.741***	0.739***
			(20.77)	(20.96)
IAI	0.143***	0.419***	-0.141***	-0.151***
	(3.50)	(4.59)	(-7.75)	(-7.95)
consp	0.851	0.969	-0.275	-0.282
	(0.78)	(0.88)	(-1.42)	(-1.44)
FDI	-0.141	-0.087	-0.024	-0.029
	(-0.68)	(-0.42)	(-0.66)	(-0.79)
finance	-1.835	-1.996*	0.531***	0.583***
	(-1.64)	(-1.86)	(2.64)	(2.85)
PR	2.900	-10.921	-0.087	0.393
	(0.24)	(-0.90)	(-0.04)	(0.18)

变量	ISU	ISU	ISR	ISR
	（1）	（2）	（3）	（4）
Instra	0.038 * (1.92)	0.041 ** (2.15)	−0.011 *** (−3.26)	−0.012 *** (−3.26)
Market	0.051 (0.75)	0.088 (1.34)	−0.016 (−1.33)	−0.017 (−1.38)
GR	0.420 (0.35)	−0.409 (−0.38)	−0.034 (−0.16)	−0.079 (−0.37)
EX	0.226 (0.82)	0.161 (0.58)	−0.013 (−0.26)	−0.013 (−0.27)
$W \times IAI$	11.292 *** (6.10)	13.380 *** (8.38)	−3.112 *** (−8.85)	−3.389 *** (−8.86)
空间滞后项		0.625 ** (2.41)		0.425 (1.22)
空间误差项		5.221 *** (4.00)		0.957 * (1.84)
年份固定效应	是	是	是	是
个体固定效应	是	是	是	是
N	360	360	360	360
pseud. R^2	0.845	0.941	0.490	0.568
Wald test	373.774	311.424	102.388	153.520
P 值	0.00	0.00	0.00	0.00
对数似然比	199.848	176.977	368.555	372.823

注：括号内数值为 t 值；*** 、** 、* 分别表示在1%、5%、10%的水平上显著。

资料来源：笔者根据2004~2016年《中国统计年鉴》《中国劳动统计年鉴》《中国科技统计年鉴》《中国电子信息产业统计年鉴》及佰腾网和中国海关进出口数据库中的相关数据计算整理而得。

第一，分析智能化对产业结构高级化的动态空间影响，从列（1）和列（2）可以看出，ISU滞后一期的系数分别为0.808和0.919，均在1%的水平上显著，说明上一期产业结构高级化促进了当期产业结构高级化，随着时间推移，技术创新、管理经验以及员工之间的学习效应逐渐凸显，更能提高劳动生产率。从核心解释变量IAI的系数来看，列（1）和列

（2）分别为 0.343 和 0.419，并且全都在 1% 的水平上显著，但是，数值小于静态空间模型的结果，因变量的滞后项控制了一部分智能化的作用，但不影响智能化促进本省（区、市）产业结构高级化。从空间项来看，列（1）和列（2）W×IAI 的系数分别为 11.292 和 13.380，显著为正，说明本省（区、市）产业升级不仅受到产业结构滞后期的影响，而且受到本省（区、市）、周边省（区、市）智能化的影响，周边省（区、市）智能化能够带来示范效应和模仿效应，并且，生产率的提升会要求本省（区、市）产业提供数量更多、质量更好的产品，促进产业向高级化转型。观察列（2）的空间滞后项和空间误差项可知，周边省（区、市）产业结构高级化对本省（区、市）的影响显著为正，数值为 0.625，与静态模型的结论相同，即周边省（区、市）产业生产率的提升能够带来管理人员、技术人员、知识溢出等效应。空间误差项的参数估计为 5.221，在 1% 的水平上显著，即周边省（区、市）天气、文化、社会等因素能够为本省（区、市）产业结构高级化带来正向溢出效应。列（2）的 R^2 为 0.941，显著高于表 5-4 中的结果，说明加入因变量滞后项的动态模型能够更好地解释产业结构高级化。Wald 检验为 311.424，在 1% 的水平上显著，并且对数似然比的绝对值较大，说明了实证结果的合理性。

第二，探讨智能化如何通过空间效应影响产业结构合理化，从因变量的一阶滞后项系数来看，列（3）和列（4）都在 1% 的水平上显著为正，说明本省（区、市）产业和地方政府正在不断通过往期的生产模式、生产要素分配等现状调整产业结构，以期解决产能过剩问题，有效地利用本省（区、市）生产资源。从 IAI 的系数来看，列（3）和列（4）分别为 -0.141 和 -0.151，说明现阶段中国智能化发展出现一定盲目性，各企业都争相使用智能化相关技术和相关设备，然而，高技能劳动力和资源有限，并不能使本地企业达到应有的生产效率，造成生产要素浪费，不利于产业结构合理化。W×IAI 的系数同样为负，显著性高于表 5-4 中的静态面板空间模型，说明考虑滞后项的动态模型能更好地控制其他因素对本省（区、市）产业结构合理化的影响，原因在于，周边省（区、市）智能化的发展存在盲目性，对高技能劳动力、工业机器人、物联网技术等过度需求，导致各省（区、市）之间将为了争夺生产要素进行竞争，各省（区、市）之间经济实力和政府实力的差距会形成各省（区、市）补贴政策、税收政策的极化现象，生产要素偏向政策利好的省（区、市），导致劳动力和资本错配，不利于产业结构合理化。列（4）表明，空间滞后项和空间误差项的参数估计分别为 0.425 和 0.957，显著性虽然较差，但仍然说明存在产业结构合理化和不可观测因素的正向溢出效应。从模型总体估计参数来看，模型解释度 R^2 为 0.568，显著高于表 5-4 的实证结果，并且，Wald 检验和对数似然比都较为合理。

三、智能化、劳动力结构与产业升级的回归结果分析

地区高、低技能劳动力的比例，男女劳动力比例以及老龄化等现象均影响产业雇用劳动力的数量和技能水平，包括智能化企业。老龄化、女性劳动力的流动性差以及高技能劳动力带来的生产率提升和技术创新等都会改变区域间智能化引致劳动力流动带来的空间溢出效应（Chang et al.，2016）。因此，本节考虑劳动力结构和智能化的交互项及其空间项分析劳动力结构如何影响智能化对产业升级的本省（区、市）效应和空间效应。劳动力结构调节作用的动态面板空间模型回归结果，见表 5-6。在表 5-6 中，列（1）和列（3）加入了高、低技能劳动力比值，列（2）和列（4）考虑了男女比例，空间滞后项、空间误差项以及因变量的滞后项均纳入四个模型中，并都使用了个体固定效应和年份固定效应。

表 5-6　　　　劳动力结构调节作用的动态面板空间模型回归结果

变量	因变量：ISU		因变量：ISR	
	(1)	(2)	(3)	(4)
	LSI1	LSI2	LSI1	LSI2
L. ISU	0.854 *** (21.44)	0.833 *** (20.89)		
L. ISR			0.838 *** (22.41)	0.839 *** (22.73)

续表

变量	因变量：ISU		因变量：ISR	
	(1)	(2)	(3)	(4)
	LSI1	LSI2	LSI1	LSI2
IAI	-0.036 (-0.35)	0.023 (0.21)	-0.031 * (-1.74)	-0.039 ** (-2.14)
IAI×LSI	0.026 (1.31)	-0.448 * (-1.65)	0.006 * (1.71)	-0.104 ** (-2.37)
LSI	0.259 (1.23)	-3.991 (-1.27)	0.071 * (1.94)	1.181 ** (2.29)
consp	0.489 (0.39)	1.200 (0.96)	-0.271 (-1.21)	-0.345 (-1.55)
FDI	0.005 (0.02)	0.007 (0.03)	0.003 (0.06)	-0.000 (-0.00)
finance	-1.832 (-1.45)	-1.964 (-1.56)	0.297 (1.37)	0.344 (1.58)
PR	0.189 (0.01)	-2.524 (-0.18)	-0.778 (-0.33)	-0.586 (-0.25)
instra	0.031 (1.40)	0.037 (1.64)	-0.007 * (-1.81)	-0.008 ** (-2.04)
market	0.089 (1.08)	0.074 (0.90)	-0.023 * (-1.65)	-0.018 (-1.32)
GR	1.015 (0.74)	0.864 (0.63)	-0.353 (-1.48)	-0.308 (-1.29)
EX	0.194 (0.56)	0.161 (0.46)	0.021 (0.34)	0.021 (0.34)
W×IAI	0.606 ** (2.57)	0.663 *** (2.69)	-0.099 ** (-2.30)	-0.100 ** (-2.24)
W×IAI×LSI	0.073 * (1.86)	1.107 ** (2.33)	-0.001 ** (-2.07)	-0.074 (-0.90)
W×LSI	-1.316 *** (-2.99)	2.136 *** (3.59)	-0.100 (-1.30)	-2.590 ** (-2.39)
空间滞后项	0.139 ** (2.20)	0.079 *** (2.66)	0.103 ** (1.97)	0.091 * (1.88)
空间误差项	-0.149 (-0.88)	0.110 * (1.67)	0.031 ** (2.20)	0.010 ** (2.07)

续表

变量	因变量：ISU		因变量：ISR	
	（1）	（2）	（3）	（4）
	LSI1	LSI2	LSI1	LSI2
年份固定效应	是	是	是	是
个体固定效应	是	是	是	是
N	360	360	360	360
pseud. R^2	0.952	0.948	0.888	0.883
Wald test	780.582	764.353	828.459	842.093
P 值	0.00	0.00	0.00	0.00
对数似然比	241.414	239.709	343.685	344.526

注：括号内数值为 t 值；***、**、* 分别表示在1%、5%、10%的水平上显著。

资料来源：笔者根据 2004~2016 年《中国统计年鉴》《中国劳动统计年鉴》《中国科技统计年鉴》《中国电子信息产业统计年鉴》及佰腾网和中国海关进出口数据库中的相关数据计算整理而得。

以产业结构高级化（ISU）为例，通过高、低技能劳动力和男女比例两个因素进行分析：其一，从列（1）可以看出，产业结构高级化滞后一期的系数为 0.854，在 1% 的水平上显著，说明本省（区、市）产业结构高级化具有时间依赖性，其取决于上一期产业升级的影响。IAI 的系数为 -0.036，这与前述结论不符，但该指标不显著。W × IAI 的系数显著为正，即 0.606，说明考虑高、低技能劳动力比值的影响后，周边省（区、市）智能化的空间效应仍然为正，即能够促进本省（区、市）产业向高级化演进。高、低技能劳动力与智能化交互项 IAI × LSI 的系数为 0.026，虽然不显著，但仍然为正，即本省（区、市）高、低技能劳动力比值的增加可以促进智能化企业雇用更多高技能人才，加速工业机器人、智能车间、物联网等的使用，缩短劳动时间。交互项的空间项 W × IAI × LSI 的系数为 0.073，在 10% 的水平上显著，说明周边省（区、市）高、低技能劳动力比值促进周边省（区、市）智能化对本省（区、市）产业结构高级化的影响。高技能人才的增加促进了本省（区、市）智能化企业的发展，其对周边省（区、市）上下游产业的需求和供给增加，对技术交流和质量监督更频繁，高技能劳动力的增加会提高与周边省（区、市）劳动力的交流，带来智能化企业的生产模式和企业文化。其二，列（2）表明，产业结构滞后项的系数为 0.833，与列（1）同样为正，存在时间惯性。IAI 的系数为正，但不显著。智能化空间项 W×IAI 的参数估计为 0.663，在 1% 的水平上显著，这与前述结论一致，即周边省（区、市）智能化对本省（区、市）产业结构高级化存在正向空间溢出效应。男女劳动力比例与智能化的交互项 IAI×LSI 为负，即男性劳动力不利于智能化促进劳动生产率，智能化对创造性思维能力的需求更高，对体力劳动者需求下降。并且，女性和男性获得同样的教育，因此，男性劳动力增加不利于智能化对产业结构高级化的促进作用。而 W×IAI×LSI 的系数为 1.107，男性劳动力的流动性比女性高，同样促进了本省（区、市）智能化企业男性劳动力在区域间转移，为周边省（区、市）劳动力带来企业文化和生产技术，提高劳动生产率。

以产业结构合理化（ISR）为例，列（3）和列（4）产业结构合理化滞后一期的系数分别为 0.838 和 0.829，均在 1% 的水平上显著，说明上一期产业结构合理化能够带动当期生产要素的合理分配，促进产业结构合理化，这与表 5 - 5 的结论相同。IAI 的参数估计分别在 10% 的水平上显著为负，即 - 0.031 和 - 0.039，本省（区、市）智能化导致资本和高技能劳动力过度流向该类型企业，形成生产要素错配。智能化空间项 W×IAI 则均显著为负，本省（区、市）智能化会导致低技能劳动力失业并转移到周边省（区、市），导致周边省（区、市）产业劳动力使用过度。空间滞后项和空间误差项均显著为正，说明周边省（区、市）产业结构合理化、天气、文化等不可观测因素能提高本省（区、市）产业结构合理化程度。

下面，分析劳动力结构对产业结构合理化的影响：其一，列（3）高、低技能劳动力比例的交互项 IAI×LSI 为 0.006，在 10% 的水平上显著，说明其能够促进智能化和产业结构合理化的正向作用，而 W×IAI×LSI 的系

数为 -0.001，原因可能在于，高技能劳动力数量的增加会降低雇用成本，智能化企业会雇用更多高技能劳动力，企业规模扩大带动了本省（区、市）经济增长并提高了生活水平，吸引周边省（区、市）更多的劳动力，造成生产要素配置失效。其二，列（4）交互项 IAI×LSI 的系数为 -0.104，在5%的水平上显著，说明男性劳动力数量的增加会提高体力劳动者占比，女性的创造性思维优势未能发挥，不利于智能化企业发展。智能化和男女比例交互项的空间变量 W×IAI×LSI 的系数为 -0.074，但不显著。LSI2 提高会降低男性劳动力的成本，智能化企业会增加男性劳动力的使用，产业也会向劳动密集型转型，生产规模的扩大会加速周边省（区、市）向本省（区、市）转移劳动力，形成要素错配，不利于产业结构合理化。

四、智能化、收入分配与产业升级的回归结果分析

第三节分析了劳动力结构如何通过区域间的空间效应影响智能化对产业升级的影响，各省（区、市）收入分配不均等也会导致劳动和资本差异的增大、高、低技能劳动力收入差异的扩大，影响区域间劳动力的流动、消费者的储蓄投资倾向以及厂商收入等，智能化企业的融资渠道、生产要素发生变化，最终会改变本省（区、市）和周边省（区、市）企业的劳动生产率和不同产业间的要素分配（郭庆旺和吕冰洋，2012）。收入分配不均等调节作用的动态面板空间模型回归结果，见表5-7，列（1）和列（2）为产业结构高级化的实证结果，列（3）和列（4）为产业结构合理化的实证结果，其中，列（1）和列（3）考虑了城乡收入差距，列（2）和列（4）加入了资本—劳动收入份额比值，所有模型均使用个体固定效应和时间固定效应的极大似然估计。

表5-7　　　收入分配不均等调节作用的动态面板空间模型回归结果

变量	因变量：ISU		因变量：ISR	
	(1)	(2)	(3)	(4)
	IM1	IM2	IM1	IM2
L. ISU	0.759 *** (19.04)	0.821 *** (21.24)		

续表

变量	因变量：ISU		因变量：ISR	
	（1）	（2）	（3）	（4）
	IM1	IM2	IM1	IM2
L. ISR			0.730 ***	0.727 ***
			（19.61）	（20.84）
IAI	0.440 ***	0.447 ***	− 0.148 ***	− 0.154 ***
	（4.99）	（4.69）	（− 7.53）	（− 8.01）
IAI × IM	− 0.455 **	0.008 *	− 0.011 **	0.002 *
	（− 2.01）	（1.66）	（− 2.15）	（1.67）
IM	1.111	0.391	− 0.041	− 0.412 ***
	（0.87）	（0.97）	（− 0.10）	（− 4.32）
consp	1.010	0.671	− 0.321	− 0.326 *
	（0.92）	（0.61）	（− 1.62）	（− 1.68）
FDI	− 0.069	− 0.103	− 0.007	− 0.027
	（− 0.31）	（− 0.51）	（− 0.17）	（− 0.73）
finance	− 2.103 **	− 2.359 **	0.579 ***	0.481 **
	（− 2.04）	（− 2.15）	（2.83）	（2.40）
PR	− 13.048	− 12.406	0.071	1.635
	（− 1.09）	（− 1.03）	（0.03）	（0.75）
instra	0.051 ***	0.046 **	− 0.012 ***	− 0.013 ***
	（2.71）	（2.40）	（− 3.32）	（− 3.71）
market	0.104	0.073	− 0.014	− 0.025 **
	（1.54）	（1.13）	（− 1.09）	（− 2.04）
GR	− 0.738	− 0.095	− 0.104	0.161
	（− 0.71）	（− 0.08）	（− 0.48）	（0.74）
EX	0.233	− 0.054	− 0.056	0.019
	（0.72）	（− 0.18）	（− 0.94）	（0.36）
W × IAI	1.935 ***	1.238 ***	− 0.389 ***	− 0.386 ***
	（3.12）	（3.29）	（− 3.37）	（− 3.57）
W × IAI × IM	1.257 *	1.263 **	− 0.415	− 0.068 **
	（1.90）	（2.48）	（− 0.24）	（− 2.24）
W × IM	− 1.316 ***	− 1.754	− 0.100	− 2.479 ***
	（− 2.99）	（− 1.44）	（− 1.30）	（− 3.86）
空间滞后项效应	1.257 **	− 0.706	0.441 **	− 0.574
	（2.29）	（− 1.51）	（2.21）	（− 1.53）
空间误差项效应	6.833 ***	5.855 ***	0.943 *	1.474 **
	（5.14）	（4.28）	（1.83）	（2.35）
年份固定效应	是	是	是	是

变量	因变量：ISU		因变量：ISR	
	（1）	（2）	（3）	（4）
	IM1	IM2	IM1	IM2
个体固定效应	是	是	是	是
N	360	360	360	360
pseud. R^2	0.940	0.939	0.557	0.604
Wald test	604.241	359.691	154.565	208.099
P 值	0.00	0.00	0.00	0.00
对数似然比	169.280	171.977	373.965	383.190

注：括号内数值为 t 值；*** 、** 、* 分别表示在 1% 、5% 、10% 的水平上显著。

资料来源：笔者根据 2004 ~2016 年《中国统计年鉴》《中国劳动统计年鉴》《中国科技统计年鉴》《中国电子信息产业统计年鉴》及佰腾网和中国海关进出口数据库的相关数据计算整理而得。

以产业结构高级化为例，列（1）和列（2）本省（区、市）产业结构高级化的一期滞后项分别为 0.759 和 0.821，在 1% 的水平上显著，与表 5 - 6 的结果很相近，说明中国产业结构高级化存在时间依赖性。IAI 的系数分别为 0.440 和 0.447，显著为正，即本省（区、市）智能化的发展可以缩短劳动时间，提高劳动生产率。智能化的空间项 W × IAI 均在 1% 的水平上显著为正，即 1.935 和 1.238，周边省（区、市）智能化同样促进本省（区、市）产业结构高级化水平，这与前述结论一致。观察空间滞后项和空间误差项可知，其基本显著为正，即周边省（区、市）的产业结构高级化和不可观测因素也有正向的空间溢出效应。分析收入分配如何影响产业结构高级化，主要从两方面探讨：一是以城乡收入差距为例，列（1）交互项 IAI × IM 的系数为 - 0.455，在 5% 的水平上显著，这与第四章的结论相同，即本省（区、市）城乡收入差距会降低智能化对产业结构高级化的正向作用。而交互项的空间变量 W × IAI × IM 的系数在 10% 的水平上显著为正，即 1.257，城镇主要以制造业和服务业为主，而城镇收入差距的扩大意味着第二产业、第三产业的平均收入比第一产业的平均收入高，并且第二产业、第三产业的劳动力技能和素质高于第一产业，各省（区、市）间劳动力流动更频繁，劳动力转移带来了"知识溢出效应"（Ouyang and Fu，2012）。二是以资本—劳动收入份额比值为例，从列（2）可以看出，交互项 IAI × IM 显著为正，本省（区、市）资本化水平更有利于促进智能化对产业结构高级化的正向作用，与第四章结论相同。空间项 W × IAI × IM 的系数为 1.263，并在 5% 的水平上显著，本省（区、市）资本收入占比的提高，说明劳动力的作用正在逐渐减弱，资本深化现象更普遍，企业更愿意使用机器、设备等资本进行生产，而智能化企业主要通过工业机器人、智能车间、"互联网 +"和物联网等技术进行生产，对资本的要求更高，因此，资本深化能够促进本省（区、市）智能化的生产效率，加大与周边省（区、市）上下游企业的交流和监督，提供知识溢出效应和示范效应，促进周边省（区、市）产业结构高级化。

以产业结构合理化为例，从列（3）和列（4）可以看出，本省（区、市）产业结构合理化滞后一期的系数分别为 0.730 和 0.727，在 1% 的水平上显著，与表 5-5 和表 5-6 结论相同，即上一期不同产业生产要素的合理分配有利于本期产业结构合理化。IAI 的系数都显著为负，说明智能化产业高技能劳动力和资本不断汇集，导致其他产业低技能劳动力使用过度，没有带来相应的产出增加，产业结构失调。而智能化的空间项 W × IAI 的系数分别为 -0.389 和 -0.386，即本省（区、市）智能化的发展带动经济增长并提高生活水平，吸引更多劳动力和资本，造成生产要素的极化，这符合假设 5-2。列（3）空间滞后项的参数估计显著为正，即 0.441，列（4）的参数估计为负，但不显著。空间误差项的参数估计都在 10% 的水平上显著为正，说明周边省（区、市）产业结构合理化水平和不可观测因素都会促进本省（区、市）不同产业生产要素的合理分配。下面，分析收入分配如何通过空间效应作用于智能化与产业结构合理化之间的关系，具体有两点：一是列（3）城乡收入差距与智能化的交互项 IAI × IM 为 -0.011，在 5% 的水平上显著，说明本省（区、市）城乡收入差距的扩大会阻碍产业结构合理化进程。而空间项 W × IAI × IM 的系数虽然不显著，但仍为负，即 -0.415，说明周省（区、市）城乡收入差距增加不利于本省（区、市）生产要素的合理分配，原因在于城乡收入差距会提高城镇居民生活水平，周边省（区、市）劳动力不断涌入，智能化会加速本省（区、市）和周边省（区、市）上下游产业中间品的需求，导致本省（区、市）为了扩大生产而过度雇用劳动力。二是列（4）资本—劳动收入份额比值交互项 $IAI \times IM$ 的系数在 10% 的水平上显著为正，即 0.002，资本深化减缓了智能化对产业结构合理化的负向作用，本省（区、市）资本收入份额增加说明产业能充分发挥资本的作用，并且，智能化企业还能带来模仿效应，促进本省（区、市）技术水平提升，有利于企业将生产目标从产量向质量转变，注重资本和劳动力的有效分配。空间项 $W \times IAI \times IM$ 的系数为 -0.068，本省（区、市）资本收入占比提升意味着劳动生产率改善，对劳动力的需求降低，并且，智能化企业能够加速劳动力的替代效应，这部分劳动力会转移到周边省（区、市），使周边省（区、市）的劳动力使用过度，不利于产业结构合理化。

第五节　稳健性检验

为了保证实证结果的稳健性，本节通过改变因变量和核心解释变量的衡量方式、空间权重的选取等途径，验证能否得到和以上实证结果相同的结论。

一、核心变量的改变

为了避免前述核心变量造成的估计结果偏误，本节使用核心变量的其他衡量方式来验证智能化对产业升级的空间效应，采用 ISU1 和 ISU2 作为产业结构高级化的指标，采用 ISR1 和 ISR2 作为产业结构合理化的替代变量，采用 IAI1 作为熵权法测算的智能化指数，具体的指标衡量参考第四章第四节。稳健性检验：核心变量改变，见表 5-8。所有模型均加入因变量的滞后一期来考虑动态性，同样考虑空间滞后项、空间误差项和解释变量的空间项，采用个体固定效应和年份固定效应进行极大似然估计。

表5-8　　　　　　　稳健性检验：核心变量改变

变量	产业结构高级化变量改变		产业结构合理化变量改变		智能化变量改变	
	（1）	（2）	（3）	（4）	（5）	（6）
	ISU1	ISU2	ISR1	ISR2	ISU	ISR
L. ISU	0.806 ***	0.836 ***			0.854 ***	
	(20.31)	(25.81)			(21.47)	
L. ISR			0.755 ***	0.709 ***		0.767 ***
			(22.10)	(21.59)		(22.21)
IAI	0.417 ***	0.055 **	0.177 ***	0.077 ***	1.565 ***	-5.158 ***
	(4.16)	(2.38)	(6.14)	(4.80)	(3.03)	(-7.66)
consp	0.990	0.816 ***	0.896 **	-0.012	0.665	-0.295
	(0.80)	(2.78)	(2.48)	(-0.06)	(0.59)	(-1.49)
FDI	-0.114	0.023	0.097	-0.036	-0.126	-0.013
	(-0.50)	(0.41)	(1.45)	(-1.07)	(-0.60)	(-0.36)
finance	-2.097 *	-0.103	-1.156 ***	0.380 **	-1.328	0.513 **
	(-1.75)	(-0.36)	(-3.05)	(2.01)	(-1.19)	(2.52)
PR	-13.812	0.350	0.174	-1.692	-7.612	0.587
	(-1.02)	(0.10)	(0.04)	(-0.84)	(-0.61)	(0.26)
instra	0.042 **	0.005	0.015 **	-0.005	0.027	-0.011 ***
	(1.98)	(0.99)	(2.36)	(-1.42)	(1.39)	(-3.13)
market	0.110	0.015	0.021	-0.008	0.087	-0.014
	(1.50)	(0.82)	(0.96)	(-0.72)	(1.27)	(-1.15)
GR	-0.445	-0.549 *	0.587	0.175	-0.431	-0.039
	(-0.37)	(-1.85)	(1.44)	(0.88)	(-0.37)	(-0.18)
EX	0.089	-0.091	0.157 *	-0.015	0.051	-0.020
	(0.29)	(-1.24)	(1.68)	(-0.32)	(0.17)	(-0.39)
W×IAI	1.785 ***	0.250	3.878 ***	1.926 ***	4.889 ***	-1.148 ***
	(8.09)	(0.65)	(7.78)	(6.40)	(7.18)	(-8.61)
空间滞后项效应	0.700	2.137 ***	-0.657	1.092 **	0.304	0.215
	(1.47)	(3.41)	(-1.53)	(2.29)	(0.81)	(0.70)
空间误差项效应	5.186 ***	5.496 ***	4.071 ***	1.139 **	0.979 ***	0.916 *
	(3.89)	(4.35)	(3.34)	(2.00)	(3.39)	(1.81)
年份固定效应	是	是	是	是	是	是
个体固定效应	是	是	是	是	是	是

续表

变量	产业结构高级化变量改变		产业结构合理化变量改变		智能化变量改变	
	（1）	（2）	（3）	（4）	（5）	（6）
	ISU1	ISU2	ISR1	ISR2	ISU	ISR
N	360	360	360	360	360	360
pseud. R^2	0.948	0.969	0.707	0.672	0.951	0.693
Wald test	335.147	215.134	98.912	108.044	174.931	148.141
P 值	0.00	0.00	0.00	0.00	0.00	0.00
对数似然比	213.628	246.033	186.345	398.807	186.811	371.270

注：括号内数值为 t 值；***、**、* 分别表示在1%、5%、10%的水平上显著。

资料来源：笔者根据2004～2016年《中国统计年鉴》《中国劳动统计年鉴》《中国科技统计年鉴》《中国电子信息产业统计年鉴》及佰腾网和中国海关进出口数据库的相关数据计算整理而得。

以产业结构高级化为例，从列（1）和列（2）可以发现，滞后一期的系数分别为0.806和0.836，在1%的水平上显著，即产业结构高级化存在时间依赖性。空间误差项和空间滞后项基本上都在1%的水平上显著为正，说明周边省（区、市）产业结构高级化、天气、文化等因素会促进本省（区、市）产业结构高级化进程。IAI的系数分别为正，即0.417和0.055，在5%的水平上显著为正，说明本省（区、市）智能化能缩短生产时间，提高生产效率，带动制造业和服务业的快速发展。列（1）智能化空间项 W×IAI 的系数为1.785，在1%的水平上显著为正，列（2）该指标不显著，但也为正，说明周边省（区、市）智能化能够带来空间溢出效应和关联效应，促进本省（区、市）产业结构高级化。因此，本章的结论不会随着产业结构高级化衡量方式的变化而改变，表明本章结论是有效的、稳健的。

以产业结构合理化为例，列（3）为泰尔指数计算出来的产业结构合理化指数，滞后一期的参数估计为0.755，在1%的水平上显著为正，存在时间惯性。IAI的系数为0.177，在1%的水平上显著为正，说明本省（区、市）智能化抑制了生产要素在不同产业间的合理分配。空间项 W×IAI 显著为正，即3.378，周边省（区、市）产业结构合理化，这与表 5－5 的结论一致。空间滞后项为 －0.657，但不显著，空间误差项显著为正，这与前述结论相似。列（4）为产业结构偏离度的实证结果，滞后一期、空间误差项和空间滞后项的参数项都显著为正，说明产业结构合理化存在时间依赖性，并且周边省（区、市）也会对本省（区、市）生产要素分配造成正向溢出效应。而 IAI 每增加一单位，产业结构合理化会增加 0.077，不利于资源配置。而智能化空间项 W×IAI 的系数为 1.926，在 1% 的水平上显著，本省（区、市）智能化会造成劳动力和资本向本省（区、市）转移，造成周边省（区、市）生产要素的缺乏和本省（区、市）生产要素的过度使用，不利于产业结构合理化。再一次证明，产业结构合理化衡量方法的变化不会改变动态面板空间模型的结果，说明本章结论有效。

在本章基准回归模型基础上，借鉴饶扬德（2004）的熵权法原理，对智能化指标重新进行降维，从列（5）和列（6）可以看出，产业结构高级化和产业结构合理化存在正向的滞后效应，滞后一期的系数显著为正。对于产业结构高级化，列（5）IAI 的系数为 1.565，在 1% 的水平上显著，采用新方法测算的智能化同样促进了本省（区、市）产业结构高级化，空间滞后项 W×IAI 的参数估计显著为正，即 4.889，周边省（区、市）智能化也通过知识溢出效应提高本省（区、市）劳动生产率。对于产业结构合理化，IAI 的作用系数为 －5.158，不利于本省（区、市）生产要素的合理配置，而空间项 W×IAI 的系数同样为负，即 －1.148，在 1% 的水平上显著，周边省（区、市）智能化不利于本省（区、市）产业结构合理化。由此可以说明，本章智能化指标的衡量方式改变不会影响其对产业升级的空间效应，本章的结论是合理的。

二、空间权重的改变

任英华和游万海（2012）指出，空间权重的选择和设定能够决定变量之间的不同空间关系，例如，邻接矩阵无法捕捉经济结构类似的区域之间的影响，因此，空间权重矩阵的选择同样影响智能化对产业升级的关系。本章在前面的分析中使用了考虑产业结构和地理距离的 Moore 结构变动指数作为空间权重矩阵，分析中国各省（区、市）智能化、产业升级的空间作用和方向并研究两者的空间关系。本节将采用地理距离矩阵和经济距离矩阵进一步研究智能化对产业升级的影响，重新对动态模型进行估计。稳健性检验：空间权重改变，见表 5－9。在表 5－9 中，列（1）和列（2）为经济距离的实证结果，列（3）和列（4）为地理距离的实证结果，所有模型均考虑了动态性、个体固定效应和时间固定效应。

表 5－9　　　　　　　　　　稳健性检验：空间权重改变

变量	空间权重：经济距离		空间权重：地理距离	
	ISU	ISR	ISU	ISR
	（1）	（2）	（3）	（4）
L. ISU	0.832 *** (20.53)		0.864 *** (22.74)	
L. ISR		0.858 *** (23.60)		0.859 *** (23.69)
IAI	0.079 (0.66)	－0.043 * （－1.92）	0.203 (1.00)	－0.088 *** （－4.24）
consp	－0.479 （－0.46）	－0.029 （－0.10）	1.255 (0.70)	－0.699 ** （－2.31）
FDI	－1.177 *** （－3.97）	0.109 * (1.68)	－0.801 ** （－2.49）	－0.052 （－0.93）
finance	－1.019 （－1.15）	0.416 (1.39)	－1.465 （－1.16）	0.474 * (1.83)
PR	10.727 (0.69)	1.373 (0.35)	－4.155 （－0.21）	2.274 (0.65)
instra	0.087 *** (3.93)	－0.004 * （－1.85）	0.098 ** (2.35)	－0.016 *** （－3.80）
market	0.097 * (1.94)	0.012 (0.76)	0.077 (1.17)	－0.041 ** （－2.22）
GR	－0.528 （－1.02）	－0.275 （－1.56）	－0.413 （－0.46）	－0.771 *** （－2.73）
EX	0.074 (0.20)	－0.207 ** （－2.47）	0.898 (1.29)	－0.194 *** （－2.59）

变量	空间权重：经济距离		空间权重：地理距离	
	ISU	ISR	ISU	ISR
	（1）	（2）	（3）	（4）
W × IAI	0.567 ***	－0.030	0.909 ***	－0.112 ***
	(3.16)	（－0.82）	(2.59)	（－2.87）
空间误差项	0.710 ***	0.025	0.176	0.820 ***
	(6.88)	(0.07)	(0.47)	(17.79)
年份固定效应	是	是	是	是
个体固定效应	是	是	是	是
N	360	360	360	360
pseud. R^2	0.660	0.192	0.500	0.366
Wald test	710.060	27.996	303.788	79.786
P 值	0.00	0.00	0.00	0.00
对数似然比	430.833	165.430	423.715	184.374

注：括号内数值为 t 值；*** 、** 、* 分别表示在1%、5%、10%的水平上显著。

资料来源：笔者根据2004－2016年《中国统计年鉴》《中国劳动统计年鉴》《中国科技统计年鉴》《中国电子信息产业统计年鉴》及佰腾网和中国海关进出口数据库的相关数据计算整理而得。

以经济距离矩阵为例，ISU 和 ISR 滞后一期的系数在1%的水平上显著为正，说明产业升级存在时间依赖性。IAI 的系数分别为 0.079 和 －0.043，本省（区、市）智能化能够促进产业结构高级化水平，但不利于生产要素的合理配置，降低了产业结构合理化。在空间项方面，W × IAI 的系数为 0.567 和 －0.030，虽然显著性较差，但符号和前述结论基本一致，即周边省（区、市）智能化能够为本省（区、市）产业结构高级化带来正向溢出效应，但都不利于本省（区、市）产业结构合理化。列（1）空间误差项和空间滞后项显著为正，列（2）却不显著，不过，整体上周边省（区、市）产业升级和不可观测因素能够促进本省（区、市）产业升级。

以地理距离为例，产业升级的一阶滞后项同样存在时间惯性，并且，空间滞后项和空间误差项都为正,基本都在 1% 的水平上显著,说明周边省(区、市)产业升级也能带动本省(区、市)向产业结构高级化和产业结构合理化转型。列(3)IAI 的系数不显著但为正,即本省(区、市)智能化促进产业结构高级化,列(4)IAI 的系数为 -0.088,在 1% 的水平上显著,说明智能化降低了生产要素的合理配置。空间项 W×IAI 的系数分别为 0.909 和 -0.112,显著性较强,正负号与前述结论一致,但绝对值相比之前下降了,说明周边省(区、市)智能化能够对本省(区、市)产业升级造成空间影响。由此可以说明,空间权重衡量方式的改变降低了显著性,但同样保持了与前述实证结果相似的结论,验证了本章结论的稳健性和合理性。

第六节　本章小结

本章基于中国区域间经济、就业、产业结构等存在差异性的背景下,通过理论研究和实证分析验证智能化对产业升级的空间溢出效应。从上下游产业关联性视角出发,探讨 2004~2016 年中国省际产业结构高级化和产业结构合理化的空间特征和聚集程度,并从知识溢出角度分析智能化的空间性,通过构造基于产业结构差异性和地理距离的 Moore 结构变动指数作为空间权重矩阵,采用考虑个体固定效应和时间固定效应的极大似然法估计智能化对产业升级的空间效应,并考察智能化如何通过劳动力结构和收入分配两个因素影响区域间产业升级。

本章得到五个结论:(1)中国各省(区、市)间产业结构高级化和产业结构合理化的发展存在显著的正向关联性,即周边省(区、市)产业升级能够提高本省(区、市)产业生产率和资源的合理配置。智能化存在正向的空间溢出效应,即周边省(区、市)智能化企业的发展能够通过示范效应和学习效应促进本省(区、市)智能化水平。(2)智能化对产业结构高级化形成正向溢出效应,即智能化的发展不仅能够促进本省(区、市)产业结构向高级化转变,也会带动周边省(区、市)产业生产率的提升。（3）智能化对产业结构合理化造成负向的空间影响，既不利于本省（区、市）生产要素的合理配置，也会带动周边省（区、市）生产要素的极化现象，形成产业结构失调。（4）劳动力结构通过空间影响智能化与产业升级之间的关系，高、低技能劳动力比值和男女比例的增加都会推动周边省（区、市）产业结构高级化进程，加速智能化对产业结构合理化的负向空间影响。（5）智能化会通过收入分配不均等影响产业升级，即城乡收入差距和资本—劳动收入份额比值会提高周边省（区、市）产业结构高级化水平，并阻碍产业结构合理化的演进。

第六章　结论与展望

第一节　研究结论

网络化、数字化和智能化是中国经济转型时期的典型特征，对中国经济社会各个领域都产生了重大影响。智能化作为影响企业生产绩效、要素配置等经济基础背后的技术创新，在一定程度上解释了中国在第三次工业革命中经济高速增长、产业结构不断偏向第二产业、第三产业的现实情况。在全球经济一体化的外部市场需求和环境污染、资源错配等内部压力下，经济增长由高速增长向中高速增长转换的转型发展时期，智能化对中国经济社会各个领域都产生了重大影响。然而，智能化并非一蹴而就，智能化是否影响中国经济结构，引致产业变革，仍然存在争议。鲜有文献关注智能化与产业升级之间的关系，鉴于此，本书提出两个问题：（1）智能化能否引致产业升级？（2）劳动力结构和收入分配不均等如何作用于智能化和产业升级之间的关系？如何发挥智能化技术的作用？如何实现劳动力、资本和智能化技术的协同应用，调整收入分配和劳动力市场结构，进而促进产业、地区的生产效率和生产要素的合理配置？这些问题是目前中国产业升级亟待解决且富有现实意义的问题。

因此，本书在既有研究基础上，通过资本—技能互补模型、要素流动理论和产业组织理论，构建了智能化对产业升级的分析框架，结合 CES

生产函数建立了政府、企业和居民的数理模型，以期分析智能化与产业升级在宏观层面和空间层面的影响路径，讨论劳动力结构和收入分配不均等如何作用于智能化和产业升级之间的关系。在此基础上，基于2004～2016年中国省级面板数据，通过特征事实分析智能化与产业升级的关系，采用动态面板模型和考虑空间滞后项、空间误差项、空间杜宾项的动态空间面板模型等，实证检验了智能化对产业升级的宏观层面的影响路径和空间溢出效应。本书通过理论分析和实证研究，得出以下三点贡献和结论。

第一，利用要素流动理论、资本—技能互补理论和产业组织理论等理论和方法，构建了智能化对产业升级的理论分析框架。研究发现：（1）通过 CES 生产函数和资本—技能互补理论构造的数理模型得出，智能化会促进产业升级，劳动力结构和收入分配结构会改变智能化与产业升级的关系。（2）智能化企业的发展也会通过要素流动效应、产业前后向关联效应、产业竞争示范效应和产业集聚效应等，促进地区内同行业和其他行业的发展，带动宏观层面的产业优化升级。（3）地区内智能化也会通过地区间知识溢出效应、产业转移效应和产业竞争效应三条机制，提高周边地区产业生产率和生产要素合理配置，促进周边地区的产业升级。既有研究虽然有直接研究智能化与产业结构的关系，但是智能化的衡量不太全面，并且，只研究智能化对第二产业、第三产业比值的影响，没有分析产业结构合理化和产业结构高级化的影响，也未将劳动力结构和收入分配不均等纳入分析框架。

第二，实证检验了智能化对产业升级的宏观作用机制。采用静态面板固定效应模型和动态面板固定效应模型分析智能化对产业升级短期、长期的影响，研究劳动力结构和收入分配不均等在智能化和产业升级之间的作用机理。研究发现：（1）智能化与产业结构高级化的关系为正，但对产业结构合理化的作用为负。（2）智能化对产业结构高级化和产业结构合理化都存在长期作用，并且产业结构的调整也会带来产业升级的累积效应。（3）高、低技能劳动力会加速智能化的产业结构高级化进程并缓解其带来的资源错配现象，而男女劳动力差距会降低对产业结构高级化的正向作用并加速产业结构失调。（4）城乡收入差距阻碍智能化带来的产业结构高级化并加速其带来的产业结构不合理，资本—劳动收入份额比值的增加会促进产业结构高级化并缓解生产要素错配。（5）智能化对东部地区、中部地区产业升级作用显著，但对西部地区产业升级影响不明显，劳动力结构和收入分配不均等的调节作用强度不同。地方劳动力结构和收入分配不均等都会改变智能化对产业升级的影响，地方政府和企业要根据要素结构适当发展智能化，并且通过吸引高技能劳动力和改善收入分配使智能化发挥最大用处，促进本地区产业升级。

第三，实证检验了智能化对产业升级的空间溢出效应。通过构造基于产业结构差异性和地理距离的空间权重矩阵，估计智能化对产业升级的空间效应，并考察劳动力结构和收入分配的空间调节作用，研究发现：（1）产业结构高级化和产业结构合理化存在显著的正向关联性，智能化存在正向的空间溢出效应；（2）智能化对产业结构高级化造成正向溢出效应，而对产业结构合理化造成负向溢出效应；（3）高、低技能劳动力比值和男女比例的增加，都会促进周边地区产业结构高级化进程，而加速对产业结构合理化的负向溢出效应；（4）智能化也会通过收入分配不均等影响产业升级，即城乡收入差距和资本—劳动收入份额比值会提高周边地区产业结构高级化水平，并阻碍产业结构合理化的演进。智能化通过生产要素的转移以及产业关联效应等影响周边地区生产要素结构和技术水平，各地方政府应加速地区间的交流，促进知识溢出，同时，要减缓本地区对周边地区产业结构合理化的负面影响。

第二节　政策建议

本书研究表明，智能化能够直接影响产业结构高级化和产业结构合理化，不同的就业结构和收入分配水平对智能化和产业升级之间作用的影响机制不同。智能化会导致企业技术水平的提升，资本和高技能劳动力的组合带来更高的生产效率，通过知识溢出效应提高周边地区产业的生产率，而对高技能劳动力需求增加与低技能劳动力的替代，也会改变企业内部和市场的劳动力供给和需求，生产要素会在区域间流动，导致周边地区产业生产要素结构的变化，影响产业升级。因此，本书从企业和政府两个视角提出促进产业升级的相关措施，涉及智能化技术的应用、生产要素的流动以及收入分配等，并构建政策体系以保障相关措施的有效实施。

从企业视角看，全球经济一体化加速了产业专业化分工，产业间的关联性不断加强，企业如果不通过提高全要素生产率、技术创新等来促进国际竞争力，那么，就会被其他企业淘汰。随着数字化、网络化和智能化不断推进，企业面临的内部环境和外部环境发生了变化，原先以大量劳动力扩大生产规模的模式不复存在，企业更多地使用高技能人才、机械设备等，面临新的管理模式和生产技术，企业要处理好资本和劳动力的相互作用，发挥最优资源配置，合理分配工资收入和研发投入，降低企业生产成本。当然，还要考虑与其他企业合作，促进企业间的技术交流和知识溢出，加速企业智能化变革，提高经济绩效。

从政府视角看，地方政府要进一步考虑地区劳动力结构和产业发展情况，适度进行智能化改革，尽可能让资本和劳动发挥最大作用，同时，应该强化监督机制和财政约束机制，降低环境污染，大力开展促进企业发展的活动，这可以保证地区产业结构由低质量向高质量、由劳动密集型和资源密集型向技术密集型和资本密集型、由低附加值向高附加值转型。

具体地，从企业视角和政府视角在完善智能化、劳动力结构、收入分配等方面提出一些政策建议。

一、加大高新技术产业和战略性新兴产业的发展，因地制宜地发展智能化技术

过度智能化无法找到合适的高技能人才，过少的智能化不能提高劳

动生产率，都会降低国际竞争力，影响产业发展，不利于产业升级。因此，各地区的企业和地方政府需要根据发展特点，适度使用智能化技术，发展高新技术和战略性新兴产业加速智能化技术等技术进步。

（一）积极发展新兴产业，放大智能化对就业的创造效应

地方政府要根据各地区的金融发展、基础设施、劳动力等因素，适度制定人才引进、政府补贴等政策，尽量吸引促进各地区经济内生增长的高新技术产业。地方政府还应该加大补贴企业的研发行为，对有研发专利和创新成果的企业进行奖励，提高企业创新水平，带动传统产业智能化升级，以便创造更多就业机会，吸引更多高技术人才，形成相互促进的作用机制。

（二）创新产业管理模式，改善产业经营环境

首先，建立合理的指标体系和统计体系。建立健全智能制造产业划分标准、分类目录，构建智能化指标体系，衡量各地区、产业和企业的智能化水平；其次，地方政府要加强建设园区管理体制，促进智能化企业和相关项目向工业园区、高新产业园和产业集聚区集中，加速技术创新和生产效率；最后，强化和创新智能化行业管理措施，克服传统管理模式对审批项目、批复资金的冗杂手续问题，积极探索智能化背景下加强和改善行业管理的新方法和新途径。按照政企、政府、政资与中介公司独立的原则，切实转换管理职能，提高行业管理服务水平。

（三）加大科技创新力度，加速核心科技、关键产品的攻关

未来各国产业竞争实际上是关键核心科技的竞争，是创新能力的比拼，因此，中国要从两方面突破：一是加快研发智能化产业关键科学技术，主要包括工业数据的大批量搜集、技术创新管理、智能化个性设计、工业互联网技术、3D 打印技术以及人工智能技术等；其次，把握和结合"软"和"硬"两方面的创新：一方面，要开发智能化相关的工业机器人、智能化车间、关键部件和关键设备等；另一方面，企业要强化对工业软件的自主研发，保证中国智能化产业技术和信息网络的安全性，并形成大规模、体系化、可持续发展。

二、调整地区劳动力结构，加快高技术人才的培养和开发

智能化可以直接替代低技能劳动力，创造更多高技术岗位，对高技能劳动力需求的增加会受到地区劳动力结构的影响，高技能劳动力无法满足智能化技术飞速增长，则无法发挥智能化优势。因此，各地方政府不仅要加大高技能劳动力和智能化技术的结合，增加高技能人才培养，还要处理好非熟练劳动力的工作安排，降低失业率，最大限度地发挥产能优势，具体应通过以下两点实施。

（一）构建全新的人才培训体系，强化技术人员建设

首先，企业要加大管理技术人员的培训，智能化不仅体现为生产率提升，也带来内部流程再造和管理的变革，企业内部管理者决定了智能化企业的发展；其次，高校要增设智能化、信息技术网络等相关专业，加强学生的理论学习和实践教学，为企业培养大批与智能化相关的技术人才；最后，增加智能化网络课程和完善综合性产业技能培训体系，为员工和学者提供个性、专业、灵活的学习平台，保证智能化相关产业人员知识和技能的同步提升。

（二）放宽户籍制度，调整劳动力结构

北上广深的户籍制度严重影响劳动力的去留，不利于产业和经济增长，因此，地方政府要降低严格的户籍标准，为周边地区高端人才提供高补贴和生活补助，加速推动先发地区智能化产业发展，做好带头作用。地方政府也要控制好劳动力的流动，为低技能失业劳动力创造岗位并提供资助，对他们进行再教育，提高技能水平，适应本地区智能化技术和产业升级。

三、改善收入分配制度，缩小收入差距

智能化技术是导致企业偏向使用资本的关键因素，资本在生产过程的作用更高，资本和高技能的互补效应都导致资本—劳动收入份额差距和不同类型劳动力收入差距的扩大。因此，企业要制定合理的工资制度，

政府要根据地区发展水平，调整二次收入分配，合理调整收入在企业和居民间的分配结构。

（一）健全工资增长机制，合理分配收入

随着高技能人才需求的增加和经济的不断增长，如何调整劳动力的工资是关键。首先，劳动力对工资增长的认识和话语权较弱，政府和机构应加大普及工人对工资增长机制的认识，有效把握工资制定的合理性；其次，智能化的推进，不断提高企业的生产效率和产出利润，政府应该建立动态增长机制，根据生产要素在产业间的不断流动、技术创新水平、生活成本等因素，不断改变工人的工资增长机制；最后，建立健全员工薪酬调查政策，实时发布企业财务数据、员工作业成果、市场工资指导价位等，降低企业和工人的信息不对称程度。

（二）完善税收政策，对机器人征税

智能化的发展让少数企业管理人员获得更高利润，挤压其他企业的发展和工人收入，政府要合理根据智能化带来的变革制定税收政策，合理进行二次收入分配。首先，最低工资收入、基础设施建设等都需要大量投资，政府应适当提高智能化产业的税收水平，保护农业和部分装备制造业的支柱地位；其次，智能化已经产生了类似人类的思维能力和生产模式，对人进行征税的行为也应该在智能化技术上体现，尤其是在机器设备不断增加的同时，要对这部分机器设备通过自动化生产的产品征收一定税收；最后，将征收的税收合理分配给其他劳动力，尤其是分配给被智能化技术替代的低技能劳动力以及对其他非智能产业造成竞争压力的产业部门。

第三节　研究展望

本书在既有研究基础上，通过资本—技能互补理论、要素流动理论和产业组织理论构建了政府、企业和居民的三部门一般均衡数理模型，从理论上分析智能化对产业升级的影响，研究劳动力结构和收入分配如何影响两者的关系，从宏观层面和空间溢出层面两个层面实证检验智能化和产业升级的影响程度和影响方向，在一定程度上拓展了既有研究，对智能化、产业升级、劳动力结构和收入分配等相关政策的制定和实际操作有一定实践意义。但本书作为智能化和产业升级关系的阶段性研究，仍存在一些不足，未来将从以下三方面进行延伸和扩展。

第一，理论研究方面，本书的理论模型将劳动力分为高技能、低技能两类，收入分配为资本—劳动份额比值，采用的三部门一般均衡模型和比较静态模型，虽然也能反映智能化与产业升级之间的关系，但是，应尽可能全面、准确地衡量相关变量，构建一个符合现实的理论框架和经济模型。

第二，指标衡量方面，宏观层面，本书智能化的指标主要为七个智能相关变量，涉及工业机器人、信息技术产业、软件使用情况、互联网、智能化企业财务数据等方面，智能化还包括物联网、人工智能设备等因素，但这方面的变量在宏观层面没有直接数据，后续会丰富这类指标，以期更有效地分析智能化与产业升级的关系。

第三，实证分析方面，后续研究将搜集相关文献，尽可能寻找更多的影响智能化和产业升级的变量，搜集更有效的方法，能在微观层面、宏观层面和空间溢出层面等视角研究智能化对产业升级的影响，进一步揭示产业升级的影响路径，为政府和企业提供更有效的政策建议。

参考文献

[1] 安同良，杨羽云．易发生价格竞争的产业特征及企业策略［J］．经济研究，2002（6）：46 - 54．

[2] 蔡昉．二元经济作为一个发展阶段的形成过程［J］．经济研究，2015，50（7）：4 - 15．

[3] 蔡啸，黄旭美．人工智能技术会抑制制造业就业吗？——理论推演与实证检验［J］．商业研究，2019（6）：53 - 62．

[4] 蔡跃洲，陈楠．新技术革命下人工智能与高质量增长、高质量就业［J］．数量经济技术经济研究，2019，36（5）：3 - 22．

[5] 曹静，周亚林．人工智能对经济的影响研究进展［J］．经济学动态，2018（1）：103 - 115．

[6] 曹玉书，楼东玮．资源错配、结构变迁与中国经济转型［J］．中国工业经济，2012（10）：5 - 18．

[7] 茶洪旺，左鹏飞．信息化对中国产业结构升级影响分析——基于省级面板数据的空间计量研究［J］．经济评论，2017（1）：80 - 89．

[8] 陈保启，张玉昌．城乡收入差距、空间溢出与产业结构调整——基于空间回归模型偏微分效应分解［J］．经济与管理评论，2017，33（3）：31 - 43．

[9] 陈秋霖，许多，周羿．人口老龄化背景下人工智能的劳动力替代效应——基于跨国面板数据和中国省级面板数据的分析［J］．中国人口科学，2018（6）：30 - 42．

［10］陈彦斌，林晨，陈小亮．人工智能、老龄化与经济增长［J］．经济研究，2019，54（7）：47 – 63．

［11］陈永伟．人工智能与经济学：近期文献的一个综述［J］．东北财经大学学报，2018（3）：6 – 21．

［12］戴一鑫，郑玉，姜青克．知识溢出与区域经济增长中存在"制度过滤"吗？——基于空间面板杜宾模型的实证分析［J］．现代经济探讨，2018（11）：15 – 23．

［13］邓金钱．政府主导、人口流动与城乡收入差距［J］．中国人口·资源与环境，2017，27（2）：143 – 150．

［14］邓翔，黄志．人工智能技术创新对行业收入差距的效应分析——来自中国行业层面的经验证据［J］．软科学，2019，33（11）：1 – 5．

［15］邓向荣，曹红．产业升级路径选择：遵循抑或偏离比较优势——基于产品空间结构的实证分析［J］．中国工业经济，2016（2）：52 – 67．

［16］邓晓兰，鄢伟波．中国式分权、金融化与要素收入分配——基于中国地级市数据的实证检验［J］．当代财经，2019（9）：48 – 59．

［17］邓洲．促进人工智能与制造业深度融合发展的难点及政策建议［J］．经济纵横，2018（8）：41 – 49．

［18］邓子云，何庭钦．区域人工智能产业发展战略研究［J］．科技管理研究，2019，39（7）：32 – 43．

［19］邸晓燕，张赤东．基于产业创新链视角的智能产业技术创新力分析：以大数据产业为例［J］．中国软科学，2018（5）：39 – 48．

［20］董洪梅，张曙霄，董大朋．政府主导与市场化对东北地区产业结构升级的影响——基于地级及以上城市面板数据的实证分析［J］．云南财经大学学报，2019，35（10）：57 – 65．

［21］董景荣，张文卿．技术进步要素偏向、路径选择与中国制造业升级［J］．管理现代化，2019，39（4）：26 – 30．

［22］杜凤莲，高文书．中国城市流动人口：特征及其检验［J］．市场与人口分析，2004（4）：16 – 21．

［23］杜群阳，俞航东．2003～2015年中国城市劳动力技能互补、收入水平与人口城镇化［J］．地理科学，2019，39（4）：525－532.

［24］杜传忠，许冰．技术进步与产业结构升级的就业效应——2000～2014年省级面板数据分析［J］．科技进步与对策，2017，34（13）：55－60.

［25］段瑞君．技术进步、技术效率与产业结构升级——基于中国285个城市的空间计量检验［J］．研究与发展管理，2018，30（6）：106－116.

［26］樊纲，王小鲁，马光荣．中国市场化进程对经济增长的贡献［J］．经济研究，2011，46（9）：4－16.

［27］樊纲，王小鲁，张立文，等．中国各地区市场化相对进程报告［J］．经济研究，2003（3）：9－18.

［28］范巧，郭爱君．一种嵌入空间计量分析的全要素生产率核算改进方法［J］．数量经济技术经济研究，2019，36（8）：165－181.

［29］冯晓琦，万军．从产业政策到竞争政策：东亚地区政府干预方式的转型及对中国的启示［J］．南开经济研究，2005（5）：67－73.

［30］冯照桢，温军，刘庆岩．风险投资与技术创新的非线性关系研究——基于省级数据的PSTR分析［J］．产业经济研究，2016（2）：32－42.

［31］付宏，毛蕴诗，宋来胜．创新对产业结构高级化影响的实证研究——基于2000～2011年的省际面板数据［J］．中国工业经济，2013（9）：56－68.

［32］傅元海，叶祥松，王展祥．制造业结构优化的技术进步路径选择——基于动态面板的经验分析［J］．中国工业经济，2014（9）：78－90.

［33］傅元海，叶祥松，王展祥．制造业结构变迁与经济增长效率提高［J］．经济研究，2016，51（8）：86－100.

［34］傅元海，王晓彤．模仿效应、竞争效应影响制造业结构优化研究［J］．审计与经济研究，2018，33（4）：105－115.

［35］干春晖，郑若谷，余典范．中国产业结构变迁对经济增长和波动的影响［J］．经济研究，2011，46（5）：4-16.

［36］郭凯明．人工智能发展、产业结构转型升级与劳动收入份额变动［J］．管理世界，2019，35（7）：60-77.

［37］郭美晨．ICT产业与产业结构优化升级的关系研究——基于灰色关联熵模型的分析［J］．经济问题探索，2019（4）：131-140.

［38］郭敏，方梦然．人工智能与生产率悖论：国际经验［J］．经济体制改革，2018（5）：171-178.

［39］郭庆旺，吕冰洋．论要素收入分配对居民收入分配的影响［J］．中国社会科学，2012（12）：46-62.

［40］韩江波．智能工业化：工业化发展范式研究的新视角［J］．经济学家，2017（10）：21-30.

［41］韩永辉，黄亮雄，王贤彬．产业政策推动地方产业结构升级了吗？——基于发展型地方政府的理论解释与实证检验［J］．经济研究，2017，52（8）：33-48.

［42］何小钢，梁权熙，王善骝．信息技术、劳动力结构与企业生产率——破解"信息技术生产率悖论"之谜［J］．管理世界，2019，35（9）：65-80.

［43］胡安俊，孙久文．中国制造业转移的机制、次序与空间模式［J］．经济学（季刊），2014，13（4）：1533-1556.

［44］黄亮雄，安苑，刘淑琳．中国的产业结构调整：基于三个维度的测算［J］．中国工业经济，2013（10）：70-82.

［45］黄亮雄，安苑，刘淑琳．中国的产业结构调整：基于企业兴衰演变的考察［J］．产业经济研究，2016（1）：49-59.

［46］黄亮雄，王贤彬，刘淑琳，等．中国产业结构调整的区域互动——横向省际竞争和纵向地方跟进［J］．中国工业经济，2015（8）：82-97.

［47］黄群慧，贺俊．"第三次工业革命"与中国经济发展战略调整——

技术经济范式转变的视角［J］．中国工业经济，2013（1）：5-18.

［48］黄阳华．德国"工业4.0"计划及其对我国产业创新的启示［J］．经济社会体制比较，2015（2）：1-10.

［49］纪玉俊，李超．创新驱动与产业升级——基于我国省际面板数据的空间计量检验［J］．科学学研究，2015，33（11）：1651-1659.

［50］贾根良．第三次工业革命与工业智能化［J］．中国社会科学，2016（6）：87-106.

［51］江鹃，杨华峰，阳立高，等．劳动力结构变化影响制造业结构升级的实证研究［J］．科学决策，2018（8）：73-94.

［52］江小涓．产业结构优化升级：新阶段和新任务［J］．财贸经济，2005（4）：3-9.

［53］焦勇，杨蕙馨．政府干预、两化融合与产业结构变迁——基于2003—2014年省际面板数据的分析［J］．经济管理，2017，39（6）：6-19.

［54］靳涛，陶新宇．政府支出和对外开放如何影响中国居民消费？——基于中国转型式增长模式对消费影响的探究［J］．经济学（季刊），2017，16（1）：121-146.

［55］李爱，盖骁敏．就业极化与我国产业结构优化升级研究——基于供给侧结构性改革背景［J］．经济问题，2019（12）：1-7.

［56］李波，杨先明．贸易便利化与企业生产率：基于产业集聚的视角［J］．世界经济，2018，41（3）：54-79.

［57］李东坤，邓敏．中国省际OFDI、空间溢出与产业结构升级——基于空间面板杜宾模型的实证分析［J］．国际贸易问题，2016（1）：121-133.

［58］李虹，邹庆．环境规制、资源禀赋与城市产业转型研究——基于资源型城市与非资源型城市的对比分析［J］．经济研究，2018，53（11）：182-198.

［59］李磊，王小洁，蒋殿春．外资进入对中国服务业性别就业及工资差距的影响［J］．世界经济，2015，38（10）：169-192.

［60］李力行，申广军．金融发展与城市规模——理论和来自中国城市的证据［J］．经济学（季刊），2019，18（3）：855-876.

［61］李廉水，石喜爱，刘军．中国制造业40年：智能化进程与展望［J］．中国软科学，2019（1）：1-9.

［62］李雯轩．新工业革命与比较优势重塑［J］．经济学家，2019（5）：76-84.

［63］李雪冬，江可申，夏海力．供给侧改革引领下双三角异质性制造业要素扭曲及生产率比较研究［J］．数量经济技术经济研究，2018，35（5）：23-39.

［64］李丫丫，潘安．工业机器人进口对中国制造业生产率提升的机理及实证研究［J］．世界经济研究，2017（3）：87-96.

［65］李丫丫，王磊，彭永涛．物流产业智能化发展与产业绩效提升——基于WIOD数据及回归模型的实证检验［J］．中国流通经济，2018，32（3）：36-43.

［66］李政，杨思莹，何彬．FDI抑制还是提升了中国区域创新效率？——基于省际空间面板模型的分析［J］．经济管理，2017，39（4）：6-19.

［67］林春艳，孔凡超．技术创新、模仿创新及技术引进与产业结构转型升级——基于动态空间Durbin模型的研究［J］．宏观经济研究，2016（5）：106-118.

［68］刘贯春，刘媛媛，张军．中国省级经济体的异质性增长路径及模式转换——兼论经济增长源泉的传统分解偏差［J］．管理世界，2019，35（6）：39-55.

［69］刘铠豪，刘渝琳．破解中国经济增长之谜——来自人口结构变化的解释［J］．经济科学，2014（3）：5-21.

［70］刘孝斌，钟坚．工业化后期中国三大湾区金融资本产出效率的审视——中国三大湾区44个城市面板数据的实证［J］．中国软科学，2018（7）：80-104.

[71] 刘志恒, 王林辉. 相对增进型技术进步和我国要素收入分配——来自产业层面的证据 [J]. 财经研究, 2015, 41 (2): 88-98.

[72] 刘智勇, 李海峥, 胡永远, 等. 人力资本结构高级化与经济增长——兼论东中西部地区差距的形成和缩小 [J]. 经济研究, 2018, 53 (3): 50-63.

[73] 林毅夫, 蔡昉, 李周. 比较优势与发展战略——对 "东亚奇迹" 的再解释 [J]. 中国社会科学, 1999 (5): 4-20.

[74] 林毅夫, 李永军. 比较优势、竞争优势与发展中国家的经济发展 [J]. 管理世界, 2003 (7): 21-28.

[75] 刘凤朝, 刘靓, 马荣康. 区域间技术交易网络、吸收能力与区域创新产出——基于电子信息和生物医药领域的实证分析 [J]. 科学学研究, 2015, 33 (5): 774-781.

[76] 刘涛雄, 刘骏. 人工智能、机器人与经济发展研究进展综述 [J]. 经济社会体制比较, 2018 (6): 172-178.

[77] 刘伟, 张辉, 黄泽华. 中国产业结构高度与工业化进程和地区差异的考察 [J]. 经济学动态, 2008 (11): 4-8.

[78] 罗超平, 张梓榆, 王志章. 金融发展与产业结构升级: 长期均衡与短期动态关系 [J]. 中国软科学, 2016 (5): 21-29.

[79] 吕明元, 陈维宣. 中国产业结构升级对能源效率的影响研究——基于 1978~2013 年数据 [J]. 资源科学, 2016, 38 (7): 1350-1362.

[80] 马丽梅, 刘生龙, 张晓. 能源结构、交通模式与雾霾污染——基于空间计量模型的研究 [J]. 财贸经济, 2016, 37 (1): 147-160.

[81] 孟凡生, 赵刚. 传统制造向智能制造发展影响因素研究 [J]. 科技进步与对策, 2018, 35 (1): 66-72.

[82] 倪外, 曾刚. 上海浦东新区产业升级研究: 路径和突破方向 [J]. 上海经济研究, 2009 (4): 97-104.

[83] 潘文卿, 吴天颖, 胡晓. 中国技术进步方向的空间扩散效应 [J]. 中国工业经济, 2017 (4): 17-33.

［84］饶扬德. 企业经营绩效的熵权系数评价方法及其应用［J］.
工业技术经济, 2004 (4): 100 - 102.

［85］任英华, 游万海. 一种新的空间权重矩阵选择方法［J］. 统计
研究, 2012, 29 (6): 99 - 105.

［86］尚涛. 全球价值链与我国制造业国际分工地位研究——基于增
加值贸易与 Koopman 分工地位指数的比较分析［J］. 经济学家, 2015
(4): 91 - 100.

［87］邵必林, 赵煜, 宋丹, 等. AI 产业技术创新系统运行机制与优
化对策研究［J］. 科技进步与对策, 2018, 35 (22): 71 - 78.

［88］申广军. "资本 - 技能互补"假说: 理论、验证及其应用［J］.
经济学 (季刊), 2016, 15 (4): 1653 - 1682.

［89］申广军, 欧阳伊玲, 李力行. 技能结构的地区差异: 金融发展
视角［J］. 金融研究, 2017 (7): 45 - 61.

［90］师博, 张新月. 技术积累、空间溢出与人口迁移［J］. 中国人
口·资源与环境, 2019, 29 (2): 156 - 165.

［91］史桂芬, 黎涵. 人口迁移、劳动力结构与经济增长［J］. 管理
世界, 2018, 34 (11): 174 - 175.

［92］石喜爱, 季良玉, 程中华. "互联网 +"对中国制造业转型升级
影响的实证研究——中国 2003 - 2014 年省级面板数据检验［J］. 科技进
步与对策, 2017, 34 (22): 64 - 71.

［93］史永乐, 严良. 智能制造高质量发展的"技术能力": 框架及
验证——基于 CPS 理论与实践的二维视野［J］. 经济学家, 2019 (9):
83 - 92.

［94］苏杭, 郑磊, 牟逸飞. 要素禀赋与中国制造业产业升级——基于
WIOD 和中国工业企业数据库的分析［J］. 管理世界, 2017 (4): 70 - 79.

［95］宿伟健, 赵婧. 产业结构高级化与合理化: 银行竞争的"力
量"［J］. 财经科学, 2019 (11): 25 - 38.

［96］孙大明, 原毅军. 空间外溢视角下的协同创新与区域产业升级

［J］．统计研究，2019，36（10）：100－114.

　［97］孙国锋，赵敏，王渊，等．地方政府干预对产能过剩的空间外溢效应研究［J］．审计与经济研究，2018，33（6）：90－102.

　［98］孙海波，焦翠红，林秀梅．人力资本集聚对产业结构升级影响的非线性特征——基于 PSTR 模型的实证研究［J］．经济科学，2017（2）：5－17.

　［99］孙军，高彦彦．产业结构演变的逻辑及其比较优势——基于传统产业升级与战略性新兴产业互动的视角［J］．经济学动态，2012（7）：70－76.

　［100］孙晓华，王昀．对外贸易结构带动了产业结构升级吗？——基于半对数模型和结构效应的实证检验［J］．世界经济研究，2013（1）：15－21.

　［101］孙学涛等．技术进步偏向对产业结构的影响及其溢出效应［J］．山西财经大学学报，2017，39（11）：56－68.

　［102］孙早，侯玉琳．工业智能化如何重塑劳动力就业结构［J］．中国工业经济，2019（5）：61－79.

　［103］孙早，刘李华．信息化提高了经济的全要素生产率吗——来自中国 1979～2014 年分行业面板数据的证据［J］．经济理论与经济管理，2018（5）：5－18.

　［104］陶长琪，彭永樟．经济集聚下技术创新强度对产业结构升级的空间效应分析［J］．产业经济研究，2017（3）：91－103.

　［105］陶长琪，杨海文．空间计量模型选择及其模拟分析［J］．统计研究，2014，31（8）：88－96.

　［106］陶长琪，周璇．要素集聚下技术创新与产业结构优化升级的非线性和溢出效应研究［J］．当代财经，2016（1）：83－94.

　［107］陶锋，李霆，陈和．基于全球价值链知识溢出效应的代工制造业升级模式——以电子信息制造业为例［J］．科学学与科学技术管理，2011，32（6）：90－96.

［108］田新民，韩端．产业结构效应的度量与实证——以北京为案例的比较分析［J］．经济学动态，2012（9）：74－82.

［109］王春超，丁琪芯．智能机器人与劳动力市场研究新进展［J］．经济社会体制比较，2019（2）：178－188.

［110］王丽，张岩．对外直接投资与母国产业结构升级之间的关系研究——基于1990～2014年OECD国家的样本数据考察［J］．世界经济研究，2016（11）：60－69.

［111］王亮．网络零售提高了制造业集聚吗？——基于动态SDM的时空效应分析［J］．中国经济问题，2019（4）：68－81.

［112］王林辉，袁礼．有偏型技术进步、产业结构变迁和中国要素收入分配格局［J］．经济研究，2018，53（11）：115－131.

［113］王瑞瑜，王森．老龄化、人工智能与产业结构调整［J］．财经科学，2020（1）：80－92.

［114］汪伟，刘玉飞，彭冬冬．人口老龄化的产业结构升级效应研究［J］．中国工业经济，2015（11）：47－61.

［115］王文甫，明娟，岳超云．企业规模、地方政府干预与产能过剩［J］．管理世界，2014（10）：17－36.

［116］王晓芳，于江波．中国产业结构变动驱动要素的动态轨迹——基于新古典经济学要素流动视角的研究［J］．上海经济研究，2015（1）：69－80.

［117］王晓红，冯严超．雾霾污染对中国城市发展质量的影响［J］．中国人口·资源与环境，2019，29（8）：1－11.

［118］王雪琪，赵彦云，范超．我国城镇居民消费结构变动影响因素及趋势研究［J］．统计研究，2016，33（2）：61－67.

［119］王永进，盛丹．要素积累、偏向型技术进步与劳动收入占比［J］．世界经济文汇，2010（4）：33－50.

［120］王媛媛，宗伟．第三次工业革命背景下推进我国智能制造业发展问题研究［J］．亚太经济，2016（5）：120－126.

［121］王战营．交易费用、网络协同与产业结构优化——兼论政府干预产业集群发展的经济效应［J］．财政研究，2012（10）：69 – 71.

［122］吴福象，沈浩平．新型城镇化、基础设施空间溢出与地区产业结构升级——基于长三角城市群 16 个核心城市的实证分析［J］．财经科学，2013（7）：89 – 98.

［123］吴淑娟，吴海民．我国智能全要素生产率及其影响因素研究［J］．经济体制改革，2019（5）：97 – 103.

［124］吴万宗，刘玉博，徐琳．产业结构变迁与收入不平等——来自中国的微观证据［J］．管理世界，2018，34（2）：22 – 33.

［125］徐春华，刘力．省域居民消费、对外开放程度与产业结构升级——基于省际面板数据的空间计量分析［J］．国际经贸探索，2013，29（11）：39 – 52.

［126］许和连，邓玉萍．外商直接投资、产业集聚与策略性减排［J］．数量经济技术经济研究，2016，33（9）：112 – 128.

［127］许南，李建军．产品内分工、产业转移与中国产业结构升级［J］．管理世界，2012（1）：182 – 183.

［128］涂涛涛，陈烨．偏向型技术进步与要素收入分配——基于 CGE 模型的模拟分析［J］．华中科技大学学报（社会科学版），2018，32（2）：65 – 75.

［129］徐伟呈，范爱军．"互联网＋"驱动下的中国产业结构优化升级［J］．财经科学，2018（3）：119 – 132.

［130］杨先明，王希元．经济发展过程中的结构现代化：国际经验与中国路径［J］．经济学动态，2019（10）：24 – 37.

［131］杨晓锋．智能制造是否有助于提升制造业平均工资？——基于 2001～2016 年 17 省工业机器人数据研究［J］．经济体制改革，2018（6）：169 – 176.

［132］姚志毅，张亚斌．全球生产网络下对产业结构升级的测度［J］．南开经济研究，2011（6）：55 – 65.

［133］易信．新一轮科技革命和产业变革对经济增长的影响研究——基于多部门熊彼特内生增长理论的定量分析［J］．宏观经济研究，2018（11）：79 – 93.

［134］于斌斌．金融集聚促进了产业结构升级吗：空间溢出的视角——基于中国城市动态空间面板模型的分析［J］．国际金融研究，2017（2）：12 – 23.

［135］余东华，张鑫宇．知识资本投入、产业间纵向关联与制造业创新产出［J］．财经问题研究，2018（3）：38 – 47.

［136］余东华，张鑫宇，孙婷．资本深化、有偏技术进步与全要素生产率增长［J］．世界经济，2019，42（8）：50 – 71.

［137］于泽，章潇萌，刘凤良．中国产业结构升级内生动力：需求还是供给［J］．经济理论与经济管理，2014（3）：25 – 35.

［138］于泽，章潇萌，刘凤良．储蓄倾向差异、要素收入分配和我国产业结构升级［J］．经济理论与经济管理，2015（7）：36 – 47.

［139］张刚，孙婉璐．技术进步、人工智能对劳动力市场的影响——一个文献综述［J］．管理现代化，2020，40（1）：113 – 120.

［140］张虎，韩爱华，杨青龙．中国制造业与生产性服务业协同集聚的空间效应分析［J］．数量经济技术经济研究，2017，34（2）：3 – 20.

［141］张雅．劳动力匹配视角下我国产业升级困境剖析［J］．商业经济研究，2017（10）：177 – 179.

［142］张幼文．生产要素的国际流动与全球化经济的运行机制［J］．国际经济评论，2013（5）：30 – 39.

［143］张幼文，薛安伟．要素流动对世界经济增长的影响机理［J］．世界经济研究，2013（2）：3 – 8.

［144］章志华，唐礼智．空间溢出视角下的对外直接投资与母国产业结构升级［J］．统计研究，2019，36（4）：29 – 38.

［145］张志强．动态面板模型参数估计方法的比较研究［J］．统计研究，2017，34（9）：108 – 119.

［146］赵建吉，茹乐峰，段小微，等．产业转移的经济地理学研究：进展与展望［J］．经济地理，2014，34（1）：1－6.

［147］赵建军，贾鑫晶．智慧城市建设能否推动城市产业结构转型升级？——基于中国 285 个地级市的"准自然实验"［J］．产经评论，2019，10（5）：46－60.

［148］赵楠．劳动力流动与产业结构调整的空间效应研究［J］．统计研究，2016，33（2）：68－74.

［149］赵云鹏，叶娇．对外直接投资对中国产业结构影响研究［J］．数量经济技术经济研究，2018，35（3）：78－95.

［150］郑猛．有偏技术进步下要素替代增长效应研究［J］．数量经济技术经济研究，2016，33（11）：94－110.

［151］周国富，徐莹莹，高会珍．产业多样化对京津冀经济发展的影响［J］．统计研究，2016，33（12）：28－36.

［152］周禄松．中国制造业技术升级对劳动力工资差距的影响［J］．科学学研究，2015，33（8）：1174－1182.

［153］周茂，陆毅，李雨浓．地区产业升级与劳动收入份额：基于合成工具变量的估计［J］．经济研究，2018，53（11）：132－147.

［154］周振华．论信息化进程中的产业关联变化［J］．产业经济研究，2004（2）：1－8.

［155］朱巧玲，李敏．人工智能、技术进步与劳动力结构优化对策研究［J］．科技进步与对策，2018，35（6）：36－41.

［156］Aarstad J., Kvitastein O. A. Enterprise R&D investments, product innovation and the regional industry structure［J］. Regional Studies, 2019：1－11.

［157］Acemoglu D. Why do new technologies complement skills? Directed technical change and wage inequality［J］. The Quarterly Journal of Economics, 1998, 113（4）：1055－1089.

［158］Acemoglu D., Autor D. Skills, tasks and technologies：Implications for employment and earnings [M] . Handbook of Labor Economics. Elsevier, 2011: 1043 – 1171.

[159] Acemoglu D. , Restrepo P. Robots and jobs [J] . NBER Working Paper, 2017.

[160] Acemoglu D. , Restrepo P. Secular stagnation? The effect of aging on economic growth in the age of automation [J] . American Economic Review, 2017, 107 (5): 174 – 179.

[161] Acemoglu D. , Restrepo P. Artificial intelligence, automation and work [R] . National Bureau of Economic Research, 2018.

[162] Acemoglu D. , Restrepo P. The race between man and machine: Implications of technology for growth, factor shares, and employment [J]. American Economic Review, 2018, 108 (6): 1488 – 1542.

[163] Adedeji O. , Thornton J. International capital mobility: Evidence from panel cointegration tests [J] . Economics Letters, 2008, 99 (2): 349 – 352.

[164] Aghion P. , Jones B. F. and Jones C. I. Artificial intelligence and economic growth [R] . National Bureau of Economic Research, 2017.

[165] Alvarez-Cuadrado F. , Poschke M. Structural change out of agriculture: Labor push versus labor pull [J] . American Economic Journal: Macroeconomics, 2011, 3 (3): 127 – 158.

[166] Alvarez-Cuadrado F. , Van Long N. and Poschke M. Capital-labor substitution, structural change and the labor income share [J] . Journal of Economic Dynamics and Control, 2018, 87: 206 – 231.

[167] Anselin L. , Bera A. K. and Florax R. , et al. Simple diagnostic tests for spatial dependence [J] . Regional Science and Urban Economics, 1996, 26 (1): 77 – 104.

[168] Asheim B. T. , Isaksen A. Regional innovation systems: the integration of local "sticky" and global "ubiquitous" knowledge [J] . The Journal of Technology Transfer, 2002, 27 (1): 77 – 86.

[169] Autor D. H. , Levy F. and Murnane R. J. The skill content of recent technological change: An empirical exploration [J] . The Quarterly Journal of Economics, 2003, 118 (4): 1279 – 1333.

[170] Behrens K. , Duranton G. , and Robert-Nicoud F. Productive cities: Sorting, selection, and agglomeration [J] . Journal of Political Economy, 2014, 122 (3): 507 – 553.

[171] Benzell S. G. , Kotlikoff L. J. and LaGarda G. , et al. Robots are us: Some economics of human replacement [R] . National Bureau of Economic Research, 2015.

[172] Berg A. , Buffie E. F. , and Zanna L. Robots, growth, and inequality [J] . Finance & Development, 2016, 53 (3): 10 – 13.

[173] Blum B. S. Trade, technology, and the rise of the service sector: The effects on US wage inequality [J] . Journal of International Economics, 2008, 74 (2): 441 – 458.

[174] Bogliacino F. , Piva M. , and Vivarelli M. R&D and employment: An application of the LSDVC estimator using European microdata [J] . Economics Letters, 2012, 116 (1): 56 – 59.

[175] Breitung J. , Wigger C. Alternative GMM estimators for spatial regression models [J] . Spatial Economic Analysis, 2018, 13 (2): 148 – 170.

[176] Brennan M. J. , Chordia T. , and Subrahmanyam A. Alternative factor specifications, security characteristics, and the cross-section of expected stock returns [J] . Journal of Financial Economics, 1998, 49 (3): 345 – 373.

[177] Bretschger L. Labor supply, migration, and long-term development [J] . Open Economies Review, 2001, 12 (1): 5 – 27.

[178] Brynjolfsson E. , Hitt L. M. Computing productivity: Firm-level evidence [J] . Review of Economics and Statistics, 2003, 85 (4): 793 – 808.

[179] Brynjolfsson E. , Hitt L. M. Beyond computation: Information technology, organizational transformation and business performance [J] . Jour-

nal of Economic Perspectives, 2000, 14 (4): 23 –48.

[180] Brynjolfsson E. , Rock D. , and Syverson C. Artificial intelligence and the modern productivity paradox: A clash of expectations and statistics [R] . National Bureau of Economic Research, 2017.

[181] Cantore C. , León-Ledesma M. , and McAdam P. , et al. Shocking stuff: technology, hours, and factor substitution [J] . Journal of the European Economic Association, 2014, 12 (1): 108 –128.

[182] Cantwell J. , Piscitello L. The location of technological activities of MNCs in European regions: The role of spillovers and local competencies [J]. Journal of International Management, 2002, 8 (1): 69 –96.

[183] Caselli F. , Manning A. Robot arithmetic: new technology and wages [J] . American Economic Review: Insights, 2019, 1 (1): 1 –12.

[184] Chang C. F. , Wang P. , and Liu J. T. Knowledge spillovers, human capital and productivity [J] . Journal of Macroeconomics, 2016, 47: 214 –232.

[185] Chang H. Kicking away the ladder: Infant industry promotion in historical perspective [J] . Oxford Development Studies, 2003, 31 (1): 21 –32.

[186] Chenery H. B. , Syrquin M. with the assistance of Hazel Elkington, Patterns of Development, 1950 – 1970 [J] . Publ. for the World Bank, London, 1975.

[187] Clark C. The conditions of economicprogress. [J] . The Conditions of Economic Progress. , 1967.

[188] Darity Jr. W. The formal structure of a gender-segregated low-income economy [J] . World Development, 1995, 23 (11): 1963 –1968.

[189] David H. Why are there still so many jobs? The history and future of workplace automation [J] . Journal of Economic Perspectives, 2015, 29 (3): 3 –30.

[190] DeCanio S. J. Robots and humans-complements or substitutes? [J] . Journal of Macroeconomics, 2016 (49): 280 –291.

[191] Drucker J. An evaluation of competitive industrial structure and regional manufacturing employment change [J]. Regional Studies, 2015, 49 (9): 1481 – 1496.

[192] Duarte M., Restuccia D. The role of the structural transformation in aggregate productivity [J]. The Quarterly Journal of Economics, 2010, 125 (1): 129 – 173.

[193] Eeckhout J., Jovanovic B. Knowledge spillovers and inequality [J]. American Economic Review, 2002, 92 (5): 1290 – 1307.

[194] Fang C., Huang L., and Wang M. Technology spillover and wage inequality [J]. Economic Modelling, 2008, 25 (1): 137 – 147.

[195] Fei J. C., Ranis G. Capital-labor ratios in theory and in history: reply [J]. The American Economic Review, 1964: 1063 – 1069.

[196] Fisher F. J. The development of the London food market, 1540 – 1640 [J]. The economic history review, 1935, 5 (2): 46 – 64.

[197] Foellmi R., Zweimüller J. Structural change, Engel's consumption cycles and Kaldor's facts of economic growth [J]. Journal of Monetary Economics, 2008, 55 (7): 1317 – 1328.

[198] Frank M. R., Autor D, and Bessen J. E., et al. Toward understanding the impact of artificial intelligence on labor [J]. Proceedings of the National Academy of Sciences, 2019, 116 (14): 6531 – 6539.

[199] Frey C. B., Osborne M. A. The future of employment: How susceptible are jobs tocomputerisation? [J]. Technological Forecasting and Social Change, 2017 (114): 254 – 280.

[200] Gaddis I., Pieters J. The gendered labor market impacts of trade liberalization evidence from Brazil [J]. Journal of Human Resources, 2017, 52 (2): 457 – 490.

[201] Gillenwater E. L., Conlon S., and Hwang C. Distributed manufacturing support systems: The integration of distributed group support systems with

manufacturing support systems [J]. Omega, 1995, 23 (6): 653 –665.

[202] Goldin C., Katz L. F. The origins of technology-skill complementarity [J]. The Quarterly Journal of Economics, 1998, 113 (3): 693 –732.

[203] Goos M., Manning A., Salomons A. Explaining job polarization: Routine-biased technological change and offshoring [J]. American Economic Review, 2014, 104 (8): 2509 –2526.

[204] Graetz G., Michaels G. Robots at work [J]. Review of Economics and Statistics, 2018, 100 (5): 753 –768.

[205] Gregory T., Salomons A., Zierahn U. Racing with or against the machine? Evidence from Europe [J]. Evidence from Europe (July 15, 2016). ZEW-Centre for European Economic Research Discussion Paper, 2016 (16 –053).

[206] Griliches Z. Capital-skill complementarity [J]. The review of Economics and Statistics, 1969: 465 –468.

[207] Hassan A. R. The interplay between the Bayesian and frequentist approaches: a general nesting spatial panel data model [J]. Spatial Economic Analysis, 2017, 12 (1): 92 –112.

[208] Hanson R. Economic growth given machine intelligence [R]. Technical Report, University of California, Berkeley, 2001.

[209] Hémous D., Olsen M. The rise of the machines: Automation, horizontal innovation and income inequality [J]. 2015 Meeting Papers. Society for Economic Dynamics, 2015.

[210] Hirose K., Matsumura T. Comparing welfare and profit in quantity and price competition within Stackelberg mixed duopolies [J]. Journal of Economics, 2019, 126 (1): 75 –93.

[211] Hoffmann W. G. The growth of industrial economies [M]. Manchester University Press, 1958.

[212] House W. Artificial intelligence, automation, and the economy

[J]. Executive Office. of The President. https：//obamawhitehouse. archives. gov/sites/whitehouse. gov/files/documents/Artificial-Intelligence-Automation-Economy. PDF, 2016.

[213] Huang M. , Rust R. T. Artificial intelligence in service [J]. Journal of Service Research, 2018, 21 (2)：155 – 172.

[214] Iammarino S. , McCann P. The structure and evolution of industrial clusters：Transactions, technology and knowledge spillovers [J]. Research-Policy, 2006, 35 (7)：1018 – 1036.

[215] Jacobs J. The Economy of Cities [M] . 1969.

[216] Ju J. , Lin J. Y. , and Wang Y. Endowment structures, industrial dynamics, and economic growth [J] . Journal of Monetary Economics, 2015 (76)：244 – 263.

[217] Kinoshita S. Henri Theil, Economics and Information Theory [J]. Economic Review, 1968 (19)：185 – 188.

[218] Koo J. Determinants of localized technology spillovers：role of regional and industrial attributes [J] . Regional Studies, 2007, 41 (7)：995 – 1011.

[219] Kromann L. , Skaksen J. R. , Sørensen A. Automation, labor productivity and employment – a cross country comparison [J] . CEBR, Copenhagen Business School, 2011.

[220] Kuznets S. National product since 1869 [M] . National Bureau of Economic Research, New York, 1946.

[221] Lankisch C. , Prettner K. , and Prskawetz A. Robots and the skill premium：An automation-based explanation of wage inequality [R]. Hohenheim Discussion Papers in Business, Economics and Social Sciences, 2017.

[222] Lankisch C. , Prettner K. , and Prskawetz A. How can robots affect wageinequality? [J] . Economic Modelling, 2019 (81)：161 – 169.

[223] Lee J. , Bagheri B. , and Kao H. A cyber-physical systems architecture for industry 4. 0-based manufacturing systems [J]. Manufacturing Let-

ters, 2015 (3): 18 – 23.

［224］ LeSage J. , Pace R. K. Introduction to spatial econometrics ［M］. Chapman and Hall/CRC, 2009.

［225］ Lewis E. Immigration and production technology ［J］. Annu. Rev. Econ. , 2013, 5 (1): 165 – 191.

［226］ Lewis W. A. Economic development with unlimited supplies of labour ［J］. The Manchester School, 1954, 22 (2): 139 – 191.

［227］ Mann K. , Püttmann L. Benign effects of automation: New evidence from patent texts ［J］. Available at SSRN 2959584, 2018.

［228］ Marshall A. Principles of economics: unabridged eighth edition ［M］. Cosimo, Inc. , 2009.

［229］ Mazzolari F. , Ragusa G. Spillovers from high-skill consumption to low-skill labor markets ［J］. Review of Economics and Statistics, 2013, 95 (1): 74 – 86.

［230］ McClure P. K. "You're fired," says the robot: The rise of automation in the workplace, technophobes, and fears of unemployment ［J］. Social Science Computer Review, 2018, 36 (2): 139 – 156.

［231］ Moran P. A. A test for the serial independence of residuals ［J］. Biometrika, 1950, 37 (1/2): 178 – 181.

［232］ Ngai L. R. , Pissarides C. A. Structural change in a multisector model of growth ［J］. American Economic Review, 2007, 97 (1): 429 – 443.

［233］ Nurkse R. Problems of capital formation in underveloped countries ［M］. Oxford University Press, 1953.

［234］ Ouyang P. , Fu S. Economic growth, local industrial development and inter-regional spillovers from foreign direct investment: Evidence from China ［J］. China Economic Review, 2012, 23 (2): 445 – 460.

［235］ Pesaran M. H. A simple panel unit root test in the presence of cross-section dependence ［J］. Journal of Applied Econometrics, 2007, 22

（2）：265 - 312.

［236］Pesaran M. H. , Ullah A. , Yamagata T. A bias-adjusted LM test of error cross-section independence ［J］. The Econometrics Journal, 2008, 11 （1）：105 - 127.

［237］Petty W. The Economic Writings of Sir William Petty ［M］. The University Press, 1899.

［238］Porter M. E. How competitive forces shape strategy ［M］. Readings in Strategic Management. Springer, 1989：133 - 143.

［239］Porter M. E. The competitive advantage of nations ［J］. Harvard-Business Review, 1990, 68 （2）：73 - 93.

［240］Porter M. E. Competitive advantage of nations：Creating and sustaining superior performance ［M］. Simon and Schuster, 2011.

［241］Powell A. , Noble C. H. , and Noble S. M. , et al. Man vs machine ［J］. European Journal of Marketing, 2018.

［242］Ricardo D. On the principles of political economy ［M］. London：J. Murray, 1821.

［243］Robinson S. A note on the U hypothesis relating income inequality and economic development ［J］. The American economic review, 1976, 66 （3）：437 - 440.

［244］Romer P. M. Endogenous technological change ［J］. Journal of Political Economy, 1990, 98 （5, Part 2）：S71 - S102.

［245］Roy S. , Sivakumar K. , Wilkinson I. F. Innovation generation in supply chain relationships：a conceptual model and research propositions ［J］. Journal of The Academy of Marketing Science, 2004, 32 （1）：61 - 79.

［246］Sachs J. D. , Benzell S. G. , and LaGarda G. Robots：Curse or blessing? A basic framework ［R］. National Bureau of Economic Research, 2015.

［247］Schumpeter J. A. Theory of economic development ［M］. Routledge, 2017.

［248］ Seamans R. , Raj M. A. I. , labor, productivity and the need for firm-level data ［R］. National Bureau of Economic Research, 2018.

［249］ Sinani E. , Meyer K. E. Spillovers of technology transfer from FDI: the case of Estonia ［J］. Journal of Comparative Economics, 2004, 32 (3): 445 – 466.

［250］ Sloth A. E. Technological innovation and network evolution: AndersLundgren, (Routledge, London and New York, 1995) xiv + 266 pp. , ISBN 0 – 415 – 08219 – 6 ［J］. Research Policy, 1997, 26 (2): 257 – 258.

［251］ Smith A. , Stewart D. An Inquiry into the Nature and Causes of the Wealth of Nations ［M］. Wiley Online Library, 1963.

［252］ Sturgeon T. J. How do we define value chains and productionnetworks? ［J］. IDS Bulletin, 2001, 32 (3): 9 – 18.

［253］ Święcki T. Determinants of structural change ［J］. Review of Economic Dynamics, 2017 (24): 95 – 131.

［254］ Tambe P. , Hitt L. M. , Brynjolfsson E. The extroverted firm: How external information practices affect innovation and productivity ［J］. Management Science, 2012, 58 (5): 843 – 859.

［255］ Thoenig M. , Verdier T. A theory of defensive skill-biased innovation and globalization ［J］. American Economic Review, 2003, 93 (3): 709 – 728.

［256］ Vernon R. International trade and international investment in the product cycle ［J］. Quarterly Journal of Economics, 1966, 80 (2): 190 – 207.

［257］ Westerlund J. , Blomquist J. A modified LLC panel unit root test of the PPP hypothesis ［J］. Empirical Economics, 2013, 44 (2): 833 – 860.

［258］ Westerlund J. , Edgerton D. L. A panel bootstrap cointegration test ［J］. Economics Letters, 2007, 97 (3): 185 – 190.

［259］ Yamashita N. , Matsuura T. , and Nakajima K. Agglomeration effects of inter-firm backward and forward linkages: Evidence from Japanese manufacturing investment in China ［J］. Journal of the Japanese and International Economies, 2014 (34): 24 – 41.

[260] Yang Z. Tax reform, fiscal decentralization, and regional economic growth: New evidence from China [J]. Economic Modelling, 2016 (59): 520 – 528.

[261] Yasar M., Paul C. J. M. Capital-skill complementarity, productivity and wages: Evidence from plant-level data for a developing country [J]. Labour Economics, 2008, 15 (1): 1 – 17.

[262] Zeira J. Workers, machines, and economic growth [J]. The Quarterly Journal of Economics, 1998, 113 (4): 1091 – 1117.

[263] Zhang P. Automation, wage inequality and implications of a robot tax [J]. International Review of Economics & Finance, 2019 (59): 500 – 509.